子ども家庭福祉・保育の幕開け

緊急提言

平成期の改革はどうあるべきか

柏女 霊峰
Kashiwame Reiho

誠信書房

はじめに

わが国の子ども家庭福祉・保育は、ようやく改革期を迎えた。子ども家庭福祉は、児童福祉法制定当初の、子育ては第一義的に親族や地域社会の互助によるという前提条件が崩れたにもかかわらず、基本的に当時の体系を維持しており、実態と制度との乖離《かいり》が顕著になっている。

これらを受け、ついに、２０１０（平成22）年６月29日、「子ども・子育て新システムの基本制度案要綱」が少子化社会対策会議で決定された。基本制度案要綱によると、子ども・子育て財源の一元化を図り、そこから子育て支援や保育サービスの給付を行うシステムが提言されている。いわば、介護保険制度を模したシステムが提案されており、幼稚園と保育所の一体化により、こども園（仮称）を創設して幼保一体給付（仮称）を行うことなども規定されている。

一方、社会的養護、障害児福祉、児童健全育成サービス等については、充実は図られているものの漸増主義が続いており、基本システムはほぼ法制定当時のままである。社会的養護は都道府県中心、措置制度体制を堅持しており、障害児福祉も成人との整合化が重視された改革により、子ども一般施策との乖離が続いている。その結果、子ども家庭福祉は今後、保育・子育て支援、子ども虐待防止・社会的養護、障害児福祉の乖離、分断がさらに進む危険性をはらんでいる。障害児支援、社会的養護分野も、新システムに呼応した改革の道筋を模索していかなければならないし、新システムの導入自体の在り方を、社会的養護、障害児福祉の視点から照射することも必要とされる。さらに、熊本市内の慈恵病院の「こうのとりのゆりかご」の実践に示されるように、制度の限界も顕在化している。

本書は、こうした子ども家庭福祉の大改革の時期にあたり、1990（平成2）年の1・57ショックを契機として始まった少子化対策をはじめとする子ども家庭福祉・保育の改革の道筋を整理し、今後の制度改革を展望する著作である。主として平成期に焦点を当て、この20年間の改革の道筋を整理、評価し、特に、現在進行中の4大改革（保育、障害児福祉、社会的養護、児童健全育成(1)）や制度の隘路《あいろ》に対する取り組み（こうのとりのゆりかご）についてまとめ、その根底に、子ども家庭福祉・保育の基礎構造、特に、行政実施体制と財源の一元化を目指す必要性があることを提言している。

まず、序章では「子ども家庭福祉・保育の幕開け」と題し、本書全体を通覧して、本書の主張を簡潔に伝えている。第1章では戦後の子ども家庭福祉改革を通覧する。続いて第2章、第3章において、平成時代の子ども家庭福祉・保育施策の進展について整理している。さらに、第4章から第8章において、前述した4大改革分野と、制度の隘路を埋める代表的な民間レベルの取り組みである「こうのとりのゆりかご」を取り上げ、その詳細を整理、考察している。著者は、このすべてに委員長あるいは委員としてかかわっており、いわば、改革とともに走りながら考えた記録であるといってよい。

そして、最後に、今後の子ども家庭福祉・保育改革の展望と題し、それらの改革の根底に必要とされるソーシャル・インクルージョン（社会的包摂）の理念に着目し、その理念を具現化するための制度改革、切れ目・漏れのない支援を実現するための方策として、基礎構造の一元化、特に、財源と実施体制の一元化なら

＊1　児童健全育成施策については、放課後児童クラブ以外大きな改革は想定されていないが、2011（平成23）年3月末には児童館ガイドラインが発出されるなど改革の萌芽が見られ、ここでは期待を込めて4大改革としておきたい。

びに公民の協働を念頭に置きつつ、著者のこれまでの研究に基づいて課題提起を行っている。

このように、本書は、子どもの育ち、子育ての実態と制度との乖離《かいり》や限界を見据え、現在進められている制度改革の動向を整理、考察し、平成期の子ども家庭福祉・保育改革の方向性について考えるために、いわば時代とともに走りながらまとめた緊急提言である。

なお、本書の第2章、第3章については、佐藤まゆみ和洋女子大学助教との共著原稿をもとにし、著者が必要な改訂を加えている。原稿改訂のご了解をいただいた佐藤氏に心より感謝申し上げる。

また、本書のいくつかの章は、最近、著書、雑誌等に執筆した原稿や講演録等をもとにしているが、それぞれ大幅な加筆修正を行っていることをお断りしておきたい。最後に、本書の出版をご了承いただいた誠信書房、企画・校正等にご尽力いただいた編集部中澤美穂氏に心より感謝したい。

本書が、これからの子どもと家庭の福祉を考える礎となることを心から願っている。

2011（平成23）年8月末日

柏女 霊峰

目次

序章 子ども家庭福祉の幕開け

1 子どもを生み育てにくい社会――現実と制度の乖離《かいり》

今、わが国においては、子どもを生み育てにくい社会が急速に進行している。出生率の低下、統計史上最高を更新し続ける子ども虐待件数と保育所・放課後児童クラブ入所児童数、待機児童の存在がそれを示している。社会的養護の下にある子どもも増加しており、いわゆる「子どもの貧困」も新たな政策課題として浮かび上がっている。子どもが育つこと、子どもを生み育てることを社会が正当に評価していないため、昨今の経済社会情勢や価値観の変容のなかで子育ての苦労が喜びを上回り、厭《いと》われていく。

制度の限界も顕在化している。2007（平成19）年5月に設置された慈恵病院（熊本市内）の「こうのとりのゆりかご」には、3年11カ月の間に75人の乳幼児が預け入れられ、その数は年間平均ほぼ19人で減少していない。また、子ども虐待死亡事例は、この5年間、毎年120人前後（親子心中を含む）に及んでおり、その数も、関係者の努力にもかかわらず減少していない。ゆりかご事例や死亡事例検証からは、望まない妊娠・出産、飛び込み分娩、貧困、頻繁な転居、孤立などの社会的排除やジェンダー問題といった現代社会の矛盾が凝縮されている。さらに、子どもたちが巣立つ社会は若年雇用の深刻化が進み、いわゆるニート、ひきこもりのみならず、若年のホームレスも珍しくない。障害児童の福祉、教育も課題山積である。地域における子どもたちの安心、安全も揺らいでいる。

子ども家庭福祉制度は、児童福祉法制定当初の前提条件、つまり、第一義的に親族や近隣の互助によって子育てを担う、という前提が崩れたにもかかわらず、基本的に当時の体系を維持している。高齢者や障害者福祉制度が、良かれ悪しかれ時代の変化に即応してシステムの一般化を図ってきたのとは大きく異なっている。その結果、子どもの育ちや子育て家庭の現実と制度との乖離《かいり》が進み、後述するとおり社会におけるつながりの喪失とも相まって、制度間の隙間《すきま》も大きくなっている。そして、このことが、さらに少子化や子ども虐待の増加をもたらす悪循環に陥っている。

2　子ども家庭福祉制度改革の基本方向

むろん、国や自治体も、こうした現状を等閑視していたわけではない。この間の子ども家庭福祉制度改革の基本方向は、「子育ての私的責任の強調から、子育ての社会的意義を強調し、必要な支援や介入を進める方向にシフトさせること」と理解できる。子ども家庭福祉制度改革は、「支援」と「介入」の二通りの政策を強化していかなければならない。２０００（平成12）年、つまりわが国が20世紀から21世紀に移り変わる端境期に、支援施策としての新エンゼルプランと、介入施策としてのいわゆる児童虐待防止法が制定された。この時期が政策変更の分岐点と理解できる。さらに、地域福祉や官民協働が言われ、社会福祉法や特定非営利活動推進法も成立したが、制度の補完にとどまることも多い。

3　子ども家庭福祉政策の課題と対応の動向――分断される子ども家庭福祉

(1) 子ども・子育て新システム

子ども家庭福祉制度リニューアルの先駆けは、2006（平成18）年10月から導入された認定こども園制度、障害児施設給付制度であるといえる。子ども家庭福祉分野におけるいわゆる契約制度、個人給付制度の導入である。それは、社会福祉全体の「普遍化」と「利用者主権」の動向と重なる。

この間、保育所待機児童問題が待ったなしとなり、保育制度改革論議も活性化した。この15年間（1995～2010〈平成7～22〉年）で保育所入所児童は約48万人増えたが、保育所は500カ所程度しか増えていない。やがて子どもは減るため、今を乗り切ることを主眼に、主として規制の緩和によって子どもを保育所に詰め込む政策が続けられたのである。しかし、潜在需要が約100万人[1]に及ぶとわかってさすがに限界があると認識され、保育制度改革の検討が始まった。

2009（平成21）年に新しい政権が誕生すると、子ども手当の創設が進められた。しかし、お金があってもサービスが整備されていなければ使えない。これを受け、厚生労働省における保育制度改革を引き継い

＊1　政府が2008（平成20）年2月に策定した計画である新待機児童ゼロ作戦においては、今後、希望するすべての人が安心して子どもを預けて働くことができる社会を目指して、保育や放課後児童クラブ整備の10年後の目標を定めている。これによると、3歳未満児の保育サービス提供割合を現行の20％から38％に、放課後児童クラブの登録割合（小学1～3年生）を現行の19％から60％にすることがうたわれている。この38％は当時の就学前児童人口を考慮すると、概《おおむ》ね100万人に相当するとされる。

だ内閣府の子ども・子育て新システムの構築が、新政権における幼保一体化や地方分権の議論も巻き込みながら急速に検討されている。政府は「子ども・子育て新システムの基本制度案要綱」(2)を決定し、新システムに関する法律の施行を2013(平成25)年度として法案作成を急いでいる。

具体的には、「子ども・子育て新システムの基本制度案要綱」に基づき、三つのワーキングチームの意見を聞きつつ、内閣府に設置された子ども・子育て新システム検討会議作業グループにおいて新システムの検討が続けられている。現在、法案作成の最終段階に来ており、2011(平成23)年7月末には、政府の少子化社会対策会議によって、中間とりまとめも了承された。中間とりまとめによると、基本制度としては包括交付金システムの是非について検討、給付については、こども園(仮称)給付と地域型保育給付(仮称)とからなる、子ども・子育て支援給付(仮称)の在り方についての検討、幼保一体化については、こども園(仮称)給付による総合施設(仮称)の創設とその具体的制度設計、それへの移行にインセンティヴを働かせる方策等について検討がなされた。2011(平成23)年度中に、いわゆる新システム関連法案の提出が予定されている。新たに作成されるこども指針(仮称)の骨格も確認された。その後も、政省令、予算事項は引き続き検討がなされる予定である。なお、財源の確保については、子ども手当の行方や社会保障・税一体改革の成果に待つこととされている。

6月末に決定された社会保障・税一体改革成案によると、「2010年代半ばまでに段階的に消費税率

＊2　2010(平成22)年6月29日に少子化社会対策会議が決定した「子ども・子育て新システムの基本制度案要綱」によると、子ども・子育て財源の一元化を図り、そこから子育て支援や保育サービスの給付を行うシステムが提言されている。いわば、介護保険制度を模した利用方式が提案されており、幼稚園と保育所の一体化によりこども園(仮称)を創設して幼保一体給付(仮称)を行うことなどが規定されている。

（国・地方）を10％まで引き上げ、当面の社会保障改革にかかる安定財源を確保する」とされている。全世代型社会保障への転換を図る象徴的な出来事が、この子ども・子育て新システムの導入であるといえる。

（2）社会的養護

一方、子ども虐待防止や社会的養護サービスについては充実が図られているものの漸増主義が続き、都道府県中心、措置制度中心といった基本システムは法制定当時の体系をとどめている。

社会的養護においては、子ども虐待の増加とともに、特に都市部を中心にその供給不足が深刻となり、さらに、いまだ8割の児童がいわゆる施設における大舎生活を余儀なくされている。家庭的養護の振興、施設のケア単位の小規模化、地域化により、社会的養護を地域に拓《ひら》いていくことが必要とされる。被虐待児童の心のケア、家族関係調整支援、自立支援も大きな課題である。児童相談所、施設職員の疲弊にも光を当てなければならない。

社会的養護分野においても、以下の制度改革が進められている。第一に、子ども虐待防止・保護に資するため、民法改正（親権の一時停止制度、未成年後見制度導入等の親権制度改正）と、児童福祉法改正（児童福祉施設長と保護者の親権との関係調整に関する制度改正）等を進める民法等の一部を改正する法律が、２０１１（平成23年）国会で成立した。施行は２０１２（平成24）年度であり、今後はその実施に向けての準備が続けられる。

第二に、地域の自主性及び自立性を高めるための改革の推進を図るための関係法律の整備に関する法律の成立、年末から年始におけるいわゆるタイガーマスク運動の動向を踏まえ、児童養護施設等の社会的養護の最低基準や実施要綱（２０１１〈平成23〉年度から）の見直し、「里親委託優先の原則」などを盛り込んだ里親委託ガイドラインの策定が、２０１０（平成22）年度末をもって通知された。さらに、最低基準策定の地方移譲を見込んで、国の指定基準の策定を目指して現行基準の改訂が２０１１（平成23）年６月に実施された。

第三に、社会的養護の将来方向や職員配置基準の改善等については、社会的養護専門委員会ならびに社会的養護課題検討委員会において検討が続けられ、社会保障・税一体改革による財源確保を念頭に、２０１１（平成23）年７月には、社会的養護専門委員会・社会的養護課題検討委員会報告書『社会的養護の課題と将来像』も取りまとめられた。今後は、提言の実現に取り組むとともに、社会的養護の透明性確保、運営の標準化を念頭に、２０１１（平成23）年度中に施設種別ごとに運営ガイドラインも策定される予定となっている。

（3）障害児福祉

障害児福祉も、成人との整合化が重視された改革により、子ども一般施策との融合が求められつつも、狭義の子ども家庭福祉との乖離《かいり》が続いている。２０１０（平成22）年12月10日に公布された障害者自立支援法ならびに児童福祉法等一部改正[3]において大幅な児童福祉法改正が行われ、障害児福祉の地域化等が進展することとなった。しかしながら、障害者の権利に関する条約の批准を控え、障害者基本法の改正、障害者総

＊3　改正法の正式名称は、「障がい者制度改革推進本部等における検討を踏まえて障害保健福祉施策を見直すまでの間において障害者等の地域生活を支援するための関係法律の整備に関する法律」である。施行は一部を除き２０１２（平成24）年４月１日である。各種障害児関係施設の一元化、児童発達支援、医療型児童発達支援、放課後等デイサービスおよび保育所等訪問支援といった在宅サービス・施設を充実する、障害児の通園施設通所サービスの実施主体を市町村とする、サービスの利用にあたってケアマネジメントの前置を制度化する、などの改正が規定されている。

合福祉法の制定作業など課題は山積している。

改革の動向としては、２０１０（平成22）年12月10日公布の児童福祉法改正で、保育所等訪問支援事業の法定化など障害児を地域生活のなかで支援する法改正が実施された。その他、発達障害が障害児として含むことを明確化した。児童発達支援センター、同事業の制度化とサービス決定権限の市町村移譲などが法定化された。現在、２０１２（平成24）年度の施行に向けて政省令等の検討が行われている。また、２０１１（平成23）年6月には、児童福祉施設最低基準ならびに児童福祉法に基づく指定知的障害児施設等の人員、設備及び運営に関する基準も改訂された。

第二に、障がい者制度改革推進会議において障害者基本法改正案が検討され、２０１１（平成23）年3月11日には障害者基本法の一部を改正する法律案が国会に提出され、同年8月に公布された。障害児に対する原則は盛り込まれなかったが、第16条（教育）においていわゆるインクルーシブ教育が盛り込まれ、新設された第17条（療育）において、身近な場所における療育その他の支援が行われるべきことが規定された。また、当会議とその下に設置された総合福祉部会との合同障害児支援チームにおいて、今後の障害児支援の在り方についての報告書『合同作業チーム報告書（障害児支援）』が6月末に取りまとめられた。7月以降、親会議（障がい者制度改革推進会議、同総合福祉部会）において障害者総合福祉法や児童福祉法改正について検討され、8月30日には法案骨格が取りまとめられた。今後は法案化作業が進められる。

(4) 児童健全育成

子ども・子育て新システムにおける放課後児童クラブ検討を除けば、児童健全育成分野における改革の動きは鈍い。わずかに、厚生労働省が２０１１（平成23）年2月に設置した児童館ガイドライン検討会において、児童館ガイドラインと児童健全育成施策の今後の課題について整理が行われ、3月末に報告書が提出された。児童館ガイドラインは、２０１１（平成23）年3月末、雇用均等・児童家庭局長通知として発出されている。検討会報告書には、後述するように今後の児童健全育成上の課題が網羅されており、政府において逐次検討されていくことが望まれる。なお、２００９（平成21）年7月には、基本法的性格を有する子ども・若者育成支援推進法も制定されている。

（5）分断される子ども家庭福祉

このように、それぞれの分野においては改革に向けての検討が進められているが、それぞれの検討は、子ども・子育て新システムは内閣府子ども・子育て新システム検討会議で、社会的養護は厚生労働省社会保障審議会専門委員会で、障害児福祉は内閣府障がい者制度改革推進会議、同総合福祉部会でと、検討の土俵が異なっている。その結果、相互の整合性が十分に図られず、子ども家庭福祉の基礎構造は、保育・子育て支援、児童健全育成、子ども虐待防止・社会的養護、障害児福祉の、4領域の乖離《かいり》、分断がさらに進む危険性をはらんでいる。

4　新しい時代の幕開けを迎えるために

子ども家庭福祉の新時代を迎えるためには、このような分断を回避するため、現在の子ども家庭福祉基礎構造を変えていくことが必要とされる。現在の子ども家庭福祉基礎構造の特徴は、①サービスの財源と実施主体が制度ごとにバラバラであること、②社会的養護は都道府県、保育・子育て支援、児童健全育成は市町村と実施主体が二元化されていること、③財源不足のためにサービスが小粒であること、である。このために、サービス間にトレードオフ関係が起こり[4]、縮小均衡が続くことも多い。

これを克服すること、すなわち、都道府県中心・措置中心システムと市町村中心・契約中心[5]システムとの併存システムをどう評価するかが最大の課題となる。これを克服し、今後、たとえば、①子育て財源の統合を図り（特に、都道府県と市町村の財源上のトレードオフ関係の解消）、②実施主体、財源について市町村を中心に一元化し、③すべての子どもを対象とする包括的なシステムを創設し、④子育て財源の大幅増加を図ること、などが検討されなければならない。そのことが、切れ目のない支援をもたらすこととなるのであり、その基礎構造のうえに各論が論じられる必要がある。

子ども家庭福祉において、子どもの最善の利益を図る公的責任は必須である。そのことは、近年の子ども虐待問題の深刻さを見れば明らかである。しかし、その一方で、公的責任のみが重視されることは、人と人とのつながり、社会連帯の希薄化をますます助長することとなり、ソーシャル・キャピタル（社会関係資本）[6]の弱体化をもたらし、公的責任の範囲は限りなく拡大していくこととなる。また、公的責任の下に置

＊4　たとえば、現在、在宅福祉サービスの多くは市町村事業であり、次世代育成支援ソフト交付金事業の場合、都道府県は費用負担を負わない。一方、一時保護や社会的養護は都道府県事業であり、市町村の負担はない。この両サービスはどちらか一方を利用することとなり、この結果、子ども虐待において市町村は一時保護を望み、都道府県は在宅福祉の充実を望み、結果として両サービスともに拡充が阻まれる結果となる。

＊5　市町村事業である保育サービスは契約システムとはいえないが、新システムにおいては事業者と利用者とが公的契約を結ぶ方式が考えられており、市町村事業と都道府県事業との乖離が大きくなる可能性がある。

＊6　アメリカの政治学者パットナム（Putnam, R. D.）による研究によって、1990年代以降大きな関心を集めることとなった概念である。人々の協調的な行動によって社会の効率性を高めることのできる、社会的信頼、互酬性の規範、ネットワークといった社会組織の特徴のことである。

かれている子どもの存在を、社会全体の問題として考える素地を奪ってしまうことにもつながる。このことについては、ソーシャル・インクルージョン（社会的包摂）をキー概念としつつ、本書の最終章において詳細に論じている。

5 視野に入れるべき子ども家庭福祉改革の動向

(1) 政府、自治体の動向

子ども・子育て新システム、社会的養護、障害児福祉にかかる法改正のほか、子ども家庭福祉制度改革において視野に入れておく必要のある動向には、以下のものがある。

まず、先に述べたとおり、地域の自主性及び自立性を高めるための改革の推進を図るための関係法律の整備に関する法律の施行と、最低基準の地方移譲への対応が挙げられる。第二に、２０１１（平成23）年度入学生から適用されている保育士養成課程の改正と、それに続く保育士制度改革の動向も注視しなければならない。子ども・子育て新システムにおいては、総合施設（仮称）において、学校教育・保育を行う職員として保育教諭（仮称）を創設するとしている。子ども家庭福祉のケアワークを担う専門職である保育士資格の在り方そのものが、問われているのである。

ちなみに、東京都においては、地域の自主性及び自立性を高めるための改革の推進を図るための関係法律の整備に関する法律の成立により、東京都など国の指定する一部の地域において、国の決める従うべき基準である保育所面積基準が「標準」とされることに伴い、保育所の子ども1人あたりの面積基準を緩和することが東京都児童福祉審議会で検討中である。専門部会の議論の経過では、0～1歳児の年度途中面積基準を、現行の3・3㎡から2・5㎡に緩和する方針が多数意見となっている。今後、東京都としての児童福祉施設最低基準が策定される予定となっている。

次世代育成支援後期行動計画のアウトカム評価指標の検討も重要である。東京都では、次世代育成支援行動計画懇談会において、評価にあたって留意すべき事項について取りまとめを行った。その際、次世代育成支援東京都行動計画の評価に子どもの声を反映させる必要があるとの提言があり、子どもたちへの質問紙調査、フォーカスグループインタビューがNPO委託で実施された。結果については報告書[7]をご参照いただきたいが、子どもの自己肯定感と地域や家族との関わりの関係などが調査され、学校や家庭以外に居場所を持つ子どもたちが、ファシリテーターによってさまざまな意見を引き出され、啓発されていく様子が浮かび上がってきている。政策立案に子どもの意見や生活実感を活かすための提言も行われており、傾聴に値する。

その他、尾木ら[8]は、小学校高学年児童の生活と意識に関する調査を子どもと保護者に対して実施しており、今後、こうした子ども自身の生活実感や意識の変化が行動計画のアウトカム評価に活かされるとともに、計画づくりにも子どもの参画が必要とされている。

(2) 民間（全国社会福祉協議会）の取り組み

民間でも、改革に向けての提言が行われている。全国社会福祉協議会は、2010（平成22）年12月に

＊7　TOKYO PLAY『次世代育成支援東京都行動計画（後期）の評価に係る調査報告書』二〇一一年。著者（柏女）は委託団体が設置した専門委員会の座長を務めた。

＊8　尾木まり・斉藤進・柏女霊峰ほか『小学高学年の生活実態及び意識と将来への期待についての調査研究――21世紀出生児縦断調査における保護者・児童本人調査票の導入に資するための研究』財団法人厚生統計協会調査研究委託事業報告書、二〇一一年。著者も研究メンバーとしてかかわった。

『全社協　福祉ビジョン2011』を策定した。同提言は、「現在の福祉課題・生活課題の多くは、つながりの喪失と社会的孤立といったことと関わりが深く、住民・ボランティアがこうした問題に目を向け、要援助者と社会とのつながりを再構築していく取り組みが期待されているのです」と述べ、制度内の福祉サービスの改革とともに、制度外の福祉サービス・活動の開発・実施を主張している。

6　新時代の子ども家庭福祉のグランドデザイン

まず、子ども家庭福祉基礎構造の一元化を検討すべきである。そのためには行政実施主体の一元化、サービス利用システムの改革が必要とされる。社会的養護、障害児福祉についても市町村をサービス決定の実施主体とし、決定を行うにあたって児童相談所の意見を聴取すること、困難事例においては、市町村から児童相談所に再委託ないし送致、援助依頼を行うことなどを検討することが必要である。そのうえで、市町村が児童相談所の支援により個別の援助指針の策定等を行い、費用負担も行う。なお、児童相談所の市設置も検討すべきである。このように、基礎構造を市町村に一元化したうえで都道府県の役割を明定し、各領域のシステムをその上に乗せていく必要がある。

障害児福祉については、障害児に固有の施策と子ども一般施策との乗り入れを進め、サービスの計画的整備や切れ目のない支援の確立を図る必要がある。このため、両財源の統合を進め、障害児童の一般施策からの排除や、両サービスの縮小均衡を防止する仕組み(9)の確立が必要とされる。また、教育、就労、保健医療・福祉の分断を最小限にし、切れ目のない支援を進める。

社会的養護に関しても、総合施設（仮称）を含む保育・子育て支援サービスに虐待防止等の福祉的視点を担保すると同時に、家庭的養護の促進、社会的養護の小規模化、地域化を進め、保育・子育て支援施策との一体化を進めることが必要である。社会的養護の下にある子どもも地域の子どもである。

さらに、障害児入所システムにおいても、同様の家庭的養護、社会的養護の小規模化、地域化が必要とされる。里親、ファミリーホーム、地域小規模児童養護施設と保育・地域子育て支援サービスの相互利用が進められていかねばならない。

新システムも、子どもの地域での育ちを重視すること、事業の安定的・意欲的展開、保育の質の向上にインセンティヴが働く仕組み、担い手である保育士資格の再構築、待遇の向上、社会的養護や障害児福祉を包含し社会的排除を生まない仕組みとして検討されることが必要とされる。

7　制度内福祉と制度外福祉との相互発展を目指して

もともとわが国は、個人の自立より集団の秩序維持を優先する国民性を有していた。これに対し、戦後、特に個人の自立や尊厳を第一に考える価値観が広がり、いわゆるソーシャルキャピタルの弱体化と相まって、人々の孤立化が進んでいくこととなった。子ども家庭福祉の新たな課題は、その多くはこの「つながりの喪失」、社会的孤立の進展に由来している。

そのことは、前述したとおり、全国社会福祉協議会が2010（平成22）年12月に策定した『全社協　福

＊9　障害児童に固有のサービスと、児童一般施策における障害児童に対する合理的配慮の両サービスを同時に進めていくこと。たとえば、放課後児童クラブにおける障害児童受け入れ促進のための加算措置や巡回支援の制度化と、障害児を対象とする放課後等デイサービスの整備など。

祉ビジョン２０１１』の認識と共通である。私たちは、古いしがらみ、つながりから解放された反面、新しい連帯が創れず孤立化に悩んでいる。個の自立を前提として、その人たちが緩やかにつながる新しい連帯のかたちが求められている。子ども家庭福祉も、社会的排除のないソーシャル・インクルージョン（social inclusion：社会的包摂）の視点に立ち、官民協働の福祉の姿を目指していくことが必要とされる。「子どもを生まない、育てない社会」から「子育ち・子育て、いのちを育むことが正当に評価される社会」へ、「孤立と分断」から「連帯と共生」の社会への移行が必要とされている。

第1章 子ども家庭福祉制度改革のこれまで
——戦後から昭和の時代

第1節　子ども家庭福祉の成立

1　児童福祉法制の基盤の成立

児童福祉(1)法制・制度は、子どもの心身の健全な発達を保障し、その福祉の向上を図ることを目標としており、子ども自身の福祉はもとより、子どもを取り巻く家庭や地域社会の対策を含めた総合的な制度である。また、それは、教育、労働、司法、警察等、広範な分野の対策と密接に関連している。このような総合的な児童福祉対策がスタートしたのは第二次世界大戦後であり、「児童福祉法」や「児童憲章」の制定を経

＊1　本書においては「子ども家庭福祉」の用語を原則としているが、子ども家庭福祉の用語は1990年代から使用されることとなったため、ここでは、それ以前の年代に関し「児童福祉」の用語を用いることとした。

て、進展してきたのである。

敗戦直後のわが国は、国民の生活は窮乏し、精神的な虚脱も加わって社会の秩序は乱れ、この混乱と窮乏のなかで浮浪児、戦災孤児、引揚孤児等が多数出現し、これらの子どもを収容保護することが当時の児童対策の緊急課題であった。

これら応急的な児童救済対策を進めながらも、一方では、すべての子どもの福祉を国の責任において体系化し推進することを目指し、次代の社会の担い手である子どもの健全な育成、すべての子どもの福祉の積極的増進を基本精神とする「児童福祉法」が、1947（昭和22）年に制定された。この背景には、福祉国家の建設の理想を掲げた「日本国憲法」の制定（1946〈昭和21〉年）が大きく関連している。

また、1946（昭和21）年に、児童福祉対策についてのみ責任を負う児童局が、初めて厚生省に設置されている。さらに、1948（昭和23）年には、「児童福祉施設最低基準」も策定されている。この後、さらに広く児童観や児童福祉の理念を確認し国民の間に普及するために、1951（昭和26）年に内閣総理大臣により招集された児童憲章制定会議により、「児童憲章」が制定、宣言されている。こうして、戦後の児童福祉法制の基盤が形づくられていったのである。

2　児童福祉関連法制の整備

昭和20年代は、児童福祉法制の基盤が整備された時期であるが、30年代になると、1961（昭和36）年には母子家庭を対象に支給される児童扶養手当について規定した「児童扶養手当法」が制定された。続いて1964（昭和39）年には、母子家庭に関する施策を規定した「母子福祉法」（現在の「母子及び寡婦福祉法」）が制定された。さらに同年、「重度精神薄弱児扶養手当法」（現在の「特別児童扶養手当等の支給に関する法律」）が制定されるなど、施策に広がりが見られた。

1965（昭和40）年になると、母性、乳幼児の健康の保持・増進に関する施策について規定した「母子保健法」が制定された。さらに、1971（昭和46）年には児童手当について規定した「児童手当法」が制定され、これによりわが国の基本的児童福祉法制はほぼ整備されることとなった。

その後はこれらの法に基づいた施策の展開が図られたが、近年は、少子化や子ども虐待の社会問題化など変わりゆく世相のなかで、新たな課題に対応するための法整備も進められている。たとえば、「児童虐待の防止等に関する法律」（2000〈平成12〉年）や、「配偶者からの暴力の防止及び被害者の保護に関する法律」（2001〈平成13〉年）、「少子化社会対策基本法」（2003〈平成15〉年）、「次世代育成支援対策推進法」（2003〈平成15〉年）、「発達障害者支援法」（2004〈平成16〉年）、「就学前の子どもに関する教育、保育等の総合的な提供の推進に関する法律」（2006〈平成18〉年）等の法律が制定されている。なお、これらの法律は逐次改正が行われており、ちなみに「児童福祉法」は、これまでに80次を超える改正が行われている。

以下、これらの法整備をもとに、また、厚生省児童家庭局（1996年）等から引用しつつ、児童福祉・子ども家庭福祉の進展について年代ごとに見ていくこととしたい。

第2節　児童福祉・子ども家庭福祉の展開

1　昭和20年代

児童福祉法が制定されると、児童福祉制度充実のための施策が次々と進められていくこととなる。すなわち、妊産婦乳幼児保健指導要領、児童福祉司および児童委員活動要領、児童福祉施設最低基準等が作成された。前述のとおり、1951（昭和26）年には児童憲章も制定されている。

昭和25、26年頃になると、戦後の混乱はいくらか落ち着き、朝鮮戦争を契機として経済復興の兆しも現れはじめる。大人も子どももようやく飢餓線上から抜け出したのである。これに伴い、それまでの収容保護を中心とした児童福祉施策も、サービスの質を問われることとなる。事実、この頃から、ホスピタリズム論争、家庭的処遇論、治療教育的接近、積極的養護論等、児童処遇をめぐる論争が展開され、ケースワーク、グループワーク等の方法論の導入が関心を引くこととなる。

1949（昭和24）年11月には、国際連合からアリス・K・キャロール女史が来日し、児童相談所をはじめとする児童福祉行政全般についての指導も行われ、以後、児童相談所や児童福祉司の行う相談援助活動の基本的視点が定まっていくこととなる。キャロールの残した足跡は、「児童福祉マニアル」として翻訳されている。そして、1952（昭和27）年には、厚生省児童局によって、児童相談所運営に関する体系的指針を含む『児童福祉必携』が発刊されている。

なお、1952（昭和27）年には、精神薄弱児(2)に関する総合的な施策の推進方策を示す、「精神薄弱児対策基本要綱」が作成されている。翌年の1954（昭和29）年には育成医療制度も創設されるなど、障害児童福祉施策についても一定の拡充が図られている。

2　昭和30年代

1956（昭和31）年の『経済白書』は「もはや戦後ではない」と銘打ち、また池田内閣により所得倍増政策も打ち出され、その後、わが国は高度経済成長への道を進んでいくこととなる。昭和30年代は、工業化の進展による急速な経済成長や、都市への人口集中、共働き世帯の増加など、社会経済情勢が大きく変化した時期である。こうしたなか、都会における子どもの遊び場の消失、交通事故の増加、女性就労の増加や家族構成の変化による保育需要の増加等の、児童福祉問題を招くこととなった。これに対応し、児童福祉制度はその対象を拡充するとともに、戦後処理的な要保護児童福祉対策を脱し、一般児童や家庭をも視野に入れた施策へと転換していくこととなった。

中央児童福祉審議会は、1956（昭和31）年に「児童福祉行政の諸問題について」（意見具申）を、さらに1962（昭和37）年には「児童の健全育成と能力開発によってその資質の向上を図る積極的対策に関する意見」（答申）、1963（昭和38）年には「家庭対策に関する中間報告」を出し、児童福祉施策の展開が図られていくこととなる。

母子保健施策としては、未熟児に対する訪問指導・養育医療の給付（1958〈昭和33〉年）、妊娠中毒

＊2　「精神薄弱」の用語は現在では使用されないが、ここでは、原則として当時の用語を使用することとする。

症妊産婦に対する訪問指導（1962〈昭和37〉年）等の乳児死亡率低下を促進する施策が展開され、また1963（昭和38）年には、3歳児健康診査精密検診も開始された。

保育施策においては、保育需要の増大・多様化に対応して、保育所の量的拡大が図られた。また運営面においても、保育単価制の導入や「措置基準」の制定等の改正が進められた。さらに1963（昭和38）年には、長年の懸案であった保育所と幼稚園との関係について、両施設の目的、機能が異なるとの整理が、厚生・文部両省の共同局長通知によって確認された。

母子家庭施策に関しては、1959（昭和34）年に母子福祉年金が創設され、1961（昭和36）年11月には、離婚等による生別の母子家庭等に対して児童扶養手当を支給する「児童扶養手当法」が公布された。さらに1964（昭和39）年、母子家庭のための基本法である「母子福祉法」が制定され、母子家庭施策の体系化が図られることとなった。

続いて障害児（者）施策も、昭和30年代後半を中心に著しく進展した。すなわち、1960（昭和35）年には、成人精神薄弱者のための基本法である「精神薄弱者福祉法」（現在の「知的障害者福祉法」）が制定され、さらに1964（昭和39）年には、日常生活において常時の介護を必要とする、重度の精神薄弱児を養育する父母等に手当を支給する「重度精神薄弱児扶養手当法」も制定された。

最後に、家庭児童施策が進められたのもこの年代の特徴である。1961（昭和36）年には、情緒障害児短期治療施設が創設された。また、1964（昭和39）年には、「児童局」が「児童家庭局」と改称され、家庭を重視する姿勢が明らかにされるとともに、福祉事務所に家庭児童相談室が設置されることとなった。

以上見てきたように、1964（昭和39）年は、児童福祉行政にとってひとつの転換期といえる。まず、子どもが生活する基盤である家庭を支援することをねらいとして、児童局が児童家庭局となるとともに、福祉事務所に家庭児童相談室も設置された。また、母子福祉法が公布施行され、さらに重度精神薄弱児扶養手当法も公布施行されている。著者が勤務する日本子ども家庭総合研究所（当時は日本総合愛育研究所）も、国の研究所に代わる機関としてこの年に設置されている。こうして、施策は昭和40年代に引き継がれていくのである。

3　昭和40年代

昭和40年代は、30年代に引き続き日本経済は高度成長を続け、1968（昭和43）年には、わが国のGNPはアメリカに次いで自由世界第2位となった。しかし、1973（昭和48）年の第1次オイルショックを契機に、その成長には陰りが見えはじめる。

この頃には、高度経済成長の負の側面も強く意識されることとなり、「福祉なくして成長なし」「福祉優先」のスローガンのもと、1973（昭和48）年には、年金・手当額の大幅アップ等が行われ、「福祉元年」と呼ばれた。児童福祉関係においては、障害児施策ならびに母子保健施策の拡充が図られ、また、児童手当制度の創設や保育施策の強化、社会福祉施設緊急整備5カ年計画の策定等が行われた。

母子保健施策としては、1965（昭和40）年に母子保健法が児童福祉法から独立して制定された。1968（昭和43）年には中央児童福祉審議会から「当面推進すべき母子保健対策について」の意見具申が行われ、妊産婦・乳幼児に対する健康診査等が推進された。

障害児（者）施策としては、1967（昭和42）年に重症心身障害児施設が児童福祉施設として位置づけられた。1970（昭和45）年には「心身障害者対策基本法」（現在の「障害者基本法」）が制定され、中央心身障害者対策協議会も設置されるなど、障害者施策は昭和40年代に大きく進展することとなった。

保育施策に関しては、女性就労の増加に伴う保育所整備が1967(昭和42)年に重点課題と位置づけられ、社会福祉法人が新設する保育所に対して国庫補助が開始された。また、1971(昭和46)年には「児童手当法」が制定され、翌1972(昭和47)年から段階的に児童手当の支給が開始された。児童手当法の成立により、現在の児童福祉行政の骨格ができ上がったことになる。

4 昭和50年代

昭和50年代は、高度経済成長から安定成長経済に転換していくなかで、従前のような財政拡大を続けることが困難な状況となり、特に老人医療費の急増への対応をはじめとして、社会保障施策の見直しが行われることとなった。

児童福祉施策について見ると、いわゆるベビーホテルにおける乳幼児の死亡事件の多発を契機として、50年代後半頃から保育需要の多様化への対応が意識されるようになった。そのため、乳児保育や延長・夜間保育、障害児保育施策等が進められていくこととなった。

また、昭和50年代半ばには、国際連合が定めた児童福祉に関する二つの記念年、すなわち、「国際児童年」(1979〈昭和54〉年)および「国際障害者年」(1981〈昭和56〉年)があり、これらはそれぞれの施策の理念にも大きな影響を与えた。また、児童手当ならびに児童扶養手当の見直しも行われた。母子保健施策では、1歳6か月児健康診査が1977(昭和52)年から開始されている。戦後の非行の第三のピークが見られたのもこの時期であった。

5　昭和60年代から平成の時代――児童福祉から子ども家庭福祉へ

昭和60年代は、50年代後半に引き続き、国と地方との役割分担が見直された時期である。児童福祉法の事務の団体事務化や、補助率の見直しが行われた。また、住民により、身近な行政主体による福祉サービスの展開が重視されるとともに、在宅福祉サービスが重視されるようになった。

平成に入ると、ソビエト連邦の消滅とともに時代はポスト冷戦時代に入ることとなる。日本経済はバブル経済とその崩壊を経験し、出生率の継続的低下が社会保障に与える影響が強く認識されるようになった。

6　少子化対策から次世代育成支援対策へ

1990（平成2）年6月、1989（平成元）年の合計特殊出生率が統計史上最低を更新する1・57となったことが公表されると、高齢化社会の基盤整備を進めるため老人福祉法等の一部を改正する法律の審議中であった国会は、大きなショックに見舞われた。いわゆる「1・57ショック」である。

以後、保育等の子ども家庭福祉施策は「少子化対策」の一部として、年金・医療・介護を下支えする施策としての歩みを始める。その結果、子ども家庭福祉施策は、少子化対策と要保護児童福祉対策とに二分されていくこととなる。少子化対策は1994（平成6）年の「エンゼルプラン」に結実し、さらに1999（平成11）年の「新エンゼルプラン」へと引き継がれていく。

1994（平成6）年には、「児童の権利に関する条約」（「子どもの権利条約」）をわが国が締結し、この頃から児童福祉の概念に代わって、子ども家庭福祉の概念が定着していくこととなる。

少子化対策は、保育所の利用希望の著しい増加、待機児童問題を招き、また、地域における連帯の希薄化とあいまって、家庭における子育ての閉塞化をもたらすこととなった。こうした状況を受けて、2003（平成15）年から「家庭や地域の子育て力の低下に対応して、次世代を担う子どもを育成する家庭を社会全体で支援すること」（少子化対策推進関係閣僚会議）を目的とする、次世代育成支援施策が展開されることとなった。つまり、高齢者対策において施設待機問題解決のために在宅福祉3本柱を法定化し、それを全自治体に計画的に拡充していった政策を、保育所待機児童問題に援用することとしたのである。

2003（平成15）年改正児童福祉法は、子ども家庭福祉、子育て支援のための在宅福祉3本柱を「子育て支援事業」として法定化し、次世代育成支援対策推進法は、それらを含む次世代育成支援施策の計画的推進を全自治体に求め、さらに少子化社会対策基本法に基づき、自治体計画を後押しする国家計画であるいわゆる「子ども・子育て応援プラン」が、平成16年末に策定されたのである。

7　要保護児童福祉対策の進展

一方、要保護児童福祉も独自の歩みを始める。その契機は、1994（平成6）年の「子どもの権利条約」の締結による子どもの権利への注目と、その後の子ども虐待・配偶者暴力問題の社会問題化などである。

ひとり親家庭福祉施策は、2001（平成13）年の「配偶者からの暴力の防止及び被害者の保護に関する法律」の成立、改正とともに、2002（平成14）年に大きな制度改革が行われ、2003（平成15）年度から新たな展開を始めている。厚生労働省の「母子家庭及び寡婦の生活の安定と向上のための措置に関する基本的な方針」に基づき、都道府県等において、ひとり親家庭の自立促進計画も整備されつつある。

そして、要保護児童福祉の推進が、２０００（平成12）年の「児童虐待の防止等に関する法律」（「児童虐待防止法」）の成立、改正とともに、２００４（平成16）年に大きな転機を迎えることとなる。２００４（平成16）年改正児童福祉法は、要保護児童福祉における市町村の役割強化、社会的養護サービスの見直しと拡充、子どもの権利擁護のための司法関与の強化を盛り込み、これを子ども・子育て応援プランが財政的に後押しすることとなった。社会的養護を必要とする子どもたちのＱＯＬの向上が、初めて国家計画に盛り込まれたのである。

２００５（平成17）年度から、児童家庭相談が市町村において展開されており、厚生労働省からは「市町村児童家庭相談援助指針」「要保護児童対策地域協議会設置・運営指針」も発出され、これらの指針とともに「児童相談所運営指針」や「子ども虐待対応の手引き」も、数次にわたり大幅に改訂されている。自治体の要保護児童対策地域協議会も、子ども・子育て応援プランで全自治体設置という目標が掲げられており、２００７（平成19）年の児童福祉法改正においては、同協議会の設置が自治体の努力義務として規定された。こうして、要保護児童福祉においても市町村重視、施策の計画的進展が始まろうとしている。

こうした動向と連動して、増え続ける子ども虐待に対応するため、２００７（平成19）年改正児童虐待防止法は、保護者に対する出頭要求、裁判所の許可に基づく臨検・捜索の制度化など、家庭に対する介入性の強化を一層鮮明に打ち出し、結果として保護した子どもたちのケア、自立支援を図る社会的養護体制の強化が、大きな課題として浮かび上がってきている。

8　新たな時代へ

さらに近年は、税源移譲、補助負担金削減、地方交付税改革を一体的に実施するいわゆる三位一体改革や、認定こども園制度の新設、障害児施設給付制度の導入などの新規施策のほか、利用者に対する直接補助制度や、いわゆる育児保険制度（仮称）の検討といった、子ども家庭福祉の基礎構造や実施主体・サービス提供体制の在り方に関するさまざまな政策課題が、子ども家庭福祉界を巻き込んでいる。政府は２０１０（平成22）年6月、子ども・子育て新システム基本制度案要綱を決定し、その後、この基本方針に基づく新たな制度体系を目指した検討が行われ、法案準備が進められている。また、障害児福祉においても、障害者自立支援法の廃止と障害者総合福祉法の制定を目指した検討のなかで、内閣府において障害児支援の在り方が検討されており、戦後60年以上を経て、子ども家庭福祉はいよいよ新たな時代を迎えようとしているのである。

第2章　平成期の子ども家庭福祉法改正

第1節　近年の子ども家庭福祉の動向と方向性

わが国は1990（平成2）年の1・57ショック（合計特殊出生率）を起点として、少子化対策へと乗り出した。その後、すべての子どもを育むための総合的な環境づくり、国や地方公共団体をはじめとする社会全体の責任を明らかにした次世代育成支援施策へと転換する。

その一方で、急増する子ども虐待に対応するための法制度の整備、発生予防やさらなる相談体制の確保、子どもや親に対するケアの充実等への対応が進められている。また、子ども家庭福祉の実施体制として市町村の役割強化が示され、これらの動向による法や施策の整備は、子育て支援・次世代育成支援と要保護児童福祉における支援の連続性や一貫性を確保する方向性が示されているかのようである。

わが国の子ども家庭福祉は、保育・次世代育成支援と要保護児童福祉という大きく二つの流れがある。著者はその構造と将来方向について、図2－1ならびに表2－1のように示している。図2－1は、保育・次

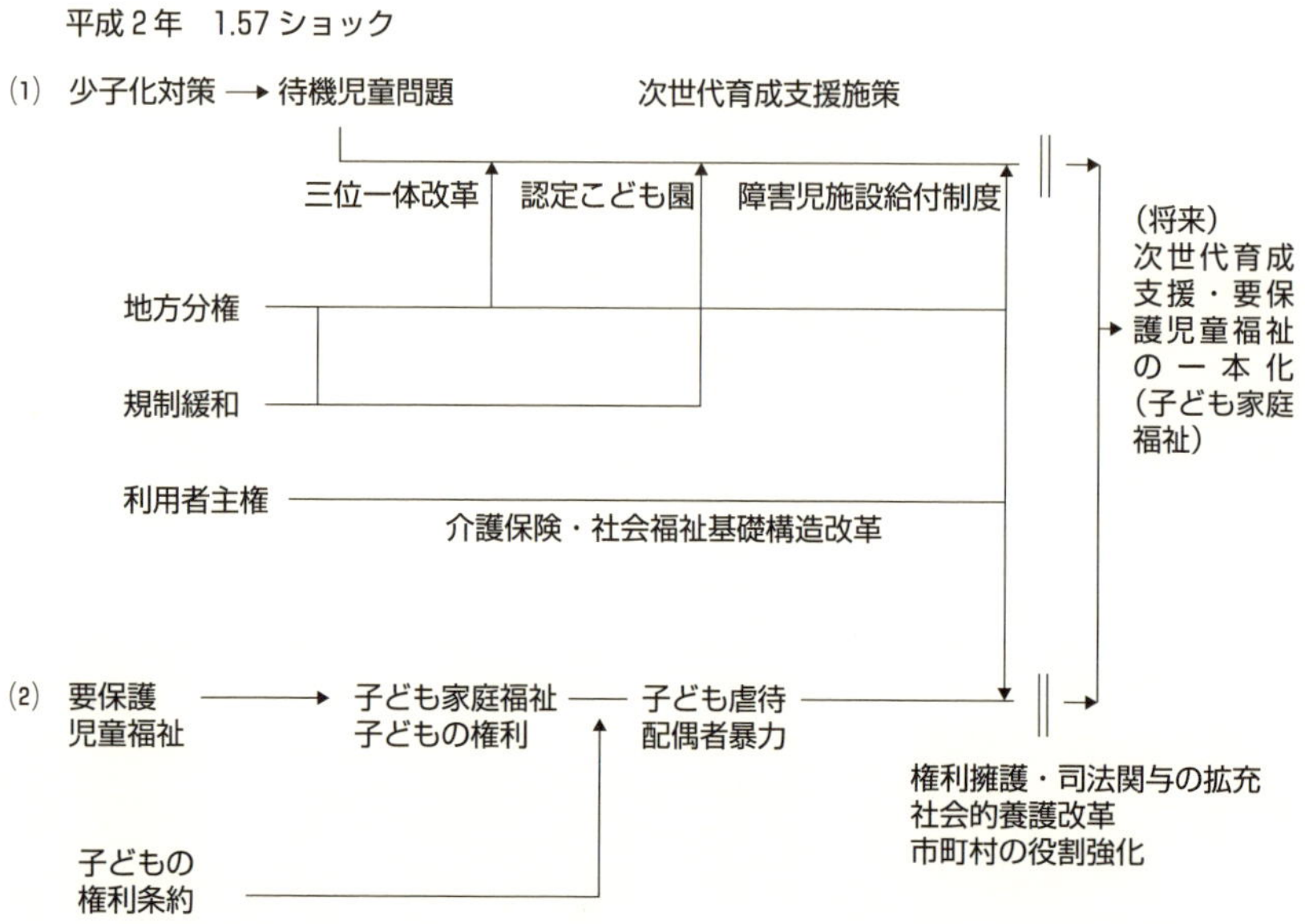

図 2-1　次世代育成支援・子ども家庭福祉サービス供給体制改革の動向と今後の方向
（柏女ら，2006）

表 2-1　子ども家庭福祉の今後の方向（柏女ら，2006）

現　行		将　来
(1) 都道府県中心	⇒	市町村中心（都道府県との適切な役割分担）
(2) 職権保護中心	⇒	契約と職権保護のバランス
(3) 施設中心	⇒	施設と在宅サービスのバランス
(4) 事業主補助中心	⇒	個人給付と事業主補助のバランス
(5) 税中心	⇒	税を中心としつつ社会保険を加味
(6) 保健福祉と教育の分断	⇒	保健福祉と教育の統合・連携
(7) 限定的司法関与	⇒	積極的司法関与

世代育成支援と要保護児童福祉の異なる体制がいずれ合流する，というひとつの考え方を示している。また，著者らの研究においては，子ども家庭福祉のひとつの方向性として，今後，これら二つの潮流が連続したものになっていくためのシステム転換の方向についても提示している（表２－１）。

第2節　子ども家庭福祉に関する主な法律の改正と法律の制定

第２節では，第１章ならびに本章第１節に略述した子ども家庭福祉の歴史，将来方向を踏まえつつ，近年の子ども家庭福祉・保育の動向として，１・５７ショック以降の子ども家庭福祉に関係する主な法改正等についてて見ていくこととする。

(1) 1997（平成9）年──児童福祉法改正

この法改正では，従来の養護施設等の児童福祉施設の名称変更ならびに施設の統廃合が行われた。また，保育所の利用の仕組みが措置から市町村による保育の実施方式へと変更され，利用者が利用したい保育所を選択し，市町村へ申し込むという仕組みになった。さらに，児童養護施設や母子生活支援施設等の目的に，子どもや母子家庭の自立支援が位置づけられた。

(2) 2000（平成12）年──社会福祉の増進のための社会福祉事業法等の一部を改正する法律

本法により社会福祉事業法が社会福祉法となり，措置制度から利用契約制度へ，サービスを提供する主体の多元化へといった利用者を主体とするサービス提供体制への転換が図られた。また，それに伴う利用者の権利擁護の仕組みとして、情報の提供、苦情解決の仕組みや第三者評価の仕組み等が導入された。

子ども家庭福祉分野においては、障害児の在宅福祉サービス分野がいわゆる支援費制度に変更され、母子生活支援施設、助産施設の利用の在り方が行政との委託契約方式となったが、その他は措置制度が残ることとなった。

(3) 2000(平成12)年——児童虐待の防止等に関する法律の制定

近年の子ども虐待の増加と深刻化を受け、児童虐待の禁止、児童虐待の定義、児童虐待の防止に関する国・地方公共団体の責務、児童虐待の通告とその後の対応等について規定した法律である。その後、2004年の法改正によって、児童虐待の通告対象を「受けたと思われる児童」にまで広げるとともに、児童虐待の通告窓口に市町村も含められることとなった。また、内縁関係等にある者による虐待について、その行為を放置することは「ネグレクト」にあたること、さらに、配偶者間暴力を子どもに見せることは「心理的虐待」にあたることなど、虐待の定義の変更も行われた。本法は2007(平成19)年にも、介入性の強化を趣旨とする法改正が実施されている。

(4) 2001(平成13)年——配偶者からの暴力の防止及び被害者の保護に関する法律の制定

この法律はいわゆるDV防止・保護法であり、夫婦間等における暴力の被害者の保護、相談、配偶者暴力相談支援センター等について規定している。その後、2004年と2007年に、保護命令等被害者保護の強化にかかる法改正がなされている。

(5) 2003 (平成15) 年――少子化社会対策基本法制定と少子化社会対策大綱の策定

この年、議員立法により少子化社会対策基本法が制定された。この法律では、地方公共団体は少子化対策について国と協力し、地域の状況に応じた施策を策定し実施する責務を負うこととされている。翌年、この法律に基づいて少子化社会対策大綱が策定され、新エンゼルプランに次ぐ国家計画の子ども・子育て応援プラン、およびそれを引き継いで２０１０（平成22）年１月に、大綱の掲げる重点課題を具現化する計画である子ども・子育てビジョンが制定されている。

(6) 2003 (平成15) 年――次世代育成支援対策推進法の制定

本法は10年間の時限立法である。この法にはすべての子どもの育ちを支えるための家庭への支援ならびに環境整備、そのための国や地方公共団体の講じる施策や責務等を示し、都道府県、市町村は、２００５（平成17）年度から5年を1期とする次世代育成支援前期行動計画を策定する義務を負うこととされた。また、事業主も行動計画を定めなければならないこととされた。なお本法は、２００８（平成20）年に、後期行動計画ならびに事業主行動計画策定にあたっての計画策定事項等について改正が行われた。

(7) 2004 (平成16) 年――児童福祉法改正

本児童福祉法改正により、子ども家庭相談における市町村の第一次的な役割が明記された。また、それまで主として子ども虐待防止のために実施されていたネットワークを要保護児童対策地域協議会として法定化し、協議会の構成員の守秘義務を法定化し、調整機関を一つ定めることができることとした。市町村の役割強化を図る重要な法改正のひとつであるといえる。

(8) 2005(平成17)年——児童福祉法改正と障害者自立支援法の制定

障害者自立支援法の制定に伴い、児童福祉法も大きく改正された。障害者自立支援法に伴う改正児童福祉法の施行により、2006(平成18)年10月から、障害児の施設入所の仕組みが障害児施設給付制度による個別給付、直接契約の仕組みへと転換することとなった。ただし、子ども虐待等職権保護を必要とする児童に対応するため措置制度も残ることとなり、障害児施設利用については、措置制度と施設給付制度の2本立ての仕組みが採用されることとなった。なお、行政実施体制の変更はなかった。

(9) 2006(平成18)年——就学前の子どもに関する教育、保育等の総合的な提供の推進に関する法律の制定

この法は2006(平成18)年6月に制定され、10月より施行された。認定こども園の利用については直接契約の仕組みとなり、就学前の子どもの保育と教育は保育所、幼稚園に並び、認定こども園が新たな選択肢となった。

(10) 2007(平成19)年——児童虐待の防止等に関する法律、児童福祉法の改正

児童虐待の防止等に関する法律の改正においては、これまで努力義務であった安全確認を「安全確認義務」とし、「出頭要求」さらに「再出頭要求」に関する事項、再出頭要求を拒否した場合の「臨検等」に関する事項、一時保護や同意施設入所措置中の保護者に対する「面会等の制限等」に関する事項、併せて罰則規定が盛り込まれている。

また、同時に行われた児童福祉法改正においては、要保護児童対策地域協議会の設置が努力義務化され、未成年後見人請求の間の親権の代行、正当な理由がなく立入調査を拒否した場合の罰則の強化（30万円から50万円以下に引き上げ）が行われた。いずれも、子どもの福祉を図るため家庭への介入性の強化を図る法改正であるといえる。

⑪ 2008（平成20）年――児童福祉法改正

この法改正では、被措置児童等虐待、いわゆる施設内虐待に関する定義やその発見時の通告やその後の対応等に関する規定が整備された。被措置児童等虐待には、一時保護中の子どもや里親委託中の子どもも含まれる。被措置児童等虐待の発見者に対して通告義務を課し、都道府県には通告者（子ども本人も含む）に関する秘密保持義務を課すことが規定された。さらに、通告された施設に対して、通告した子どもや職員に対する不利益な扱いをすることが禁止されている。

⑫ 2008（平成20）年――次世代育成支援対策推進法改正

この法律に基づき、都道府県および市町村には、10年間の次世代育成支援のための行動計画の策定（5年を1期とする）が義務づけられてきた。この法改正により、都道府県の次世代育成後期行動計画には、社会的養護関係の整備に関する事項を盛り込むこととなった。

また、これまで従業員301人以上の一般事業主に対して事業主行動計画の策定が義務づけられていたが、法改正により、101人以上の従業員を抱える事業主にも同様の計画の策定が義務づけられることとなった。

(13) ２００９（平成21）年――子ども・若者育成支援推進法

子ども・若者をめぐる環境の悪化その他の問題の深刻化のなかで、従来の個別分野における縦割り的な対応では限界があるとして、２００９（平成21）年7月に成立した基本法的性格を持つ法律である。国の本部組織や大綱、地域における計画やワンストップ相談窓口等の枠組み整備のほか、困難を有する子ども・若者を支援するためのネットワーク整備などが規定されている。

(14) ２０１０（平成22）年――障がい者制度改革推進本部等における検討を踏まえて障害保健福祉施策を見直すまでの間において障害者等の地域生活を支援するための関係法律の整備に関する法律の制定

本法は、２００９（平成21年）の政権交代により廃案が決定された障害者自立支援法に代わる新法が成立されるまでの間、障害児者福祉をさらに充実するために前政権時に提出されたまま廃案となっていた法案を一部修正のうえ、国会に提出された法案である。施行は一部を除き２０１２（平成24）年4月1日である。各種障害児関係施設の一元化、児童発達支援、医療型児童発達支援、放課後等デイサービスおよび保育所等訪問支援といった在宅サービス・施設を充実する、障害児の通園施設通所サービスの実施主体を市町村とする、サービスの利用にあたってケアマネジメントの前置を制度化する、などの改正が規定されている。

(15) ２０１０（平成22）年――平成22年度における子ども手当の支給に関する法律の制定

この法律は、新政権の目玉政策のひとつである子ども手当を支給する法律である。本法律の施行により、

2010（平成22）年度に限り支給される手当である。日本国内に住所を有する者に対し、15歳になった最初の年度末まで、子ども1人当たり月額1万3000円が支給される。所得制限はない。財源は、原則として、従来の児童手当に国庫負担金を加算するかたちで構成されている。また、本手当の創設により、所得税に関する年少扶養控除は2011（平成23）年から廃止されている。なお、子ども手当の2011（平成23）年度以降の在り方については、現在、政府において検討が進められている。2011（平成23）年3月末に本法律を半年間延長する法改正が行われ、10月から来年3月まで手当を減額する特別措置法も成立した。

(16) 2011（平成23）年――地域の自主性及び自立性を高めるための改革の推進を図るための関係法律の整備に関する法律

これは、継続審議となっていた地域主権改革の推進を図るための関係法律の整備に関する法律案が、国会で地域主権の用語を削除する修正のうえ、2011（平成23）年5月2日に交付された法律である。子ども家庭福祉関係では、児童福祉施設最低基準の策定を都道府県に移譲すること、待機児童対策として東京都等一部の地域においては、保育所の居室面積基準を従うべき基準ではなく、標準とすることなどが規定されている。施行は2012（平成24）年4月である。

(17) 2011（平成23）年――民法等の一部を改正する法律

子ども虐待防止・保護に資するため、民法改正（親権の一時停止制度、未成年後見制度導入等の親権制度改正）、児童福祉法改正（児童福祉施設長と保護者の親権との関係調整に関する制度改正等）を行う民法等の一部を改正する法律が、2011（平成23）年5月に成立した。施行は、2012（平成24）年4月である。

(18) その他の法律、現在検討中の法案

その他、2011（平成23）年6月には、障害者虐待の防止、障害者の養護者に対する支援等に関する法律が制定、公布された。施行は、2012（平成24）年10月1日の予定である。

さらに、障害児福祉サービスに大きな影響を与える障害者基本法の一部を改正する法律が2011（平成23）年7月に公布施行された。なお、就学前保育・子育て支援を中心とした新システムの構想である「子ども・子育て新システムの基本制度案要綱」が2010（平成22）年6月29日に示され、それを具体化する法案が準備中である。さらに、障害者総合福祉法の制定とそれに伴う児童福祉法改正案の検討なども見逃すことはできない。

以上、1990（平成2）年以降の主要な子ども家庭福祉関係の法改正等の流れを概観してきた。子ども家庭福祉の法制度は、高齢者福祉、障害者福祉といった他分野の動向や、新たな制度のスタート等に強く影響を受けている。また、子どもや家庭のニーズの動向に影響を受けながら整備がなされている。これまで述べてきた法改正に、関連する法改正等を加えた近年の主要な法改正等については、表2-2のようにまとめられる。

表 2-2　近年の子ども家庭福祉・保育関係法等の動向——法律の改正や新たな法律等の制定（佐藤・柏女，2007，p.171 を一部改正）

平成 2（1990）年	・老人福祉法等の一部を改正する法律、いわゆる社会福祉 8 法改正 ——児童福祉法改正により在宅福祉サービスを法定化
平成 9（1997）年	・児童福祉法改正 ——児童福祉施設名称変更と施設統廃合、保育所の利用の仕組みを措置から行政との契約、保育の実施方式へ、児童福祉施設における児童等の自立支援の位置づけ
平成 11（1999）年	・児童買春、児童ポルノに係る行為等の処罰及び児童の保護等に関する法律の制定
平成 12（2000）年	・社会福祉の増進のための社会福祉事業法等の一部を改正する法律に伴う社会福祉法の制定 ・介護保険法施行 ・児童福祉法改正 ——児童居宅支援の利用を支援費による方式へ転換 ・児童虐待の防止等に関する法律の制定
平成 13（2001）年	・児童福祉法改正 ——保育士資格の法定化、児童委員の職務追加 ・配偶者からの暴力の防止及び被害者の保護に関する法律の制定
平成 14（2002）年	・母子及び寡婦福祉法改正 ——母子家庭の自立支援を中心とした改正 ・児童扶養手当等の支給に関する法律の改正 ——受給後 5 年以降は手当減額
平成 15（2003）年	・児童福祉法改正 ——子育て支援事業の法定化と市町村の責務の明確化 ・少子化社会対策基本法制定 ・次世代育成支援対策推進法の制定
平成 16（2004）年	・児童福祉法改正 ——市町村を児童相談の第一次的窓口として位置づけ、要保護児童対策地域協議会の法定化、里親に監護、教育、懲戒に係る一定の権限を付与 ・児童虐待の防止等に関する法律の改正 ・配偶者からの暴力の防止及び被害者の保護に関する法律改正 ・発達障害者支援法制定
平成 17（2005）年	・障害者自立支援法の制定と児童福祉法改正 ——障害者自立支援法の障害児福祉部分に関する改正により、障害児福祉関係のサービス利用のあり方が障害児施設給付制度と措置制度の 2 本立てに
平成 18（2006）年	・児童手当法改正 ・児童扶養手当等の支給に関する法律の改正 ・就学前の子どもに関する教育、保育等の総合的な提供の推進に関する法律制定 ・教育基本法改正

平成 19（2007）年	・児童手当法改正 ・児童虐待の防止等に関する法律改正 ・児童福祉法改正 ——要保護児童対策地域協議会の設置の努力義務化、未成年後見人請求の間の親権代行、正当な理由なく立入調査を拒否した場合の罰則を強化 ・少年法、少年院法改正 ・配偶者からの暴力の防止及び被害者の保護に関する法律改正 ・学校教育法改正
平成 20（2008）年	・保育所保育指針ならびに幼稚園教育要領の告示 ・児童福祉法及び次世代育成支援対策推進法改正
平成 21（2009）年	・障害者自立支援法等の一部を改正する法律案にともなう児童福祉法改正案（廃案） ・子ども・若者育成支援推進法
平成 22（2010）年	・障がい者制度改革推進本部等における検討を踏まえて障害保健福祉施策を見直すまでの間において障害者等の地域生活を支援するための関係法律の整備に関する法律の制定 ・平成 22 年度における子ども手当の支給に関する法律の制定 ・育児休業、介護休業等育児又は家族介護を行う労働者の福祉に関する法律の改正法施行（パパ・ママ育休プラス等）
平成 23（2011）年	・地域の自主性及び自立性を高めるための改革の推進を図るための関係法律の整備に関する法律（児童福祉施設最低基準の地方移譲等。施行は平成 24 年 4 月） ・民法等の一部を改正する法律（親権の一時停止制度、未成年後見制度、子どもの最善の利益確保のための児童福祉施設長の権限の強化等。施行は平成 24 年 4 月） ・障害者虐待の防止、障害者の養護者に対する支援等に関する法律（施行は平成 24 年 10 月） ・障害者基本法の一部を改正する法律

第3章　平成期の子ども家庭福祉改革の到達点と今後の課題

次に、平成期の子ども家庭福祉施策の変遷について見ていく。子ども家庭福祉の施策もまた、次世代育成支援施策と要保護児童福祉施策に大別できる。まずは、子ども家庭福祉施策の展開の背景から概観する。

第1節　全体的展開

1　戦後体制の行き詰まりと新たな体制の模索

今、わが国においては、子どもを生み育てにくい社会が急速に進行している。出生率の低下、統計史上最高を更新し続ける子ども虐待件数と保育所・放課後児童クラブ入所児童数、待機児童の存在がそれを示し、社会的養護の下にある子どもも増加している。子どもが育つこと、子どもを生み育てることを社会が正当に評価していないため、子育ての苦労が喜びを上回り、厭《いと》われていく。

子ども家庭福祉制度は、児童福祉法制定当初の前提条件が崩れたにもかかわらず、基本的に当時の体系を維持している。わが国ではもともと、子育ち・子育ては親族や地域社会による互助によって行われていた。しかし、社会が豊かで便利になった反面、親族や地域におけるお互いのつながりや助け合いを失い、その結果として、少子化や子ども虐待など、さまざまな社会問題が生じてくることとなったのである。そのため、子どもが育つことや子どもを生み育てるという営みを社会全体で応援していくことが必要とされ、子育ち・子育てという私的な営みに公的な「支援」と「介入」が進められることとなった。

このように、子ども家庭福祉制度改革の基本方向は、「子育ての私的責任の強調から、子育ての社会的意義を強調し、必要な支援や介入を進める方向にシフトさせること」と理解できる。子ども家庭福祉制度改革は、「介入」と「支援」の二種の政策を強化していかなければならない。新エンゼルプランの策定と児童虐待の防止等に関する法律という、支援と介入の二大政策が同時に制定された2000（平成12）年度が、政策変更の分岐点である。また、2003（平成15）年度からの次世代育成支援政策も、文字どおり、「いのちの循環」を再生させる試みと捉えなければならない。

このような背景を持ちつつ、子ども家庭福祉の施策は、子育て支援・次世代育成支援施策、母子保健施策、障害児福祉施策、児童健全育成施策、保育施策、保護を要する子どもの福祉施策、母子家庭および父子家庭等のひとり親家庭福祉施策等が幅広く展開されている。

近年の子ども家庭福祉施策は、1・57ショックを契機として計画的に保育関係の施策が講じられ、その後、少子化対策のための施策、次世代育成支援施策へと転換し、また、急増する子ども虐待等に対応するため要保護児童施策が講じられてきた。その動きに沿うように、子ども家庭福祉の実施体制が、従来の都道府県（児童相談所等）中心から、市町村中心の体制へと転換しようとしていることにも注目しなければならない。ここでは、近年の制度改正の動向を整理することとする。

2　子ども家庭福祉の国家計画――エンゼルプランから子ども・子育てビジョンへ

わが国の少子化対策は１・５７ショックを契機としており、その背景をなす子育ての孤立化や子ども虐待の増加などの課題に対応するため、１９９４（平成６）年にエンゼルプランや緊急保育対策等５か年事業が策定され、１９９９（平成11）年12月には、これらを引き継ぐ新エンゼルプランが策定されてきた。新エンゼルプランに引き続き、２０００（平成12）年には、同年厚生労働省がとりまとめた国民の健康づくり運動「健康日本21」の母子保健版であり、母子保健の２０１０（平成22）年までの国民運動計画を定めた「健やか親子21」も策定された。その後、次世代育成支援対策推進法の施行に合わせ、２０１４（平成26）年まで延長して取り組むこととされた。

さらに２００１（平成13）年には、男女共同参画社会基本法に基づく男女共同参画基本計画が策定されるなど、社会が家庭における子どもの育ちや子育てを支援するための国家計画が次々と策定されている。

２００４（平成16）年12月には、少子化社会対策基本法の制定を受けて決定した少子化社会対策大綱の具体的な整備計画である「少子化社会対策大綱に基づく重点施策の具体的実施計画について」、いわゆる「子ども・子育て応援プラン」も策定された。これは、少子化社会対策大綱に掲げられた四つの重点課題に沿って、今後5年間に実施する具体的な施策内容と目標を明らかにしたものであり、概《おおむ》ね10年後を見据えた「目指すべき社会」の姿も併せて掲げている。このプランの特徴は、これまでのエンゼルプランや新エンゼルプ

主な数値目標等

安心できる妊娠と出産

	〔現状〕		〔H26 目標値〕
○NICU（新生児集中治療管理室）病床数（出生1万人当たり）	22.4 床	⇒	25～30 床
○不妊専門相談センター	55 都道府県市	⇒	全都道府県・指定都市・中核市

潜在的な保育ニーズにも対応した保育所待機児童の解消

	〔現状〕		〔H26 目標値〕
○平日昼間の保育サービス（認可保育所等）（3歳未満児の保育サービス利用率）	215 万人 (75 万人(24%))	⇒	241 万人 (102万人(35%))
○延長等の保育サービス	79 万人	⇒	96 万人
○病児・病後児保育（延べ日数）	31 万日	⇒	200 万日
○認定こども園	358 か所	→	2000 か所以上（H24）
○放課後児童クラブ	81 万人	⇒	111 万人

社会的養護の充実

	〔現状〕		〔H26 目標値〕
○里親等委託率	10.4%	⇒	16%
○児童養護施設等における小規模グループケア	446 か所	⇒	800 か所

地域の子育て力の向上

	〔現状〕		〔H26 目標値〕
○地域子育て支援拠点事業	7100 か所	⇒	10000 か所（市町村単独分含む）
○ファミリー・サポート・センター事業	570 市町村	⇒	950 市町村
○一時預かり事業（延べ日数）	348 万日	⇒	3952 万日
○商店街の空き店舗の活用による子育て支援	49 か所	⇒	100 か所

男性の育児参加の促進

	〔現状〕		〔H26 目標値〕
○週労働時間 60 時間以上の雇用者の割合	10%	⇒	半減(H29) ＊参考指標
○男性の育児休業取得率	1.23%	⇒	10%(H29) ＊参考指標
○6 歳未満の子どもをもつ男性の育児・家事関連時間(1 日当たり)	60 分	→	2 時間 30 分(H29) ＊参考指標

子育てしやすい働き方と企業の取組

	〔現状〕		〔H26 目標値〕
○第 1 子出産前後の女性の継続就業率	38%	⇒	55%(H29) ＊参考指標
○次世代認定マーク（くるみん）取得企業数	652 企業	⇒	2000 企業

図 3-1　子ども・子育てビジョンの主な数値目標等（厚生労働省，2010）

ランとは異なり、子育て支援事業にかかる整備目標が挙げられていること、自治体の次世代育成支援地域行動計画との整合性が図られていることである。このように、計画は、近年の子ども家庭福祉施策を推進する基盤となっており、子ども家庭福祉にもようやく計画的推進の道が開けつつある。

子ども・子育て応援プランに次ぐ計画として、２０１０（平成22）年1月29日に子ども・子育てビジョンが閣議決定された。子どもと子育てを応援する社会を目指し、その際の基本的視点として、①子どもが主人公（チルドレン・ファースト）、②「少子化対策」から「子ども・子育て支援」へ、③生活と仕事と子育ての調和を挙げ、①社会全体で子育てを支える、②「希望」がかなえられる、の２点を基本的考え方としている。この計画は、目指すべき社会への政策４本柱に12の主要施策が定められており、２０１０（平成22）年度から２０１４（平成26）年度までの5年間に、図３－１に掲げられた数値目標の達成を目指すこととなる。男女共同参画やワーク・ライフ・バランス、子ども・若者育成支援等の重要政策とともに一体的な取り組みを進め、社会全体で子どもを支える仕組みを整備することを求めている。

第2節　政策の具体的展開

1　子育て支援サービスと放課後子どもプラン

狭義の子育て支援サービスとしては、育児休業制度等と子育て支援事業が挙げられる。子育て支援事業は２００３（平成15）年ならびにその後の児童福祉法改正によって法定化され、放課後児童健全育成事業、子育て短期支援事業、乳児家庭全戸訪問事業、養育支援訪問事業、一時預かり事業、地域子育て支援拠点事業などがある。いわゆる子ども版在宅福祉3本柱と考えることができる。

なお、放課後児童健全育成事業については、2007(平成19)年度、放課後子どもプランの構想が明らかにされ、推進されている。構想の背景には、現行の放課後児童クラブが満杯であること、子どもが放課後、安全に過ごせる場所を確保することが必要なことなどがある。文部科学省は新たに放課後子ども教室推進事業を創設し、厚生労働省と文部科学省が連携し、原則としてすべての小学校区での実施を目指したいとしている。

具体的には、放課後児童クラブの開設日数の弾力化、必要な開設日数の確保、適正な人数規模を確保するための分割等の促進、施設の整備や備品の購入にかかる費用の補助等が挙げられている。ただし、放課後児童クラブと放課後子ども教室とは目的と機能を異にしており、安易な一体化は避けるべきである。今後は、子どもの放課後生活の場を確保するため、両省の事業の整合性の確保や子どもの生活の場としての固有の配慮も必要となる。

2 保育施策――新たな動向

保育施策に関しては、近年、保育所利用の仕組みの変化、保育士資格の法定化等が実施されてきている。近年、保育所には、子育て支援の役割、利用者の意向の尊重や機関連携による総合的なサービス提供、低年齢児の受け入れ拡充、いわゆる児童虐待防止法による虐待の早期発見や機関へのつなぎ、見守りの機能などが求められるようになってきた。

認定こども園は、就学前の子どもに対する保育と教育に関する施策として、保育所、幼稚園に並び、新た

● 幼稚園・保育所の一体化

幼稚園・保育所・認定こども園の垣根を取り払い（保育に欠ける要件の撤廃等）、新たな指針に基づき、学校教育と保育をともに提供する総合施設（仮称）に一体化。

● 給付の一体化

こども園給付（仮称）による財政支援。

● 機能の一体化

・こども指針（仮称）の創設（幼稚園教育要領と保育所保育指針の統合）。

→すべての子どもに質の高い学校教育・保育を保障。家庭における子育て・教育にも資する。

小学校学習指導要領との整合性・一貫性の確保。

・資格の共通化を始めとした総合施設（仮称）としての機能の一体化の推進。

● 多様な事業主体の参入

学校法人、社会福祉法人、株式会社、NPO等、多様な事業主体の参入が可能。

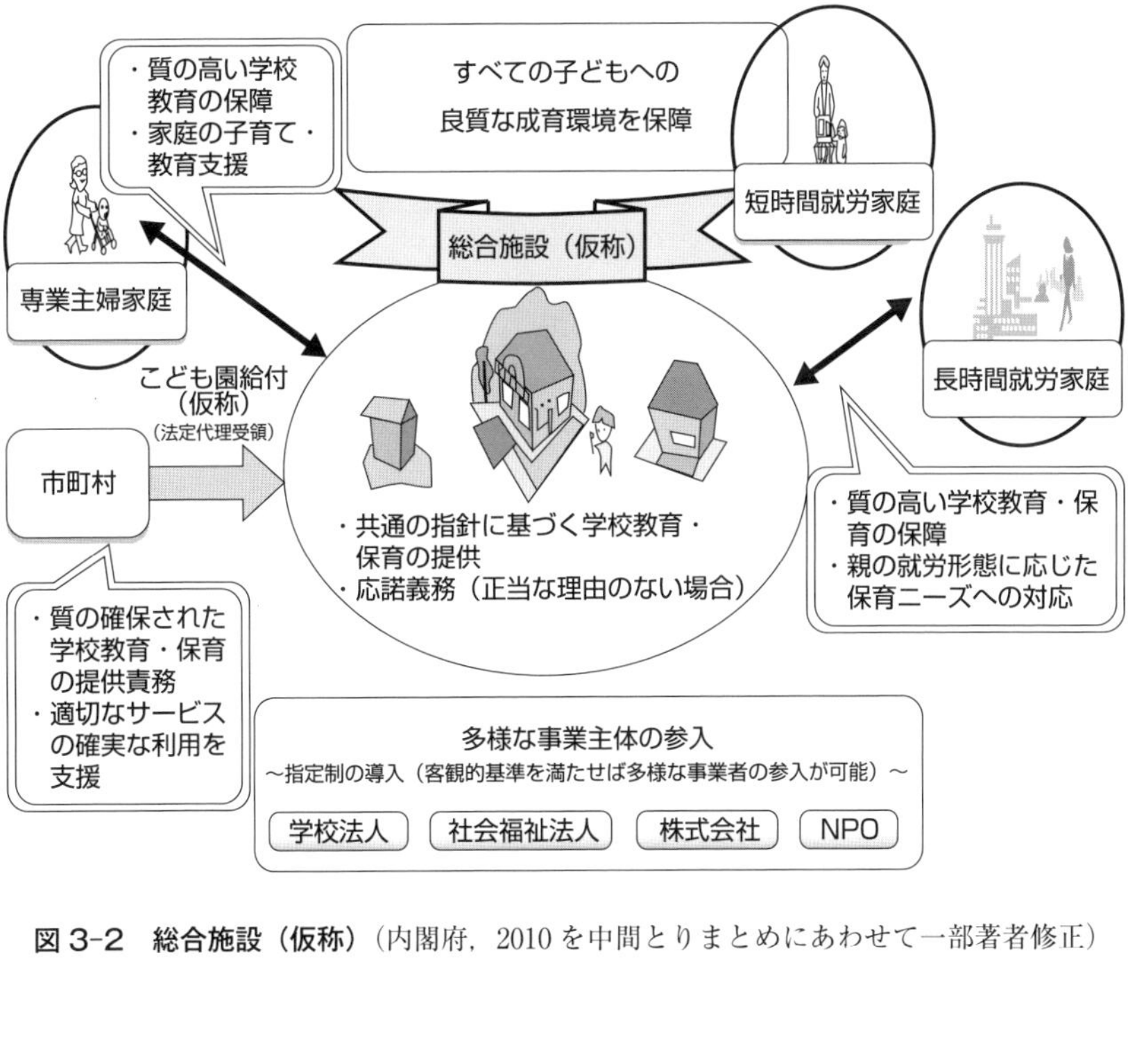

図3-2　総合施設（仮称）（内閣府，2010を中間とりまとめにあわせて一部著者修正）

な選択肢として２００６（平成18）年10月から導入された。この検討の背景には、都市部における待機児童問題、過疎地域での就学前施設の定員割れ問題、国と地方の税財源の在り方に関する三位一体改革があった。そして、これらの背景には地方分権や規制緩和、地域における子育て支援サービスの総合的展開に対する強い要請、次世代育成支援施策の動向が重なっている。

認定こども園は、幼保一体型、保育所型、幼稚園型、地方裁量型という類型があり、地域における子育て支援機能を必須としている。直接契約になったことで認定こども園は利用者の選択によるサービス利用が可能になり、また、保護者の就労を利用の要件としないことで、従来、保育所保育しか受けることのできなかった子どもも利用できる機会を得られたことになる。

子ども・子育て新システムにおいては、就学前保育・教育にかかる総合施設（仮称）構想や、こども園（仮称）給付構想がとりまとめられており、２０１１（平成23）年には法案が提出される予定である。このように、保育施策は今後大きな変革を迫られることとなる（図３－２）。

3　ワーク・ライフ・バランス

近年の次世代育成支援施策の特徴のひとつは、狭義の子ども家庭福祉・保育の枠組みを超えて労働政策や男女共同参画政策との接点を持っているという点である。たとえば、２００７（平成19）年12月には、ワーク・ライフ・バランス官民推進トップ会議において「仕事と生活の調和（ワーク・ライフ・バランス）憲章」および「仕事と生活の調和推進のための行動指針」が策定されるなど、仕事と生活の調和に関する施策も進められている。

2010（平成22）年6月からは、いわゆる改正育児・介護休業法の施行により、父母とも育児休業を取得する場合の休業可能期間を2カ月延長する、パパ・ママ育休プラスをはじめとする改善が実施に移されている。

4　主な経済的支援施策——子ども手当と児童扶養手当の動向

子ども・子育てにかかわる個々の家庭に対する代表的な経済的支援施策として、子ども手当と児童扶養手当の近年の動向について整理する。

(1) 子ども手当

児童手当は2005（平成17）年の法改正により、これまで支給対象年齢が9歳到達後最初の年度末までであったものが、2006（平成18）年度から12歳到達後最初の年度末までに拡充され、国の負担割合が3分の2から3分の1に削減された。2007（平成19）年度より、3歳未満の子どもの養育者に対する児童手当を引き上げ、出生の順序にかかわらず1万円とした。3歳以上の児童手当の額や支給対象年齢、所得制限の限度額は現行どおりとなり、併せて児童手当事業主拠出金率の改正も行われ、2007（平成19）年度より1000分の0・9から1000分の1・3に引き上げられた。

2009（平成21）年に政権が交代し、2010（平成22）年4月1日より平成22年度における子ども手当の支給に関する法律が施行され、15歳到達後の最初の年度末までの子どもについて、子ども手当が月額1万3千円（所得制限なし）が給付されている。これは、従来の児童手当分を児童手当法の規定に基づいて国、地方、事業主が費用を負担し、それ以外の費用は全額国庫負担として賄うものである。なお、平成22年度における子ども手当の支給に関する法律は半年間延長され、2011（平成23）年9月末までは現行法に基づく支給が行われることとなった。また、9月から半年間は手当の一部減額が実施され、次年度からは児童手当が復活することとなっている。それ以降の子ども手当の在り方については、今後の議論に委ねられている。

(2) 児童扶養手当

児童扶養手当は2002（平成14）年の法改正により、一部支給の場合は所得に応じて支給額が段階的に支給されるようになることとされ、2006（平成18）年度から手当に関する国の負担割合が従来の4分の3から3分の1に削減され、地方の負担が3分の2となっている。

さらに、2009（平成21）年の児童扶養手当法改正によって、2010（平成22）年8月1日より、父子家庭についても所得に応じて児童扶養手当の全部（4万1720円）または一部（4万1710円～9850円）支給が行われることとなった。

(3) その他

2010（平成22）年の税制改正では、子ども手当の創設に伴って扶養控除の見直しが行われた。2011（平成23）年から、15歳以下の年少扶養親族に対する扶養控除38万円は廃止となった。

さらに、高校実質無償化に伴い、16～18歳までの特定扶養親族（本来16～23歳までが対象）に対する特定扶養控除（63万円）のうち、上乗せ分25万円が廃止となった。さらに、個人住民税についても同様の措置がとられ、2012（平成24）年度から15歳以下の年少扶養親族に対する扶養控除33万円が廃止され、16〜18歳までの特定扶養親族に対する特定扶養控除も、45万円から33万円に引き下げられる予定である。

5　社会的養護関連の施策

（1）子ども虐待に関する施策の動向

深刻化する子ども虐待に対応するため、これまで述べた法改正や法の制定により体制の整備が進められている。2000（平成12）年には、全国の児童相談所に児童虐待対応協力員を配置し、児童虐待防止市町村ネットワークを整備する事業が開始された。

また、2005（平成17）年度から市町村が子ども家庭相談の第一次的窓口となり、子ども虐待相談をはじめとする子ども家庭相談体制を整備することとなった。併せて要保護児童対策地域協議会が児童福祉法に位置づけられ、子ども・子育て応援プランの整備目標ともあいまって、2009（平成21）年にはほぼ全国の市町村に整備された。この協議会を運営するためのマニュアルなども公表され、専門職と関係者からなる制度的ネットワークによる支援体制が積極的にとられるようになった。

児童相談所では、児童福祉司の増加や予算事業の拡充もなされている。地方自治体においては、児童相談所を中心とする対応マニュアルの作成、関係機関のネットワークの形成が展開され、民間活動として全国各地に子どもの虐待防止民間ネットワークが誕生し、啓発活動や事例検討、電話相談等が実施されている。

近年の子ども虐待に関する施策は、子ども家庭相談体制と介入強化にかかる体制の整備がセットで進められている現状にある。ただし、子どもと親に対するケアの充実、家族関係調整支援に向けた取り組みの充実、親権に対する積極的司法関与等が今後の課題となっている。なお、親権の議論は、法務省、厚生労働省における審議会審議を経て、2011（平成23）年国会において、民法等の一部を改正する法律として成立した。施行は2012（平成24）年4月である。

(2) 養護に欠ける子どもへの施策の動向

近年、虐待による心の傷や諸問題を抱えて児童養護施設や乳児院に入所する子どもが多く、施設においては、家庭復帰に向けた手厚い援助の必要性から、心理療法担当職員や被虐待児個別対応職員、家庭支援専門相談員を配置する加算等が行われている。

2000（平成12）年度から地域に密着した小規模で家庭的な地域小規模児童養護施設、2004（平成16）年度から施設における小規模グループケアを推進するための職員の加配も実施されている。また、1997（平成9）年、2004（平成16）年の児童福祉法改正に伴い、児童養護施設の機能に自立支援機能や入所児童の家庭環境調整、退所児童の自立支援が付与された。児童家庭支援センターという相談援助専門の児童福祉施設も創設されている。

社会保障審議会児童部会社会的養護のあり方に関する専門委員会報告書では、「これからの社会的養護のあり方」（案）として、市町村や児童相談所における相談という支援の開始から、自立・家庭復帰までの一連のプロセスを図3-3のように示している。

2002（平成14）年には里親制度の拡充が図られた。里子や里親への支援のため、2006（平成18）年度から児童相談所に里親委託推進員が配置されている。2004（平成16）年の児童福祉法改正では、里親に、監護、教育、懲戒にかかる一定の権限が付与されている。2008（平成20）年には、被措置児童等

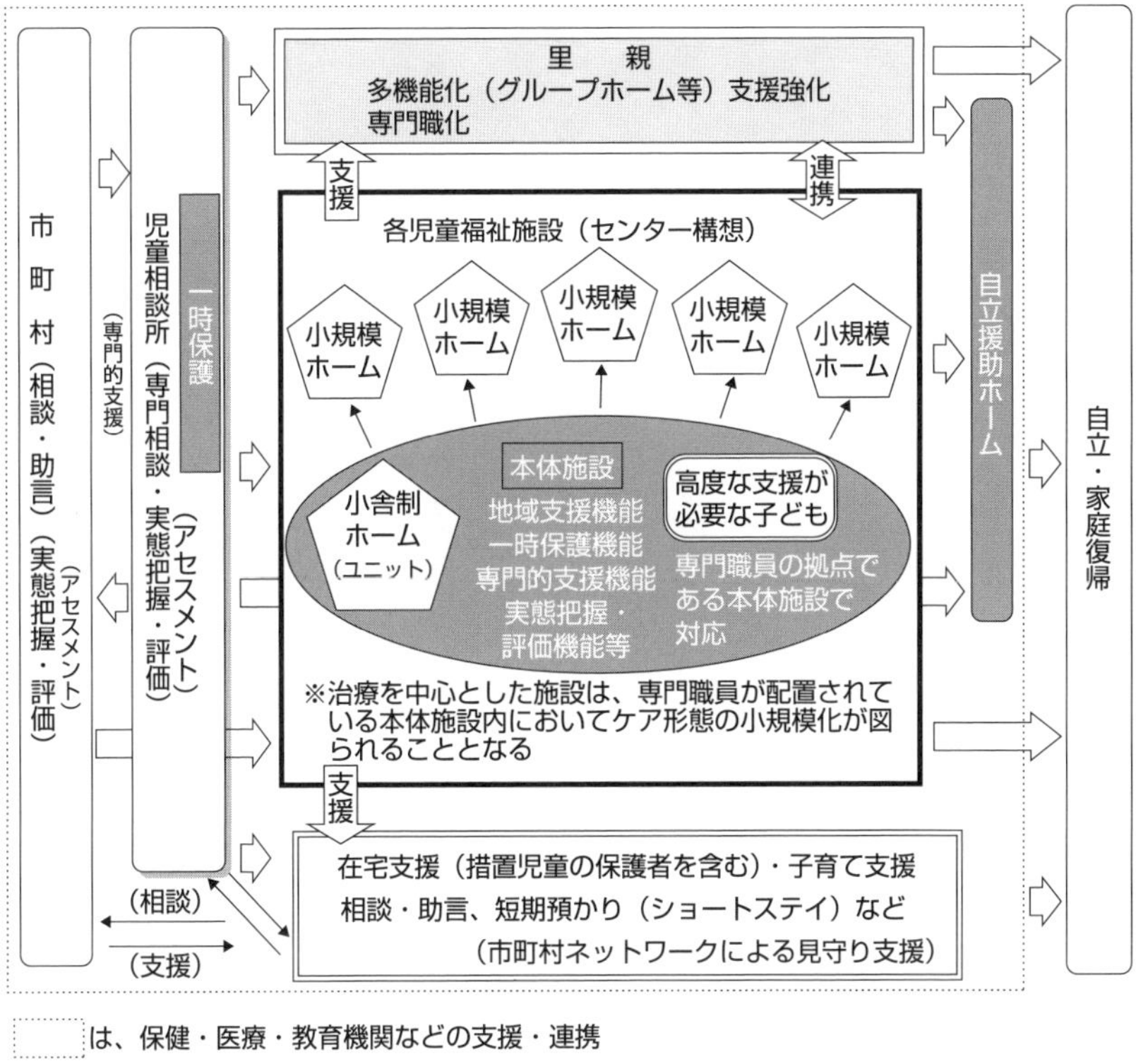

図3-3　これからの社会的養護のあり方（案）（厚生労働省，2003）

虐待の通告や子ども本人からの相談を受け付けるなどの仕組みを設けるほか、里親制度における養子縁組を希望する里親と養育里親を分けて再構成し、研修を受ける義務を課すなどの改正も行われた。さらに、家庭的養護の手立てとして、小規模住居型児童養育事業（ファミリーホーム）が法定化された。その後も、第6章に示す各種施策が進められているが、いずれも漸進的である点が特徴となっている。

6　障害児福祉施策の動向

障害児福祉サービスは、2003（平成15）年に在宅福祉サービス決定権限を市町村移譲したうえで支援費制度に転換し、施設入所サービスは、従来どおり都道府県・指定都市の措置事務として存続していた。しかし、2005（平成17）年の障害者自立支援法制定と児童福祉法改正により、障害児福祉関係のサービス利用の在り方は障害児施設給付制度と措置制度の2本立てとなった。

2005（平成17）年4月から発達障害者支援法が施行され、それまで制度の狭間にあった発達障害児・者の発達保障や福祉の充実が図られている。発達障害の早期発見や学校教育、福祉サービス等における支援等が規定されている。

2006（平成18）年10月から障害児関係福祉施設サービスの利用については、次の手続きを必要とすることになった。まず、知的障害児施設入所等の施設入所サービスの利用を希望する者で、障害施設給付費の支給を希望する者は、都道府県に対し障害児施設給付費の申請を行う。そして、都道府県は、障害児施設給付費の支給を行うことが適切であると認める場合には、申請を行った者に対して障害児施設給付費の決定を行う。支給の決定を受けた者は、都道府県知事の指定を受けた指定知的障害児施設等との契約によってサー

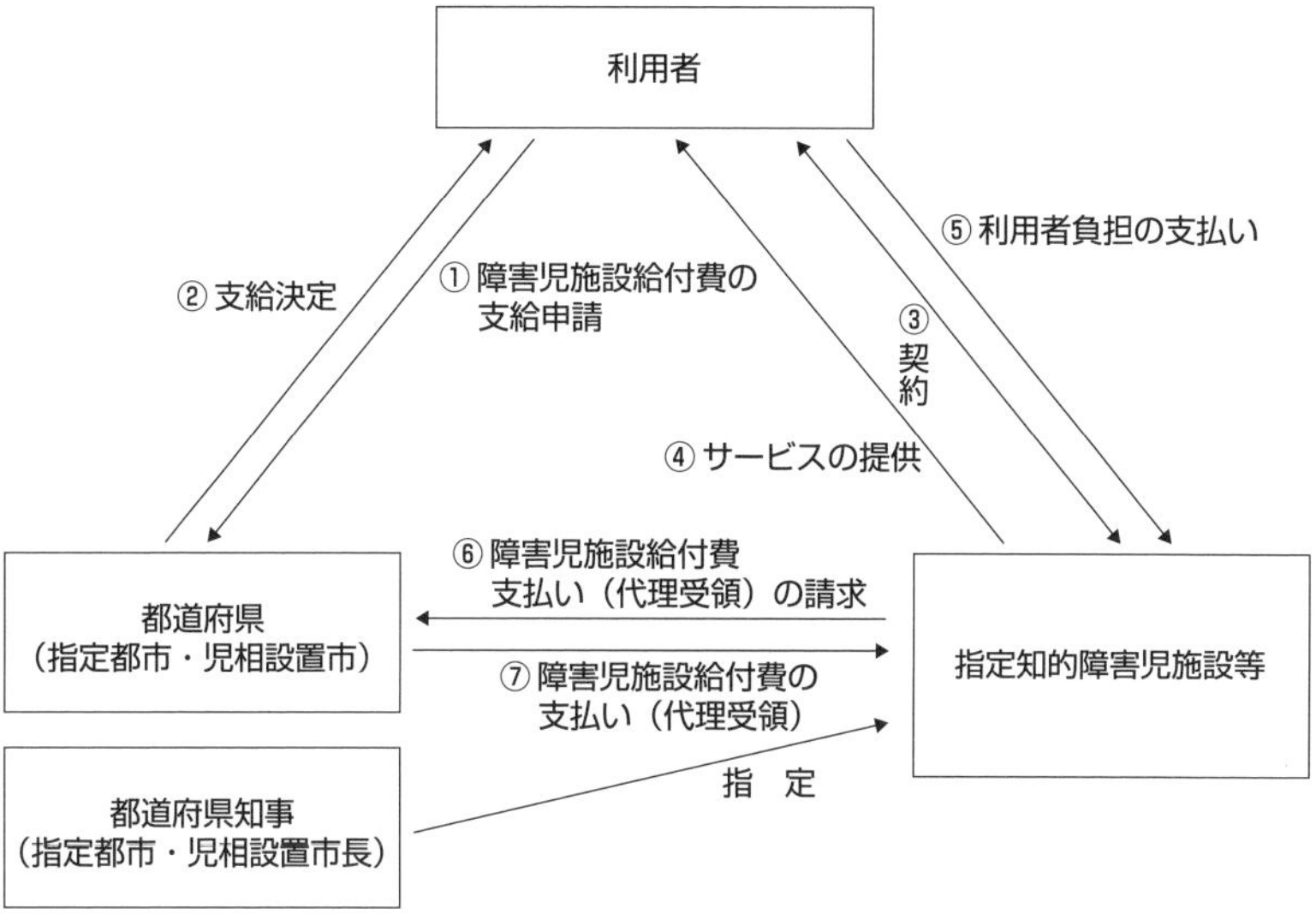

図 3-4　障害児施設給付制度（厚生労働省資料）

ビスを利用することになる。

サービスを利用したときには、保護者（過齢児の場合は本人）が指定知的障害児施設等に対して、サービスにかかる利用者負担（原則として1割負担。減免あり）を支払う。都道府県は、サービスの利用に要する費用から利用者負担額を控除した額を、障害児施設給付費として支払うこととなっている。この場合の障害児施設給付費は申請者に対して支払われるものであり、施設はあくまで利用者に代わって給付費を受け取る（代理受領）こととなる。

しかし、子ども虐待等や利用契約になじまないと考えられる場合など、子どもの権利擁護のためには措置による施設入所が適当と児童相談所が判断した場合には、措置による入所も行われることになる。したがって、2006（平成18）年10月からは、障害児福祉施設の利用の在り方は、直接契約による入所と、職権保護（措置）による入所という二つの方法が存在することとなった。障害児施設給付制度による利用は、図3-4に示すとおりである。

その後、2010（平成22）年12月10日公布の障害者自立支援法・児童福祉法改正で、1割負担に関する減免措置も法定化されたが、その前に応益負担の考え方に批判が集中して本法は廃止し、新たな障害者総合福祉法（仮称）を制定することが閣議決定された。本法に基づく児童福祉法改正により、保育所等訪問支援など、障害児を地域生活のなかで支援していく法改正が実施された。その他、発達障害も障害児として含むことを明確化し、児童発達支援センターや同事業の制度化とサービス決定権限の市町村移譲などが法定化された。現在、2012（平成24）年度の施行に向けて政省令等の検討が行われている。また、障がい者制度改革推進会議において成案をみた障害者基本法改正法も、2011（平成23）年7月に成立している。

第3節　制度改革の課題——子ども・子育て新システムが投げかけたもの

2010（平成22）年6月29日に少子化社会対策会議の決定により、「子ども・子育て新システムの基本制度案要綱」が打ち出された。2011（平成23）年7月の中間とりまとめによると、新システムでは子ども・子育て財源の一元化を図り、普遍的な子育て支援や手当の支給のほか、幼保一体化により総合施設（仮称）を創設するこども園（仮称）給付を行うことなどが規定されている。しかし、障害児福祉、社会的養護の実施体制や財源の統合は、視野に入れられていない。新システム構想は、はからずも、保育・子育て支援と障害児支援、社会的養護の分断を浮き彫りにしたのである。

2010（平成22）年12月12日、児童福祉法は62歳の誕生日を迎えた。法制定以来、80次以上にわたる改正が行われてきている。初めて子ども家庭福祉分野を担当することとなった国、県、市町村の行政担当者は、児童福祉法を紐解き、こう慨嘆する。「なんて古めかしい法律なのだ」「なんてわかりにくい法律なのだ。

まるで継《つ》ぎ接《は》ぎだらけじゃないか」と。

児童福祉法は、制定以来、対症療法的に、あるいは他法改正の影響による改正を繰り返し、今や継ぎ接ぎだらけで満身創痍となった。引き抜かれたり貼り付けられたりして、何が本体なのかわからなくなっている。今こそ、児童福祉法にまっすぐな筋を通し、基礎構造の変革を伴う根本的な改正を施すことにより、その再生を図っていかなければならない。

これまでの児童福祉法改正の特徴は、その多くが周辺動向の影響を受けた改正、時代の進展に合わせた制度の一部改正であるということである。最近の改正に限ってみても、たとえば、２０００（平成12）年改正は社会福祉基礎構造改革に伴うもので[1]あるし、２００１（平成13）年改正は保育士資格法定化に伴うもの[2]、２００３（平成15）年のそれは少子化社会対策基本法や次世代育成支援対策推進法制定に伴うもの、２００５（平成17）年改正は障害者自立支援法制定に伴うもの、２００７（平成19）年改正はいわゆる児童虐待防止法改正に伴うもの、というふうに……。そして、それ以外は、ほとんどが基礎構造に影響しない、いわゆる漸進的改善である。

この結果、児童福祉法は、戦後、真っ先に制定された法の理念や基礎構造を温存させたまま、それぞれの分野における時代に合わせた改正を継ぎ接ぎ的に行って来ざるを得なかったのである。さらに、それらの法改正の検討の舞台は、現在では社会保障審議会児童部会、障害者部会、少子化対策特別部会、内閣府などばらばらに行われ、子どもの福祉に統一した理念やそれに基づく基礎構造に意を用いることを妨げてきたとい

＊1　このときの子ども家庭福祉サービス供給体制改革論議が不十分であったことが悔やまれる。
＊2　この点は児童福祉法に固有の改正と考えられがちであるが、著者は、保育士資格法定化は、社会福祉士及び介護福祉士法のように身分法として独立させるべきであったと考えている。

える。その結果が現在の児童福祉法であり、「古めかしい」「継《つ》ぎ接《は》ぎだらけ」との意見を生み出している。

では、還暦を過ぎ、満身創痍の児童福祉法を再生させるにはどうすればよいか。それは、「理念の再構築とそれに見合った基礎構造の再構築」を行うことに尽きる。すなわち、制定当初の基本的視点である「要保護児童の保護を、機関委任事務として国家責任のもとに都道府県を通して保障する」という視点を離れ、社会の変容に対応した理念と基礎構造を確立することである。

たとえば、著者は拙著等において、新時代の改正児童福祉法案要綱を提案しているが、その根幹に、「子どもの能動的権利の保障」「子どもの最善の利益」「公的責任」「社会連帯」の四つの理念を置いている。それらの理念は並列的に並べられるだけではなく構造化されなければならず、また、その根底には、子どもという存在をどのように捉えるかという「子ども観」、子育ては誰が行うのかという「子育て観」が共有されていなければならない。子育てに関する自助、共助、公助の最適ミックスに関する議論も必要とされる。児童福祉法再生のためには、こうした根本的な議論を統一的に進めていくことが必要とされる。

これまで述べてきたとおり、児童福祉法は還暦を過ぎ、これまでの無理がたたって満身創痍である。これまでの法改正関係者の尽力を多としつつも、今こそ新しい児童福祉法の再生に向けて、包括的、根本的な論議を始めるべき時である。それこそが、子ども家庭福祉に新しい世界をもたらすことになるのである。

＊3　柏女霊峰『子ども家庭福祉サービス供給体制——切れ目のない支援をめざして』中央法規、二〇〇八年、および、柏女霊峰「子どもの権利を保障するための視点——子ども家庭福祉の再構築期を迎えて」『月刊福祉』1月号、全国社会福祉協議会、二〇〇八年に詳しい。

第4章 保育・子育て支援の幕開け
――親と子のウエルビーイングを目指して

第1節　保育施策の推移

1　保育システム改革の歴史を概観する

(1) 基礎確立期

現在に連なる狭義の公的保育制度は、1948（昭和23）年度から施行された児童福祉法に端を発する。制定当初の児童福祉法は保育所について、「保育所は、日日保護者の委託を受けて、その乳児又は幼児を保育することを目的とする施設とする」（児童福祉法第37条）と規定し、「保育に欠ける」要件は規定されていなかった。つまり、保育所は保護者の委託があれば、保育に欠ける要件の有無にかかわらず保育することができた。しかし、市町村の措置と費用負担の対象となるのは、「保育に欠ける子」のみだったのである。

しかしながら、これが幼稚園との関係に混乱をもたらす一因となり、1951（昭和26）年の法改正で「保育に欠ける」という文言が挿入されている。ただし、それ以後も幼保論争は続き、1963（昭和38）年の厚生省・文部省合同通知「幼稚園と保育所との関係について」で両者の関係は一応の決着をみることとなり、その後両者は別々の道を辿《たど》りながら、量的・質的に大きく発展していくのである。

(2) 拡充期

昭和40年代から50年代にかけて、「ポストの数ほど保育所を」のスローガンのもと、保育所は大幅に増加した。さらに、ベビーホテル問題等を契機として延長保育などの多様な保育に関するニーズの高まりが見られ、これに対応する施策の展開が図られることとなった。保育内容に関しても、1965（昭和40）年に初めての保育所保育指針が策定され、その後、数次の改訂を経て、2009（平成21）年度からの最低基準としての保育所保育指針の告示に至っている。

(3) 変革期

さらに平成の時代に入ると、社会の変容に伴う子育ての孤立化等に対応して地域子育て支援の重要性が叫ばれ、1993（平成5）年度から地域子育て支援事業がモデル事業として開始されることとなる。また、保育所の利用希望が増加して待機児童問題が発生するようになり、さらに利用者主権の動向ともあいまって、保育所利用の在り方や整備について再び大きな関心が払われるようになった。

1997（平成9）年には保育制度の利用の在り方を変更する児童福祉法改正が行われ、その後は、少子化対策として拡充が求められつつも、国や自治体の財政危機や長期にわたる少子化傾向が阻害要因となり、いわゆる第3次ベビーブームを乗り切ることを主眼とした規制緩和策を中心とする，受け入れ児童の拡充が図られていくこととなった。そして，そのことが保育サービスにさまざまな歪みをもたらすこととなり，抜本改革が余儀なくされる状況に立ち至ったのである。

2　次世代育成支援施策の登場

（1）福祉としての保育施策の限界

これまでの保育施策はいわば，福祉としての施設入所サービスである「保育に欠ける」子どもの保育を中心に拡充されてきたといえる。その前提を変えないまま保育所の利用を進めてきた結果，保育所に入所して恩恵を得ることのできる層と，それができずに孤立化して子育て困難を抱える，いわゆる専業主婦層との二極化が顕在化することとなった。このため，近年の経済状況ともあいまって，いわば働かざるを得ない人々のためのサービスとして生まれた，福祉としての保育所に利用希望が集中するようになり，待機児童の増大を助長する結果となっている。

これが，いわゆる保育所の待機児童問題の一因になっているといってよい。以前，高齢者介護問題において，在宅サービスが十分でないために特別養護老人ホームの待機問題が生じたのと似た構造が，子育て問題でも起こっているといえるのである。

（2）次世代育成支援施策の登場と展開

①次世代育成支援施策の登場

こうした問題認識から、2003（平成15）年度から、次世代育成支援という新しい考え方による子育ち・子育て支援施策の推進が図られている。次世代育成支援対策とは、「次代の社会を担う子どもを育成し、又は育成しようとする家庭に対する支援その他の次代の社会を担う子どもが健やかに生まれ、かつ、育成される環境の整備のための国若しくは地方公共団体が講ずる施策又は事業主が行う雇用環境の整備その他の取組をいう」（次世代育成支援対策推進法第2条）と定義される。平易な言い方をすれば、有史以来、綿々と続けられてきた〝いのちの循環〟を再生していこうという試みといえる。

新たな子育て支援・次世代育成支援のための法律には、いずれも2003（平成15）年に成立した、少子化社会対策基本法、改正児童福祉法、次世代育成支援対策推進法の3本がある。少子化社会対策基本法に基づき、前述した少子化社会対策大綱や子ども・子育て応援プランが策定された。

2003（平成15）年改正児童福祉法は、高齢者や障害者の介護におけるいわゆる在宅福祉3本柱の子育て版を、子育て支援事業[1]として法定化した。そして、市町村にそのコーディネートの役割・機能を付与したのである。

さらに、次世代育成支援対策推進法は、すべての都道府県、市町村に、2005（平成17）年度から5年

＊1　2003（平成15）年の改正児童福祉法で新たに法定化された、子育て支援のための在宅サービスの総称である。放課後児童健全育成事業、子育て短期支援事業、保護者からの相談に応じ、情報の提供および助言を行う事業、保育所等において児童の養育を支援する事業、居宅において児童の養育を支援する事業がある。

を1期として、地域における子育て支援サービスの整備目標を盛り込んだ次世代育成支援地域行動計画の策定を義務づけた。また、国および地方公共団体等（特定事業主）、ならびに従業員301人以上の事業主（一般事業主）も、育児休業や子どもの看護休暇などに関する事業主行動計画を策定することとした。この計画が平成17年度から全国で一斉に開始されているのである。

②次世代育成支援施策の展開

これらの施策をさらに充実させるため、近年、まず第一に、男性を含めた働き方の見直しを行う検討が開始された。検討テーマは仕事と生活の調和（ワーク・ライフ・バランス）と呼ばれ、2007（平成19）年12月には官民トップ会議において、仕事と生活の調和（ワーク・ライフ・バランス）憲章ならびに仕事と生活の調和推進のための行動指針も策定された。ここでは、男女共同参画の視点も重視されている。

また、2008（平成20）年には、児童福祉法ならびに次世代育成支援対策推進法が改正[2]され、各種子育て支援事業や家庭的保育事業の制度化、社会的養護に関する制度の拡充のほか、次世代育成支援行動計画の改善などが行われた。これに基づき、2010（平成22）年度から後期行動計画が全国自治体で開始されている。

＊2　改正児童福祉法では、乳児家庭全戸訪問事業、一時預かり事業、地域子育て支援拠点事業、養育家庭訪問事業等の子育て支援事業の法定化や家庭的保育事業の制度化、社会的養護に関する施策の充実が図られ、次世代育成支援対策推進法においては、一般事業主行動計画の策定・公表を従業員101人以上の企業にも適用する改正が行われた。

3　保育制度改革の動向

こうした動向にあって、保育制度の改革が漸進的に続けられている。近年の保育制度改革の動向は、いわゆる保育に欠ける一部の人に対する福祉サービスから、希望する人が利用できる普遍的サービスとしての社会サービスへの転換をめぐるものである。

保育制度改革は1997（平成9）年の「保育の実施」方式の導入以降、2000（平成12）年にはいわゆる社会福祉基礎構造改革が行われた。社会福祉法は、個人の尊厳、福祉サービスの利用者の利益の保護や地域福祉の推進をその基本理念とし、その理念の実現のため事業者等に対して、福祉サービスの質の向上や事業の透明性の確保、サービスの質の評価と情報の提供、苦情解決、利用者援助事業などを規定し、保育所の運営に大きな影響を与えることとなった。

これらの改革と並行して、利用者主権や地方分権、供給主体の多元化、供給量の拡充などを指向してさまざまな制度改革が提言され、また論議が進められている。最近では、税源移譲、補助負担金削減、地方交付税改革を一体的に実施する、いわゆる国と地方の税財政の在り方に関する三位一体改革や、認定こども園制度の新設、障害児施設給付制度の導入などの新規施策のほか、利用者に対する直接補助制度や、いわゆる育児保険制度（仮称）の検討といったさまざまな政策課題が保育界を巻き込んできた。地方分権の議論においては、税源移譲と保育所運営費の一般財源化、最低基準の設定を都道府県へ移譲することなど、子ども家庭福祉の基礎構造にかかる問題提起もなされている。こうしたなかで、「保育に欠ける」概念そのものの見直しも提起されている。

また、経済財政諮問会議や規制改革会議などが、保育所の直接契約・直接補助方式の導入等を提起してきた。子どもと保護者のニーズや状態に応じた職員配置の拡充と保育士等の資質向上が必要とされるなか、保育所等の福祉・保育人材確保が厳しくなるとともに、臨時職員等の増加が保育現場においては顕著となってきている。さらに、２００８（平成20）年度には、短時間労働者の雇用管理の改善等に関する法律（いわゆるパートタイム労働法）が改正され、保育界を巻き込んでいる。准保育士制度創設も提案されたが、さすがに多くの反対のなかで沙汰やみとなった。

こうした動向の一方で、２００７（平成19）年のいわゆる骨太の方針において政府は、「幼児教育の将来の無償化の検討」を閣議決定している。２００８（平成20）年4月18日の文部科学省・中央教育審議会答申『教育振興基本計画について』もこれを引き継ぎ、幼児教育の無償化については、文部科学省の「今後の幼児教育の振興方策に関する研究会」が、２００９（平成21）年5月に『幼児教育の無償化について（中間報告）[3]』と題する報告書を提出している。しかしながら、その後の政権交代によって子ども手当の支給にとって代わられることとなった。まさに就学前保育が揺らいでいるといえる。

こうした動向のなか、前述のとおり、２０１０（平成22）年度から次世代育成支援後期行動計画が開始されている。そのなかでは、２００８（平成20）年2月に政府が公表した、新待機児童ゼロ作戦の推進[4]のた

＊3　報告書は幼稚園、保育所等に通園する3～5歳児の保育料の無償化やその際の仕組み、必要な費用等について提言しているが、政権交代により、その後の議論は進んでいない。

＊4　少子化対策検討部会に厚生労働省が提出した資料（２００８年）によれば、国が新待機児童ゼロ作戦において保育サービスの10年後の整備目標として提案している3歳未満児の保育サービス利用率38％は、石川県、島根県においてはすでに達成されている。また、今後の出生児童の減少を勘案すれば、38％達成は、全国平均である20％を割り込んでいる17都道府県、特に15％以下の埼玉、千葉、神奈川、岐阜、愛知など7県における固有の課題として認識すべきであり、他の都道府県では、今後、保育サービスは供給過剰となる可能性をはらんでいることにも留意しなければならない。

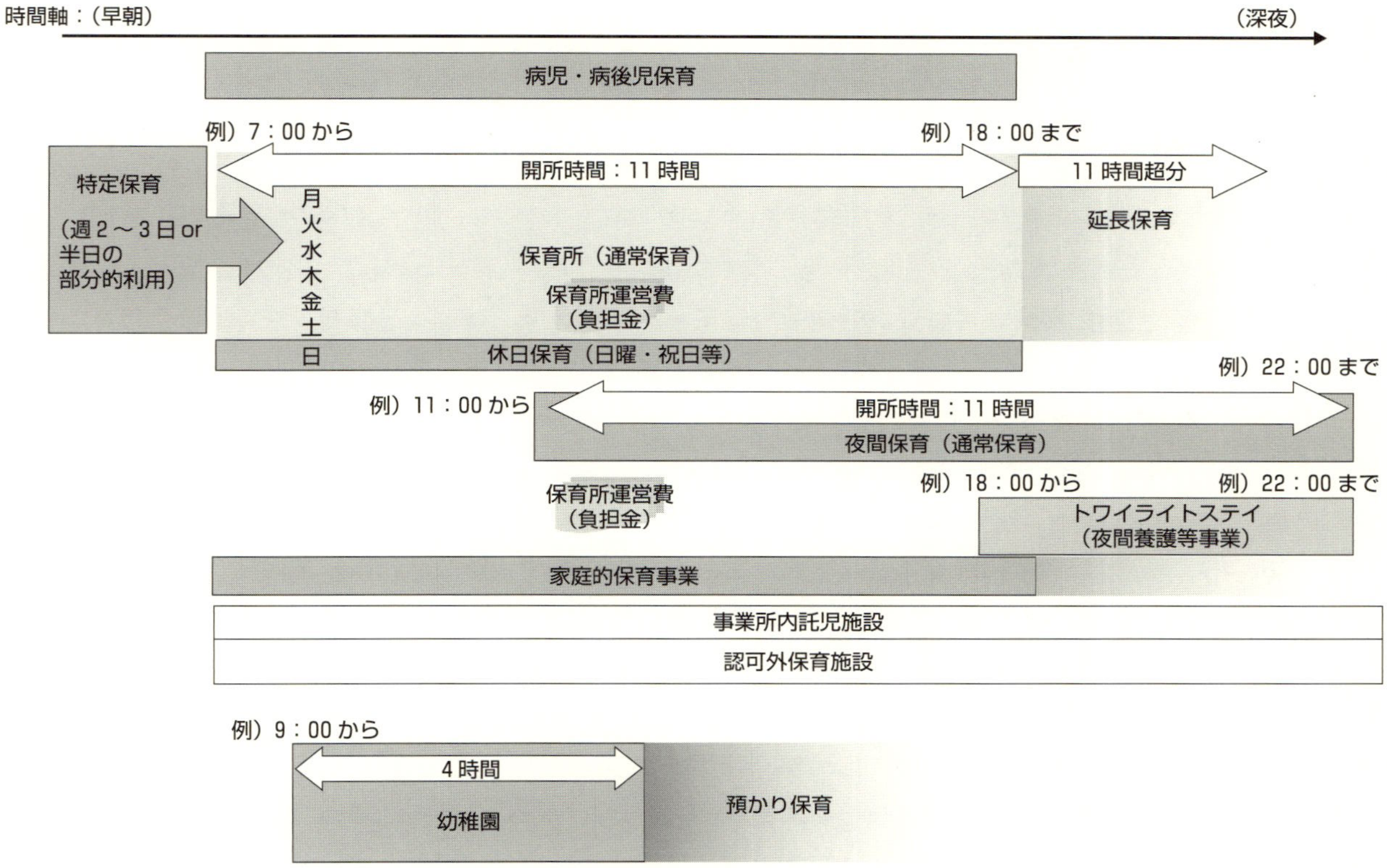

図 4-1　保育サービスの全体像（厚生労働省資料，2008，一部改正）

めに国が提示する予定の参酌標準のなかに、保育に関する潜在的ニーズをいかに組み込むかが大きな関心事とされたが、結局、漸進的改革となり、根本的拡充策は子ども・子育て新システムに先送りされることとなったのである。新待機児童ゼロ作戦のなかの「希望するすべての人が安心して子どもを預けて働くことのできる社会をめざして」という政策目標は、もはや保育サービスを狭義の福祉サービスと捉えていないことを示している。

また、2009（平成21）年度から施行されている新保育所保育指針の第1章総則において、保育所は児童福祉施設であると明確に規定している。しかし一方で、「家庭養育の補完」といった狭義の福祉サービスの視点を改め、「保護者との緊密な連携」の下に行う保育という普遍性を強調する視点が盛り込まれている。また、保育課程の編成や保育所児童保育要録の小学校送付に代表されるように、幼稚園との制度的接近も意識されている。保育所の福祉施設としての固有性を強調しつつ、就学前保育施設としての普遍性をも強調しているのである。今後、保育所をどのような社会資源として位置づけるか、この新指針は、そうした論議をもたらす契機のひとつになると思われる。なお、現在の保育サービスの全体像は、図4-1に示されるとおりである。

第2節　保育制度改革の進展——子ども・子育て新システムの行方

1　新しい保育システムの検討

このように、「保育に欠ける」子どもの福祉サービスとの考え方のもと、長年、公的養育として認可保育所を中心に展開されてきた保育サービスに対して、現在、各方面から改革の必要性が投げかけられている。その方向は、サービスの種類の多様化と制度の柔軟化、普遍化である。そしてそれは、近年、特に顕著になってきている保育ニーズの増加、多様化と深く関わっている。そのため、大幅な財源の投入によるサービス量の整備とともに利用や事業者参入の制度の改革が不可欠であるとされ、厚生労働省により保育制度改革が開始された。厚生労働省社会保障審議会少子化対策特別部会における議論を、２０１０（平成22）年12月に事務局が取りまとめた「議論のまとめ」によると、改革の方向は以下のとおりである。

すなわち、一定の基準に基づいて個々の乳幼児とその保護者について保育の必要性・量を把握し、市町村に公的保育の提供責任や提供基盤整備、利用調整の実施責任を課す。それに基づき、利用者と保育所とが契約を取り結ぶ。保育サービスについては指定制として参入抑制をなくし、量の確保を図る。いわゆる介護保険を模したシステム構想である。

2　新システムの検討

２００９（平成21）年に新しい政権が誕生すると、子ども手当の創設が大きな政策課題として浮かび上がってきた。しかし、お金があっても、保育・子育て支援サービスが整備されていなければ使えない。この15年間（１９９５－２０１０〈平成７－22〉年度）で保育所入所児童は約48万人増えたが、この間、保育所は５００カ所程度しか増えていない。やがて子どもは減るため、今を乗り切ることを主眼に子どもたちを保育所に詰め込む政策が続けられたのである。しかし、新待機児童ゼロ作戦に示されるように、潜在需要が約１００万人に及ぶとわかってさすがに詰め込み政策では限界があると認識され、子ども・子育て新システムの構築が、幼保一体化や地域主権の議論も巻き込みながら、保育・子育て支援を中心に急速に検討されている。

3　子ども・子育て新システム基本制度案要綱制定に至る経緯とその内容

（1）制定に至る経緯

都道府県、市町村の首長、議長で組織されるいわゆる地方６団体が、２００３（平成15）年８月24日、「国庫補助負担金等に関する改革案――地方分権推進のための『三位一体の改革』」と題する提案を発表すると、子ども家庭福祉・保育界は大混乱に陥った。廃止が提案された補助負担金がいわゆる次世代育成支援関連施策に集中したためである。

以来、高齢者福祉や障害者福祉の市町村中心、個人給付、契約中心のシステムが子ども家庭福祉界にも導入されつつあり、２００６（平成18）年10月には、認定こども園制度、障害児施設給付制度の導入といった、子ども家庭福祉・保育に直接契約や個人給付を導入する制度が開始された。子ども家庭福祉界においても論争が続けられたが、その間にも、国民の意識変革は止まらず、すでに待機児童問題は対症療法では対応できないほどになっていた。

そして、ついに、２０１０（平成22）年６月29日、少子化社会対策会議において「子ども・子育て新システムの基本制度案要綱」が決定されたのである。要綱によると、２０１１（平成23）年の通常国会に法案が提出され、２０１３（平成25）年４月１日から施行するとのことである。いよいよ新しい子ども家庭福祉・保育の幕開けである。

（2）基本制度案要綱の内容

これらの方針、特に保育・子育て支援サービスについては、実は２００３（平成15）年8月に厚生労働省・次世代育成支援施策のあり方に関する研究会の検討会によって取りまとめられた『社会連帯による次世代育成支援に向けて』において、そのグランドデザインが描かれていた。しかし、ステークホルダー（事業者や利用者等の利害関係者）の参加を経て、しかも幼保一体化も視野に入れて、政府により決定された意義は大きい。要綱は今後の検討に委ねている部分も多いが、その提言はかなり具体的である。

本システムにより子ども家庭福祉の財源は一元化され、保育・子育て支援制度は、基本的に個人給付（幼保一体給付〈仮称〉等）に基づく公的保育契約により実施されることとなる。いわゆる介護保険制度を模したシステムであるといってよい。

一方、子ども家庭福祉に関しては、障害児福祉、社会的養護のそれぞれについても、別途、その行く末が論じられている。それらがこの方針のなかに入ることとなるのか、障害者福祉のもとに置かれるのか、社会的養護は都道府県中心、措置制度中心のシステムを維持し、結果的に、子ども家庭福祉が三分野に分断されることとなるのか、そうした事態も視野に入れつつ、この行く末をしっかりと考えていかなければならない。

要綱によると、制度施行後の保育・子育て支援の姿[5]は以下のようになる（財政、給付名称やこども園な

＊5　２０１１（平成23）年7月の中間とりまとめにより、システムの内容や名称等が若干変更されているが、ここでは経緯を明らかにするため、要綱に基づき記述することとする。なお要綱は、社会的養護など都道府県事業とされているものについても、「新システムに位置付けることを検討する」としている。

どはいずれも仮称。詳細は要綱を参照されたい）。

（1）市町村が実施主体となり、国・都道府県等が重層的に支援する仕組みとする。

（2）具体的には、国庫補助負担金や労使拠出、事業主拠出金等からなる子ども・子育て財源を一本化して国に「子ども・子育て勘定」を設け、子ども・子育て包括交付金として市町村に交付。市町村は当該交付金を特別会計とし、地方財源と合わせて具体的事業を実施し、かつ、住民のニーズに応じた保育・子育て支援の給付を行う。

（3）給付の内容は、基礎給付（すべての子ども・子育て家庭を対象。1階部分）、両立支援・保育・幼児教育給付（仕事と家庭の両立支援のための給付等。2階部分）の2階建てとし、2階部分においては、ニーズに対応する多様な給付（たとえば、幼保一体給付、産前・産後・育児休業給付など）を設ける。

（4）幼保一体給付の条件として「保育に欠ける要件」を撤廃し、幼児教育と保育をともに提供するこども園を創設して、幼稚園と保育所の一体化を図る。

（5）給付の仕組みとして、まず客観的な基準に基づく保育の必要性（長時間と短時間〈原則として3歳未満児〉など二種類程度）を認定し、それに基づいて市町村の関与のもと、利用者と事業者の間の公的保育契約制度を導入する。給付は利用者補助方式とし、公定価格を基本としつつ現物給付として保育サービスを提供する。

（6）多様な事業者参入による基盤整備を図るため、幼保一体給付のサービス類型ごと（こども園、家庭的保育者、訪問型等）に事業者を指定し、指定された事業者がサービスを提供する仕組みを導入する。併せて、多様な主体のイコールフッティング（競争条件の公平化）を目指す。

（7）　これらの仕組みの導入は、国および地方の恒久財源の確保を前提とする。

（8）　以上の仕組みについて2011（平成23）年通常国会に法案を提出し、平成25年度施行を目指す。

4　制度検討にあたって留意すべき事項

制度検討に際しての今後の検討課題は多岐にわたるが、見過ごされかねない視点として以下の点を提示しておきたい。それが、子ども家庭福祉の一体性を保ち、また、これまで大事にしてきた視点（子どもの最善の利益の保障を図る公的責任論）との融合を図ることにつながると信じるゆえんである。

（1）財源の確保、一元化策についての十分な検討

新システムにおいては、社会全体で子ども・子育ての支援を図るという観点から、国、地方、事業主、個人の重層的負担により必要な費用を賄うとしている。その際には特に、児童手当法の規定に基づき、現在事業主が拠出している財源の行方に注視したい。[6]要綱において事業主拠出は「両立支援・保育・幼児教育給付」に充当することが想定されているが、社会で子育てという観点からは、すべての子どもの育ちや子育て支援等にも一定の役割を果たすことを期待したい。また、新システムの整備は、財源の確保と一体として進

＊6　児童手当法に基づき、厚生年金保険等被用者年金制度適用事業主は、当該年金の標準報酬月額および標準賞与額を賦課基準として、それぞれに拠出金率（平成20年度は1000分の1・3）を乗じた額を拠出しており、現在は、子ども手当ならびに子ども・子育て支援サービスにあたる児童育成事業に充当されている。

められるべきことを確認しておきたい。経済的に厳しい状況にある若年層の利用者負担に対する配慮も必要とされる。介護等に比較して低くなっている給付率の改善も必要である。

（2）市町村の関与の在り方や子育て支援プランの策定など実施体制の検討

次に、子育て支援コーディネーター、子育て支援プランの可能性に関する議論に期待したい。保育時間の認定やさまざまな保育・子育て支援サービスの選択、利用調整などを考慮すると、今後、一部の親子に対しては子育て支援サービス計画の策定などが必要とされる。そうした事態に対応し、利用者とともに子育て支援プランを作成するコーディネーターの創設や育成等に関する議論が必要である。石川県においては、マイ保育園事業の一環として、子育て支援プランを作成する事業を実施して成果を上げている。高齢者、障害者福祉に計画作成が浸透している現在、子ども政策についてもケア・マネジメントを検討すべきではないか。

（3）保育所、幼稚園の社会的役割を混乱させない仕組みの創設

幼保一体給付やこども園の目的、事業内容などを定めるにあたっては、保育所が現在担っている福祉的役割に十分配慮することが必要である。インフルエンザが流行したから、台風が接近しているからといって休園したのでは、親と子の生活を守ることはできないばかりか、社会のライフラインとしての役割も果たせない。被虐待児童やひとり親家庭の子ども、周りに社会資源がない障害児の優先入所の仕組み、入所の応諾義務の規定なども必要とされる。また、①親の事情で子どもを分断しない、②生活や発達の連続性を担保する、③子どもに被害が及ばない、といった子どもの最善の利益保障の観点からの論議が必要とされる。

（4）事業者が安定的、意欲的に事業展開できる仕組み

施設・設備整備費の在り方の見直しや運営費の使途範囲、会計基準の検討などにあたっては、事業経営の安定性を考慮し、かつ、事業者が意欲的にサービスに取り組んでいくことができる制度設計としなければならない。給付単価なども月額単価を基本とし、子どもの最善の利益が損なわれないような配慮が必要とされる。また、保育料の未納に対する市町村の関与なども検討する必要がある。イコールフッティングの議論を行う際も、事業主体ごとの社会的役割にも配慮が必要とされる。

（5）子ども家庭福祉・保育の質の確保、向上に関するインセンティヴが働く仕組み

サービスの質の保障や向上に対するインセンティヴが働く仕組みを入れた制度設計とすることも必要とされる。経験豊富なベテラン保育者を多く雇用していたり、研修制度が充実している事業者に対する付加給付なども検討すべきであろう。また、この際、保育士の配置基準や待遇改善、看護師等の新たな専門職の配置も検討すべきである。

（6）担い手である保育士資格の再構築

２００９（平成21）年12月に事務局が整理した、社会保障審議会少子化対策特別部会における審議のまとめでは、保育士資格の再検討やキャリアアップの資格や仕組みの創設、待遇の向上などが必要とされている。これらの実現をセットで考えるべきである。これまでのように、短時間勤務保育士の配置割合を規制することも検討すべきではないか。それが、幼児期の教育の振興を目指す世界的潮流に合致する方向であろう。

なお、要綱では、幼稚園教諭と保育士の「資格の共通化」が提言されているが、資格の一元化を図る場合には、就学後のケアワークを担う新たな子ども家庭福祉専門職や、子育て支援専門職の資格創設や養成も視野に入れておくことが必要とされる。

(7) 特別な支援が必要な子どもと保護者を確実に救済するソーシャルワーク機能の担保

新システムの整備は、被虐待児童や障害を有する子ども、貧困家庭の子どもが、確実にサービス利用に結びつく仕組みとして整備されなければならない。事業者に入所の応諾義務を課すことは当然としても、給付以外の利用料負担（教材費等）が払えない場合に事業者の逆選択に結びついたり、障害児保育の加算が貧弱な場合に入所が断られたりすることも想定され、子どもの最善の利益保障の理念に立脚した確実な制度設計が求められる。市町村、行政の公的関与を担保する仕組みの検討が必要とされる。また、ソーシャルワーク機能やコーディネート機能を担うことのできる事業主体に対する支援も検討すべきである。

(8) 社会的養護や障害児福祉を包含する仕組み

最後に、大きな懸念として、社会的養護や障害児福祉、ひとり親家庭福祉などが、新システムから置き去りにされていることがある。新システムの給付に障害児保育給付は見当たらず、その部分は一般財源に頼ることとなる。社会的養護も負担金、補助金システムとなる。要綱のまま新システムが整備されると、いわば特別な支援が必要な1％の子どもたちと、それ以外の99％の子どもたちとが、制度上、分断されてしまうこととなる。新システムは1％の子どもたちの問題を排除せず、障害児福祉サービスや社会的養護サービスも取り込むべきである。それが社会的排除を生まない仕組みにつながり、共生を実現することにもつながる。障害児福祉給付や難病児福祉給付、社会的養護給付等として、新システムに包含することを考慮すべきである。

第3節　子ども・子育て新システムの検討経過と論点、ならびに新システムの概要

1　検討の経過

検討の方法と経過

政府は子ども・子育て新システム基本制度案要綱を策定後、2010（平成22）年9月から子ども・子育て新システム検討会議作業グループ（内閣府、厚生労働省、文部科学省等の副大臣、政務官で構成）の下にステークホルダー、研究者等で構成される三つのワーキングチーム（以下、WT）を設置して検討を再開した。すなわち、基本制度WT、幼保一体化WT、こども指針WTの三つである。このWTは意見交換の場とされ、法定の審議会とは役割を異にするものである。すなわち、政治主導の下、作業グループの意思決定の参考に資するために官僚が作成した方針案について関係者が意見交換し、それらを参考に作業グループが意思決定を行うというものである。

基本制度WTとこども指針WTはそれぞれ9月末から、幼保一体化WTは10月中旬から開始され、2011（平成23）年5月末現在、それらの検討は紆余曲折を重ねながら法案化の最終段階を迎えている。同年7月には、基本制度WT、少子化社会対策会議によって、これまでの議論の取りまとめである「子ども・子育て新システムに関する中間とりまとめ」が了承された。今後、少子化社会対策会議決定の文書によれば、「子ども・子育て新システムの成案をとりまとめ、恒久財源を得て早期に本格実施（それまでの間は、

法案成立後、平成25年度を目途に、子ども・子育て会議（改称）や国の基本指針など可能なものから段階的に実施）できるよう、平成23年度中に必要な法制上の措置を講じることとされている税制抜本改革とともに、早急に所要の法律案を国会に提出する」方針が明確化されている。本取りまとめを踏まえつつ、法案化が図られていくこととなるのである。

2　中間とりまとめの概要

2011（平成23）年7月に基本制度WTによって取りまとめられた「子ども・子育て新システムに関する中間とりまとめ」の目次は、以下のとおりである。

まえがき
Ⅰ　市町村、都道府県、国の役割
Ⅱ　給付設計
Ⅲ　幼保一体化
Ⅳ　子ども・子育て支援事業（仮称）
Ⅴ　社会的養護・障害児に対する支援
Ⅵ　子ども・子育て包括交付金（仮称）等
Ⅶ　子ども・子育て会議（仮称）
Ⅷ　費用負担

中間とりまとめは、これまで三つのＷＴで議論してきたことのなかで、ほぼ合意が得られたと考えられる部分について整理し、今後の検討に委ねる部分についても付記している。しかし、その内容は、新システムの今後の姿をかなり明確に示しており、また、対立する論点なども明確に提示されている。したがって、以下、それらを参考に、新システムの概要と論点について提示していくこととする。

3　新システムの概要と論点

子ども・子育て新システムの検討に関する主要な論点は、大きくは以下の3点である。

(1) 財源およびその一元化の方法——介護保険制度を模した仕組み

中間とりまとめによる子ども・子育て新システムの具体的内容は以下のとおりである。これが、ほぼまとまった案であるといってよい。財源の確保に関しては、政府が取りまとめる社会保障・税一体改革に委ねている。すなわち、検討会議はしっかりとグランドデザインならびに財政需要を描き、財源確保に備えようとの役割分担となっている。

■すべての子どもへの良質な成育環境を保障し、社会全体で子ども・子育てを支援
○すべての子ども・子育て家庭への支援（子ども手当、地域子育て支援など）

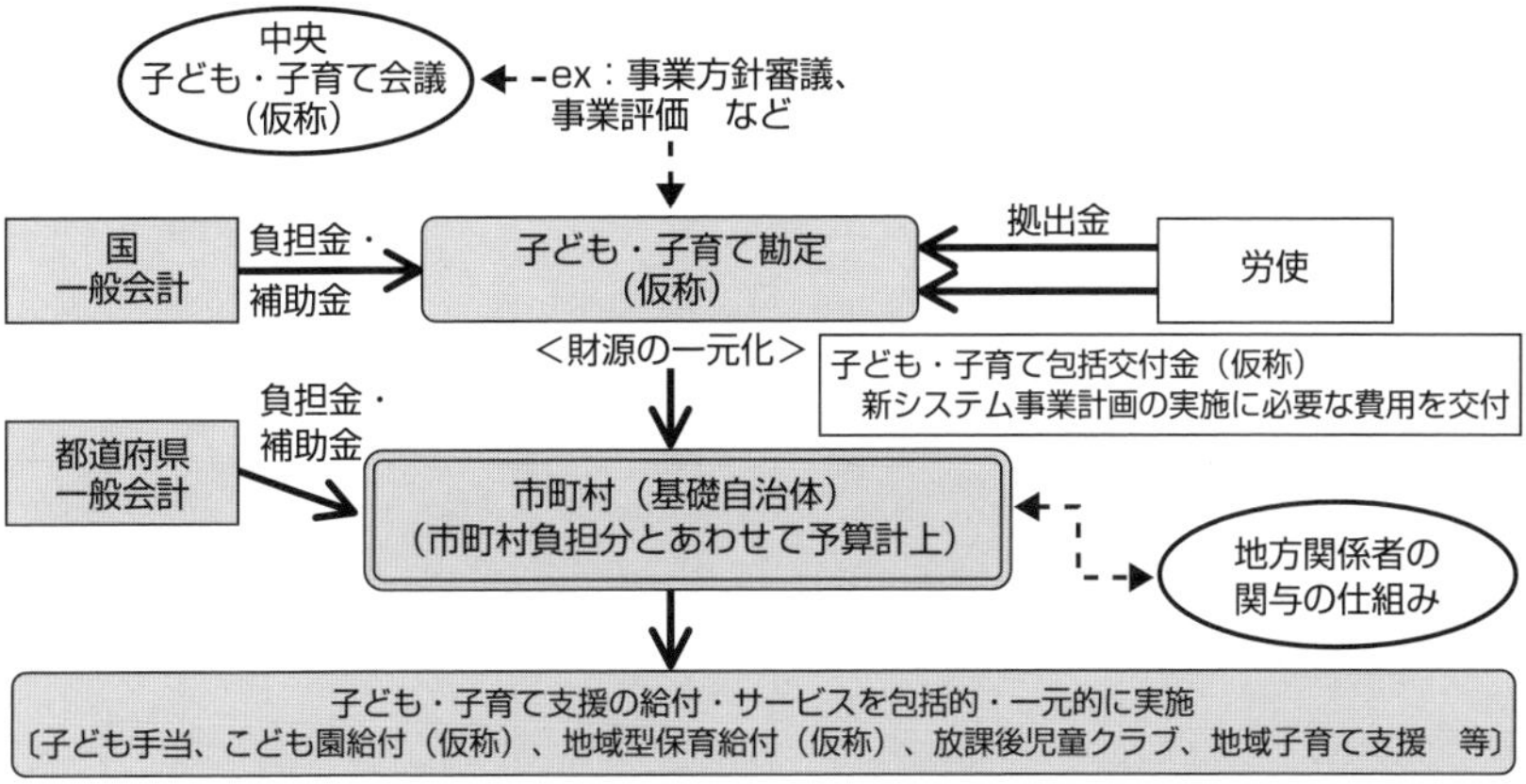

図 4-2　子ども・子育て新システムの基本制度（内閣府，2011）

○幼保一体化（こども園〈仮称〉の創設など）
・給付システムの一体化（こども園〈仮称〉の創設）
・施設の一体化（総合施設〈仮称〉の創設）

■新たな一元的システムの構築

○基礎自治体（市町村）が実施主体
・市町村は地域のニーズに基づき新システム事業計画（仮称）を策定、給付・事業を実施
・国・都道府県は実施主体の市町村を重層的に支える
――子ども・子育て包括交付金（仮称）
○社会全体（国・地方・事業主・個人）による費用負担
・国および地方の恒久財源の確保を前提
○政府の推進体制・財源を一元化
・制度ごとにバラバラな政府の推進体制、財源を一元化（子ども家庭省〈仮称〉と交付金の検討）
○子ども・子育て会議（仮称）の設置
・有識者、地方公共団体、労使代表、子育て当事者、関係団体、ＮＰＯ等の子育て支援当事者等が、子育て支援の政策プロセス等に参画・関与することができる仕組みを検討

なお、これらは図4－2のように示される。

このシステムの根幹は、国レベルにおいて子ども・子育て財源（税、事業主拠出金、社会保険料など）の一元化を図り、地域における学校教育・保育の計画的整備を図るため市町村が策定した新システム事業計画に基づいて、市町村に子ども・子育てにしか使用できない包括交付金として配分するというものである。国レベルの財源である子ども・子育て包括交付金（仮称）を市町村に配分する際、市町村は、地域における学校教育・保育の需要をはじめ、子ども・子育てにかかる需要の見込みおよび見込み量の確保のための方策等を内容とする市町村新システム事業計画を策定することとしている。そのなかには、家庭における養育を支援する事業（地域子育て支援拠点事業等）なども含まれる。こうして、新システムに関する財源を確保したうえで、その拡充を図っていこうとするものである。財源としては、従来の事業主拠出金や社会保険料負担のほか、社会保障・税一体改革において検討される消費税等の財源が想定されている。そのうえで各種子育て支援事業やこども園（仮称）給付、出産・育児に係る休業等に伴う給付（仮称）等を行うというものである。

(2) 給付の在り方について

中間とりまとめによると、給付の内容は以下のとおりである。

■子ども・子育て新システムにおいては、すべての子どもに良質な生育環境を保障するため、それぞれの子どもや家庭の状況に応じ、必要な「子ども・子育て支援給付（仮称）」を保障する。

■具体的には、子ども手当（個人への現金給付）、出産・育児にかかる休業等に伴う給付（仮称）のほか、次に掲げるそれぞれの子ども・子育てのニーズに応じた施設・事業および給付を保障する。
○こども園（仮称）→指定によりこども園（仮称）給付の対象。
○小規模保育事業者、家庭的保育事業者、指定居宅訪問型保育事業者等→指定により地域型保育給付（仮称）の対象。

そのうえで、指定対象とは具体的には、総合施設（仮称）、幼稚園、保育所、それ以外の客観的な基準を満たした施設、としている。なお、総合施設（仮称）とは、従来「こども園」と称していた学校教育と保育および家庭における養育の支援を一体的に提供する施設であり、その名称については今後検討するとしている。

（3）幼保一体化、総合施設・こども園の在り方について

続いて、こども園（仮称）給付、総合施設（仮称）の在り方については、ほぼ以下のような案となっている。

■幼稚園・保育所・認定こども園の垣根を取り払い（保育に欠ける要件の撤廃等）、新たな指針に基づき、学校教育と保育をともに提供する総合施設（仮称）に一体化する。
■すべての子どもに質の高い学校教育・保育を保障するとともに、家庭における子育て・教育にも資するため、幼稚園教育要領と保育所保育指針を統合し、小学校学習指導要領との整合性・一貫性を確保した新たな指針（こども指針〈仮称〉）を創設する。

■こども指針（仮称）に基づき提供される学校教育・保育について、資格の共通化をはじめとした総合施設（仮称）としての機能の一体化を推進する。
■総合施設（仮称）については、現在の幼稚園、保育所、認定こども園からの円滑な移行に配慮しつつ、学校法人、社会福祉法人、株式会社、NPO等、多様な事業主体の参入を可能とする。

4　こども園（仮称）給付、総合施設（仮称）の概要と主要な論点

(1) 幼保一体化の目的

幼保一体化の目的については、次の三点が指摘されている。すなわち、一点目が「質の高い学校教育・保育の一体的提供、世界に誇る学校教育・保育を全ての子に」である。これについては、「幼児教育」の「学校教育」への修正が行われたが、「全ての子」の再確認を挙げておかねばならない。すなわち、障害児の総合施設（仮称）での受け入れがどの程度確保されるのかが大きく問われているのである。

続いて二点目は「保育の量的拡大」、すなわち待機児童対策としての視点である。この点については、こども園が幼稚園に配慮して3～5歳児の受け入れを義務化し、3歳未満児を任意としている点で、待機児童対策になっていないとの批判がある。三点目は「家庭における養育支援の充実」である。「支援を必要とする全ての親子が全ての地域で、あらゆる施設において支援を受けられるように」することが必要とされている。ここでは、被虐待児や障害児とその家庭に対する支援が、このシステムでどのようにカバーされるのか

＊7　この部分は以前は幼児教育とされていたが、5月11日の説明資料では、「学校教育」となり、その後、この用語が使用されている。

が主要な論点となる。なお、著者は、四点目として「地域の子どもの社会的養育を親の事情によって分断しない」を入れる必要があると考えている。

(2) 新たな制度における契約方式

中間とりまとめによると、新たな制度における契約方式は、以下のとおりである。

■こども園（仮称）給付については保護者に対する個人給付を基礎とし、確実に学校教育・保育に要する費用に充てるため、法定代理受領の仕組みとする。

■例外のない保育の保障の観点から、市町村が客観的基準に基づき、保育の必要性を認定する仕組みとする。

■契約については、保育の必要性の認定を受けた子どもと受けない子どものいずれについても、市町村の関与の下、保護者が自ら施設を選択し、保護者が施設と契約する公的契約とし、「正当な理由」がある場合を除き、施設に応諾義務を課す。

■入園希望者が定員を上回る場合は「正当な理由」に該当するが、この場合、施設は、国の選考基準（※）に基づき、選考を行う。

※保育の必要性の認定を受けた子どもについては、定員以上に応募がある場合、優先利用に配慮しつつ、保育の必要度に応じて選定する。保育の必要性の認定を受けない子どもについては、施設の設置者が定める選考基準（選考方法）に基づき選考することを基本とする。

■公的契約に関する市町村の関与については、次のとおりとする。

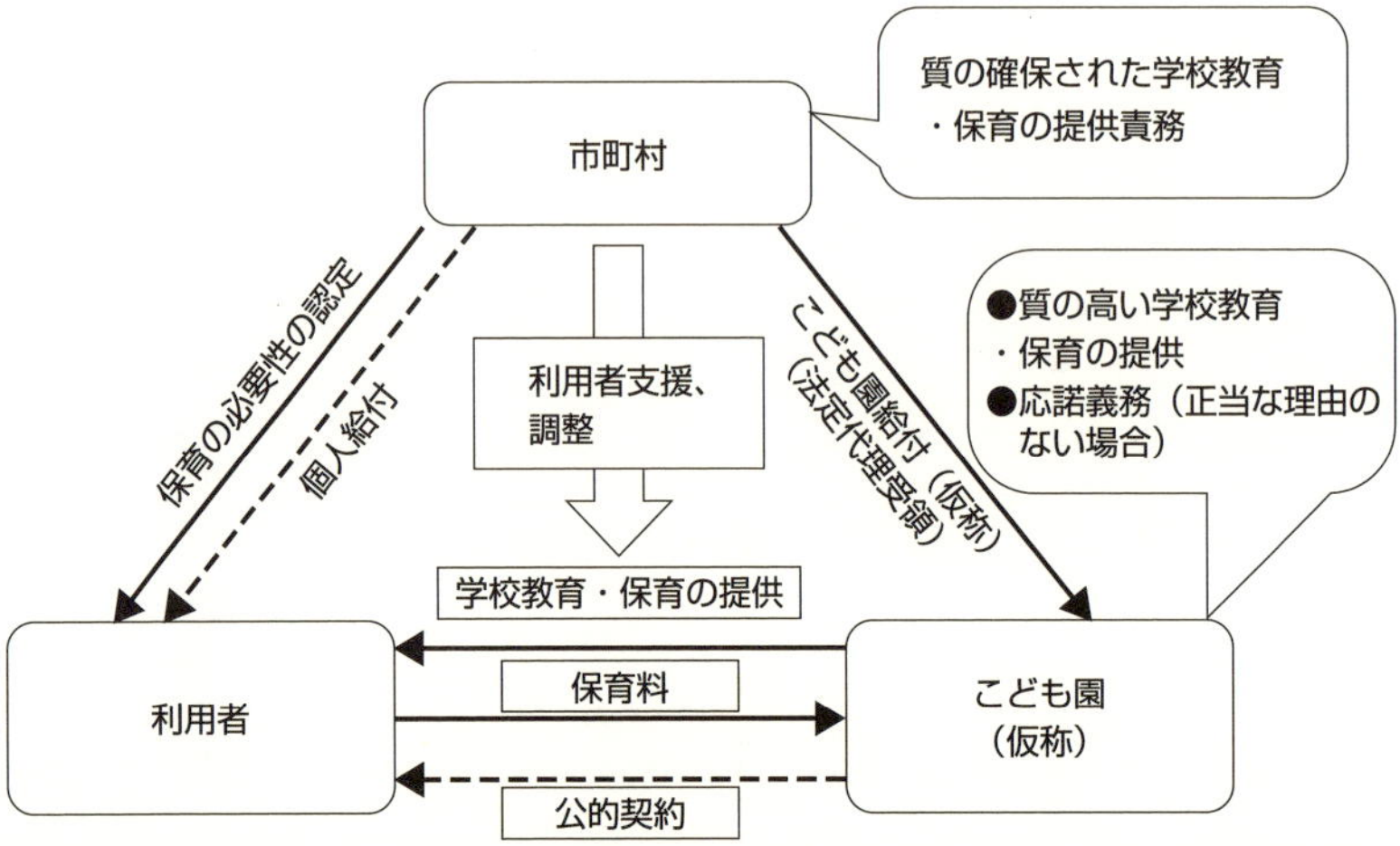

※こども園給付（仮称）とは、子ども・子育て支援給付（仮称）のなかで、指定こども園（仮称）を対象とするもの。子ども・子育て支援給付（仮称）に、多様な保育事業を行う事業者を対象とした地域型保育給付（仮称）も含まれるが、上記の整理は、地域型保育給付（仮称）にも共通するものである。

図 4-3　新たな制度（内閣府，2011）

①管内の施設・事業者の情報を整理し、子育て家庭に広く情報提供し、相談に対応する。市町村のあっせん（市町村による、利用可能な施設との契約の補助）による利用が必要と判断される場合には、保育の必要性の認定等と合わせて、市町村が利用可能な施設・事業者をあっせんする。

②当面、保育需要が供給を上回っている場合には、市町村に利用希望を提出すること等により、市町村が利用調整を行う。

③契約による利用が著しく困難と判断した場合には、市町村が措置による入所・利用を行う。

新たな制度の利用方法は、図4－3のとおりである。

①給付システムの一体化――子ども・子育て新システムの創設

まず、給付システムの一体化については、地域における学校教育[8]・保育の計画的整備を図るため、市町村が市町村新システム事業計画（仮称）を策定することを求めるとしている。前述した国レベルの財源である子ども・子育て包括交付金（仮称）を市町村に配分する際、市町村は、地域における学校教育・保育の需要をはじめ、子ども・子育てにかかる需要の見込みを調査し、その結果に基づき市町村新システム事業計画（仮称）を策定する。市町村は、当該計画に基づき、指定されたこども園（仮称）や多様な保育事業を行う、多様な事業主体を共通の財政措置（子ども・子育て支援給付〈仮称〉）の対象とするなど、地域の実情等に応じて提供体制を計画的に整備することとしている。さらに、家庭における養育を支援する事業（地域子育て支援拠点事業等）についても、広く財政措置の対象とし、当該計画に基づき、計画的に推進することとしている。

②利用方式――公的契約

利用方法については、例外のない保育の保障の観点から、市町村が客観的基準に基づき、保育の必要性を認定する仕組みとするとされている。基準は短時間利用と長時間利用の2類型が想定されており、市町村が認定のうえ、認定証を発給する。しかし、短時間利用の場合、3歳以上の子どもの短時間給付を認めた場合、子どもの最善の利益や教育保障の観点から問題があると考えられ、3歳以上児は短時間利用の認定は行わず、長時間利用か幼稚園的利用のみにすることが想定されている。3～5歳児は、すべての子どもに学校教育としての利用を認めることとされ、保護者の申請により受給者証が発給される。認定証や受給者証には、

＊8　著者は前述したとおり、「幼児教育・保育」の用語を改め、使用するならば「幼児期の学校教育・保育」とすべきと考えており、その旨主張していたが、5月11日付資料では、「学校教育」と言い換えられている。

保護者の負担区分もあわせて記載される。

なお、保育を必要とする子どもとそうでない子どもを分けて証明書を発行し、かつ、保育の利用に違いを設けることは、幼児期の学校教育の時間帯とそれ以外の保育とを分断する可能性があることを想定させる。このことが、現在の、特に保育所における教育・保育の在り方にどのような影響が及ぶのかについて、十分な検証が必要とされる。現場のミッションや実践方法上の工夫を壊さない配慮が必要とされる。

続いて、契約については、保育の必要性の認定を受けた子どもと受けない子どものいずれについても、市町村の関与の下、保護者が自ら施設を選択し、保護者が施設と契約する公的契約とするとされる。いわゆる契約システムの導入である。しかしながら、市町村はあっせん（市町村による利用可能な施設との契約の補助）による利用が必要と判断される場合には、保育の必要性の認定等とあわせて、市町村が利用可能な施設・事業者をあっせんすることも規定している。具体的には、ひとり親家庭の子ども、虐待事例の子ども、障害のある子どもなど、優先的に利用を確保するべき子ども、特別な支援を必要とする子どもの場合が想定される。また、保育需要が供給を上回る場合（いわゆる待機児童が多い場合など[9]）にもあっせんが行われ、「契約による利用が著しく困難な場合」（虐待やネグレクトが想定される場合など）、市町村は措置による入所・利用を行うことも規定される。

③多様な保育事業の量的拡大――指定制度の導入

続いて、「指定制度の導入により、こども園（仮称）や多様な保育事業を行う事業者への財政措置を行い、

＊9　保育の需要が高い地域の場合、直接契約方式は、たとえば第1希望のこども園入所が選考に漏れた場合、それから第2希望園に申し込んでもすでに定員一杯となっている可能性があり、結局、第1希望に漏れたらどこにも入れないという事態が起こることが想定され、利用者に負担と混乱を招くと考えられる。

多様な事業主体の保育事業への参入を促進し、量的拡大を図る」「待機児童の解消を図る観点を踏まえ、具体的枠組みを検討」するとし、いわゆる指定制度の導入が図られることとなっている。

指定制度については、幼稚園、保育所、総合施設（仮称）の認可とは別に、一定の基準を満たした施設をこども園（仮称）として指定することによって、こども園（仮称）給付の対象とすることとしている。すなわち、認可基準は主として人権を配慮するうえで必要な基準という意味合いを濃くし、指定基準は財政給付を行うための基準と考えてよい。そのうえで、指定基準を満たしている場合には、こども園（仮称）給付の対象にするということである。給付はこの個人給付1本とし、保育所運営費や私学助成等の事業主給付は廃止される。ただし、現在の仕組みから新システムへの移行や保育所、幼稚園から総合施設（仮称）への移行などに関する経過措置については、今後、検討されることとなっている。

指定制については、中間とりまとめによると、こども園（仮称）の指定は法人格を原則とし、質の確保の観点から数年ごとに更新することとする。指定事業者には指定基準に従って事業を実施する義務を課し、撤退についての一定の規制も設けられる。また、情報開示の義務化も図られる。指定基準は現行の幼保連携型認定こども園の基準を基礎とし、さらに、教育・保育の質の向上の観点から、職員配置の引き上げを検討する。指定・指導監督の主体は都道府県単位とする。ただし、多様な保育事業を行う指定事業者の場合は市町村とすることが考えられている。なお、指定基準を満たす施設についてはすべて指定することが原則とされるが、供給量を超える場合には新規の指定や更新を行わないことができるとされている。これについては、株式会社から、需給調整の調整弁にされる危惧が上がっている。経過措置として、現に幼稚園または保育所の認可を受けている施設については、こども園の指定があったものと見なすこととし、幼稚園については、施設の選択により指定を受けないことができることとする。このほか、いくつかの経過措置も設けられる。

なお、イコールフッティングの下で、一定の客観的な基準を満たした多様な主体の参入促進を図るため、以下の点については、今後さらに検討を行うこととされている。

（1）運営費の使途範囲について、こども園（仮称）給付等を提供するための費用とすることを基本としつつ、多様な主体の経営努力により柔軟な経営を可能とする観点から、他会計への費用の繰入れを認めること。

（2）施設整備費について、運営費に上乗せする仕組みとすること。

（3）会計基準について、法人種別に応じた会計処理を基本としたうえで、資金の流れを明確化する仕組みとすること。

④給付の一体化および強化

財政給付については、このこども園（仮称）給付への一本化が想定されている。それが、学校教育・保育にかかる給付を一体化したこども園（仮称）給付を創設し、学校教育・保育に関する財政措置に関する二重行政の解消および公平性の確保を図ることになるからである。

さらに、こども園（仮称）給付については、保護者に対する個人給付を基礎とし、確実に学校教育・保育に要する費用に充てるため、法定代理受領の仕組みとすることが想定されている。この点が、現在の事業主補助の仕組みからの最大の変更点となる。その際、給付額を現行より強化することが必要である。

⑤応諾義務

次に、公的契約においては「定員に空きがない」「定員以上に応募がある」などの『正当な理由』がある場合を除き、施設に応諾義務を課すこととしている。また、定員以上に応募がある場合の選考については、その基準を国が定め、国の基準に基づき選考を行うものとするとしている。その場合、国が定める選考基準については、概《おおむ》ね次のとおりとされている。「保育の必要性の認定を受けた子どもについては、保育の必要度の高い子どもから受け入れる」「保育の必要性の認定を受けない子どもについては、施設の設置者が定める選考基準（選考方法）に基づいて選考を行う」そのうえで、選考方法については公開し、また、入園できなかった子どもについては、必要な学校教育・保育が保障されるよう、市町村に調整等の責務を課すこととされている。全体に、公的関与を強める方向に議論が進んでおり、現状の保育の実施方式に近づいているというのが実感である。

⑥給付の内容

給付の内容については以下のようになる。すなわち、給付については、質の確保・向上が図られた学校教育・保育を提供するために必要な水準の給付を、すべての子どもに保障する（公定価格）。行政からの支払方法については、標準的な教育時間に対応する区分および月単位の保育の必要量に関する区分（2区分程度）に応じ、単価区分（3区分程度）を設ける。そのうえで、各月初日の在籍児数を基本として、毎月給付するとしている。その際、特別な教材費や制服代などの実費徴収について、国がその範囲と上限額の基準を定めるとともに、低所得者に対しては補足給付を行う、少人数学級による教育活動を行うなど一層の質の向上を図るための費用など実費徴収以外の上乗せ徴収については、上限は定めないが、低所得者は免除する、こととされている。

なお、実費徴収以外の上乗せ徴収については、一定の条件のもとで認められることとなるが、当分の間、市町村および社会福祉法人以外の者が設置する施設に限るとされており、幼稚園を強く意識したものとなっている。この点については、これまで、上乗せ徴収が際限なく認められると、保育料は減免措置があったとしても、制服や教材費の対価は減免されず、結果として、低所得者の排除につながるという意見が強く出されており、それらの意見に配慮したものとなっている。

続いて、調理室等への補助制度を創設するとともに、配置基準の見直し等を行うことも提案されている。現在、保育所において調理室は必置とされており、幼稚園の場合も、3歳未満児を受け入れる場合は必須とされる。そのための補助制度が必要との趣旨である。総合施設が待機児童対策として機能するためには幼稚園の活用が欠かせず、この制度は必要不可欠と考えられる。

(3) 保育の質の向上

①配置基準の見直し

総合施設(仮称)が有効に機能していくためには、保育の質の向上策が欠かせない。しかし、これは財源の確保に直結する。具体的にはまず、「配置基準の見直し等を行う」ことが挙げられる。世界に冠たる学校教育・保育をさらに充実させるという趣旨からは、配置基準の見直しが必須である。職員の配置基準を独自に上げている自治体の基準[10]を参考としつつ、それを実現した場合、どの程度の財源を必要とするかを算定し、社会保障・税一体改革における財源の確保を目指すということである。

また、総合施設(仮称)の短時間利用(現行の幼稚園利用に相当)は学校教育となるため、学級編成が必

*10 具体的には、1歳児を5対1、3歳児を15対1、4歳児を25対1とすることなどが挙げられる。これらの先駆的事例を、現実として追認できるようにしてはどうかという考え方である。これらの配置基準の場合、配置基準の向上が保育の質の向上につながることを検証するため、別途、保育士のタイムスタディ調査も実施されている。

要とされる。その際、学級編成基準の見直しも考慮しなければならない。

続いて、新しい職員の配置も考えなければならない。総合施設（仮称）の場合は保育料の徴収も総合施設が行うこととなるため、介護施設と同様、事務職員の配置を行うことが想定されている。また、研修代替職員、看護師の配置なども考えられる。なお、中間とりまとめにおいては、3歳児を中心とした配置基準の見直しが提示されており、それ以外のものについては、財源確保の状況を見ながら、順次優先順位をつけながら実現を図ることとされている。

②待遇向上

保育者の待遇向上も大きな課題である。すでに介護福祉士の場合は一部対応がとられているが、保育者は未着手であり配慮が必要である。保育士や幼稚園教諭の給与を、全産業平均までアップさせたとした場合の所要額等を検討しなければならない。なお、この点については中間とりまとめにおいて、財源確保の状況を見ながら、順次優先順位をつけながら実現を図ることとされており、今後実現を図るべき大きな課題である。

③減価償却費の導入

企業と社会福祉法人等とのイコールフッティング政策をとるため、施設整備費の補助を原則として廃止することとされており、代わりに、保育単価に減価償却費を上乗せすることが検討されている。また、施設整備費の上乗せについては、今後の検討課題とされている。

④給付率の改善

給付率の改善を行うことも課題とされている。給付率とは、運営全体にかかる費用のうち、公的資金の占める割合をいう。現行は、保育所は6割であるが、介護保険の場合は9割、健康保険は7割である（乳幼児の場合は8割)。こうしたことも勘案して考えていかねばならない。

なお、総合施設(仮称)への移行は強制的ではなく、総合施設に対する財政的インセンティヴ(意欲刺激)を働かせるなど政策的に誘導していくとされる。このことについては、給付の一体化および強化により、総合施設(仮称)への移行をはじめとして、各施設が学校教育・保育機能を強化し、学校教育・保育の質の確保および待機児童の解消が図られるよう政策的に誘導するとともに、学校教育・保育のさらなる質の向上を図るとされている。なお、前述したとおり、総合施設(仮称)への移行については経過措置も規定されることとなるが、その内容についても今後の課題とされている。

(4) 地域型保育給付(仮称)

地域型保育給付の対象事業は、①小規模保育、②家庭的保育、③居宅訪問型保育、④事業所内保育、の4事業である。これらについては、それぞれの事業ごとに指定基準を設定し、給付の対象とするとともに質の確保を図ることとされている。なお、保育の必要性の認定、公的契約、市町村の関与、公定価格の算定の考え方、給付の支払い方法等は、こども園(仮称)給付に準じることとされている。

(5) 施設の一体化——総合施設(仮称)の創設

総合施設(仮称)の創設については、中間とりまとめ等によると、以下の内容となる。そのうえで、これらの根拠となる総合施設法(仮称)を制定することとしている。

（1）総合施設（仮称）は、学校教育・保育および家庭における養育支援を一体的に提供する施設とする。ここでは、満3歳以上児の受け入れを義務づけ、標準的な教育時間の学校教育をすべての子どもに保障することとし、また、保護者の就労時間等に応じて保育を必要とする子どもには保育を保障することとする。なお、満3歳未満児については、保護者の就労時間等に応じて保育を必要とする子どもに保育を保障する。

（2）総合施設（仮称）については、学校教育法、児童福祉法および社会福祉法における学校（1条学校）、児童福祉施設および第2種社会福祉事業として位置づける。

（3）設置主体は、国、地方公共団体、学校法人、社会福祉法人、および一定の要件を満たした法人とする。一定の要件を満たした法人の在り方については、今後検討する。

（4）設置認可、指導監督等は都道府県単位とする。

（5）監督は都道府県知事とし、都道府県教育委員会が一定の関与を行う。公立施設の管理は地方公共団体の長が行う。

（6）設置基準は現行の幼保連携型認定こども園の基準を基礎とし、全国一律の基準を設ける。なお、職員配置基準（学級編成基準）の引き上げを検討する。

（7）総合施設（仮称）には、現行の幼稚園および保育所の双方で必要とされる職員を置く。学校教育と保育を担う職員として、新たに保育教諭（仮称）等を置く。保育教諭（仮称）は、幼稚園教諭免許状と保育士資格を併有することを原則とする。なお、職員の資格については、教員免許・養成制度や保育士資格制度の見直しを踏まえたうえで検討する。

（8）職員研修を充実する。その他、政治的行為の制限や福利厚生に関する規定を置く。

（9）一定の条件のもとで臨時休業を認める。
（10）総合施設（仮称）については、名称使用の制限を設ける。
（11）経過措置として、3歳以上児を保育している保育所については、一定期間後にすべて総合施設（仮称）に移行する。幼稚園については、移行しないことができることとする。
（12）総合施設（仮称）における指導・援助の要領として、「総合施設保育要領（仮称）」を定める。

つまり、極論すれば、総合施設（仮称）は午前中は学校で午後は児童福祉施設ということになる。時間で機能を切り分けることについては、これまでの保育実践に十分配慮して柔軟な対応が必要とされる。また、指定基準については、現行の幼稚園と保育所の基準を併せ持つ基準を適用することとして、より高い基準を目指す必要がある。

続いて、幼保一体化の進め方については、国においては、幼保一体化を含む子ども・子育て支援に関する基本方針を策定するとともに、給付の一体化および強化等により総合施設（仮称）への移行を政策的に誘導するとし、強制ではなく政策的に誘導する方法をとることとしている。

また、都道府県については、広域自治体として、市町村の業務に関する広域調整等を行う。市町村においては、国による制度改正および基本方針を踏まえ、市町村新システム事業計画（仮称）に基づき、地域における、満3歳以上の共働き家庭の子どもの状況、満3歳以上の片働き家庭の子どもの状況、満3歳未満の共働き家庭の子どもの状況など、地域の実情等に応じて、必要な施設・事業を計画的に整備するとしている。すなわち、地域の実情を踏まえて総合施設（仮称）、幼稚園、保育所等を整備するとしている。ただし、保育所の場合は、ほとんどが総合施設（仮称）に移行する。総合施設（仮称）における義務づけは3～5歳児のみであるので、3歳未満児のみを対象とする保育所は保育所として残ることとなる。

次に、「『総合施設（仮称）』は学校教育・保育及び家庭における養育の支援を一体的に提供する施設とし、満3歳以上の子どもの受け入れを義務付けることとする」としている。調理室設置等の関係や幼稚園の実情を勘案して、こども園の受け入れ児童として義務づけされているのが3〜5歳児としたため、これでは待機児童対策としても効果がないばかりか、子どもが3歳未満と3〜5歳児で分断される現状は残ることとなるとの批判がある。

続いて、満3歳以上児については、標準的な教育時間の学校教育をすべての子どもに保障する。また、学校教育の保障に加え、保護者の就労時間等に応じて、保育を必要とする子どもには保育を保障するとしている。そのうえで、満3歳未満児については、保護者の就労時間等に応じ、保育を保障するとしている。さらに、なお、満3歳未満児の受け入れは義務づけないが、財政措置の一体化等により、満3歳未満児の受け入れを含め、こども園（仮称）への移行を促進するとしている。

総合施設（仮称）は、ほぼこのようなイメージで構想されている。

5　子ども・子育てに関する指針

中間とりまとめによると、指針の骨格は以下のとおりである。

■子ども・子育てに関する指針は、子ども・子育てに関する理念と各施設等における指導・援助の要領（指針）により具現化する。

■子ども・子育てに関する理念については、家庭・地域を含めたすべての子ども・子育て関係者を対象とするものであることから、国が策定する子ども・子育て新システムに関する「基本指針」（仮称）のなかに位置づける。

■各施設等における指導・援助の要領（指針）については、法的拘束力を持つものとして位置づける必要があることから、こども園（仮称）に指定された施設等が遵守すべき要領（指針）、および各施設法に基づく指導・援助の要領（指針）として位置づける。

そのうえで、総合施設保育要領（仮称）については、以下の考え方のもとに取りまとめるとしている。

■総合施設（仮称）は、小学校就学前の子どもを対象とする学校教育（幼児期の学校教育）と、乳幼児を対象とする児童福祉法上の保育を提供することを目的とする施設であり、法制度上の定義・用語については、学校教育と保育を提供する施設と位置づける必要がある。

■他方、学校教育法における幼稚園における具体的な指導方法については、学校教育法第22条において「幼児を保育」することとされており、「保育」という用語を使用しているが、これは幼児の発達の段階にかんがみ、教育を行うにあたっては一定の養護が必要であることが理由である。

■このように、施設における子どもに対する具体的な指導・援助の方法については、幼稚園・保育所のいずれも「保育」という用語を使用していることを踏まえ、総合施設（仮称）における具体的な指導・援助の要領については、その名称を「総合施設保育要領（仮称）」としたうえで、「保育」という用語を使用することとする。

今後、これらの方針をもとにして、基本指針（仮称）並びに総合施設保育要領（仮称）が検討されていくこととなる。

6　子ども・子育て支援事業

子ども・子育て支援事業としては、①地域子育て支援事業（仮称）、②延長保育事業、病児・病後児保育事業、③放課後児童クラブ、④妊婦健診、の4種がある。

(1) 地域子育て支援事業（仮称）

地域子育て支援事業（仮称）には、①地域子育て支援拠点事業、②一時預かり、③乳児家庭全戸訪問事業、④養育支援訪問事業、⑤ファミリー・サポート・センター事業、があり、市町村が地域のニーズ調査等に基づき実施する旨が法定化される。特に、地域子育て支援拠点事業は、市町村と連携し、利用者支援の役割を果たすものとすることが想定されている。また、一時預かりは、すべての子ども・子育て家庭が身近に利用できる事業とすることとされている。これらの事業の質の確保を図るため、国は全国一律の基準を設定することとされている。

(2) 延長保育事業、病児・病後児保育事業

両事業は市町村事業であり、市町村が地域のニーズ調査等に基づき実施する旨が法定化される。また、こ

れらの事業の質の確保を図るため、国は全国一律の基準を設定することとされている。

(3) 放課後児童クラブ

放課後児童クラブについては、小学校4年生以上も対象になることを明記し、基盤整備を行う。市町村が地域のニーズ調査等に基づき実施する旨が法定化される。また、これらの事業の質の確保を図るため、国は全国一律の基準を設定することとされている。さらに、利用手続きは市町村が定めることとし、市町村が利用のあっせん、調整を行うことを検討することとしている。これについては、第5章に詳述している。

(4) 妊婦健診

妊婦健診については、市町村新システム事業計画(仮称)の記載事項として位置づけ、国は、健診回数や実施時期、検査項目について基準を示すこととされている。

7 子ども・子育て新システムと障害児福祉、社会的養護

子ども・子育て新システムと社会的養護、障害児福祉それぞれのシステムとの関係については、両者の緊密な連携を目指しつつも、システムとしては別システムとして構成することが前提とされている。すなわち、都道府県は社会的養護、障害等のニーズに対応する専門性が高い施策を引き続き担うこととし、児童相談所を中心とした体制、措置制度等は現行制度を維持することとしている。そのうえで、新システムの実施主体である市町村と都道府県との連携を確保することとしている。

詳細については、それぞれ第6章、第7章の該当部分をご参照いただきたいが、著者は、そのことが子どもも家庭福祉サービス全体の均衡ある展開を阻む大きな要素になると考えている。その理由、解決方法等については本書の本質的テーマであり、最終章をご参照いただきたい。

これまで解説したとおり、新システムの法案検討は最終段階を迎えている。国会に法案が提出されれば、その議論の場は国会に移る。しかし、法的事項以外の運営や経営に関する事項や保育観に関する事柄は、検討が続けられることとなる。この制度が、この国の就学前保育をどこに持っていこうとするのか、これからも注視し続けなければならない。

第4節　保育システムの今後の方向と忘れてはならない視点

1　保育に「共同養育」の視点を

今後の保育サービス改革を真に子どもの最善の利益にかなうものとするためには、子どもの養育における保護者と社会との関係整理、具体的には私的養育と共同養育、公的養育のそれぞれの関係に関する理念的検討がなされなければならない。[11]

その際には、子育ては親と社会の二者で担うことを原則とする共同養育を基本に据えることを提言した[12]

＊11　著者は拙著『子ども家庭福祉サービス供給体制――切れ目のない支援をめざして』中央法規、二〇〇八年において、著者らの研究班において検討した児童福祉法改正要綱試案を提示し、新しい子ども家庭福祉の理念を提示している。

＊12　柏女霊峰「共同養育システムとしての一時預かり事業」尾木まりほか『「一時預かり事業のあり方に関する調査研究」厚生労働科学研究費補助金政策科学総合研究事業（政策科学推進研究事業）報告書』二〇〇八年、145-147頁。

い。いわゆるソーシャル・キャピタル（社会関係資本）[13]が機能していた時代は、近隣・地域の互助による養育が共同養育の機能を担っていたといえる。しかし、現在ではそれが困難になっており、社会的な仕組みを導入することを通して新たな共同養育を成立させることが必要とされている。

さらに、「子どもは、人と人との関わりのなかでこそ健やかに育つことができる」ならびに「親子の絆は、親子だけではもつれやすいものである」という二つの基本的前提が確認されなければならない。これを実現することを目指す事業としては、石川県における定期的一時保育利用並びに子育て支援プランの作成の制度化[14]が好例である。

課題は、保護者と社会、保育所との共同養育のシステムをどのように構築し、財源をどこにどのように求めるかにかかっている。まさに、『「新待機児童ゼロ作戦」について』で言及されているとおり、「……国・地方・事業主・個人の負担・拠出の組合せにより支える『新たな次世代育成支援の枠組み』の構築に向け、その具体的な制度設計の検討を速やかに進める」こと、すなわち、社会連帯による次世代育成支援の具現化が求められているのである。

また、これからの保育システム改革に深く関わる座標軸は以下の三つである。一つ目は、「子どもの最善の利益」であり、二つ目は、それを保障するための「公的責任」である。そして、三つ目は、人と人とのゆるやかなつながりを目指す「社会連帯」である。これに、市場に基づくサービス供給体制の多元化をどのよ

＊13　序章の脚注（＊6）参照。
＊14　石川県においては、これまで全国に先駆けて実施しているマイ保育園登録事業を拡充し、著者らの研究班が提唱している基本保育構想を一時保育券として試験的に導入し、また、保護者がマイ保育園に配置された子育て支援コーディネーターとともに子育て支援プランを作成して、親子の生活をともに創造するモデル事業『マイ保育園みんなで子育て応援事業』を実施した。

うに組み込んでいくかが検討課題となる。つまり、公助、共助、自助の最適ミックスを考えることが最も必要とされているのである。

2　保育、教育とは何か

WTには、多様な実践、学問のベースを持つ関係者が参集している。したがって、そこで使用される用語の定義を厳密にしなければ混乱が生ずる。現在の論議は、「保育」や「幼児教育」という従来の用語概念の混乱を引き継いでおり、そのことが議論の混乱を生み出し、無用な感情的軋轢《あつれき》を生んだり、誤解を生じさせたりしている。そして何より、現場の実践者の尊厳を傷つけている。

「保育」は、児童福祉法第18条の4において保育士の業務として使用されており、その場合、18歳未満を対象とするケアワークを指す援助概念と理解できる。一方、同法第39条の保育所の規定や保育所保育指針においては、就学前の子どもに対する養護と教育とが一体となった援助概念とされる。さらに、学校教育法第22条の幼稚園の規定においては、3歳から就学前児童の学校教育法上の教育とその他の保育を包括する概念として、「教育」と「保育」を異なる概念として扱っている。認定こども園法でも、別の概念として使用されている。

これら「保育」の概念規定の混乱に加え、教育基本法上の「幼児期の教育」や、中央教育審議会の「幼児教育」などの用語が混乱して使用され、議論を混乱させている。この際、これらの概念についてしっかり整理したうえで、議論、制度設計を進めるべきである。

制度改革は舞台の設計にすぎない。保育所と幼稚園も舞台にすぎない。長い間、就学前保育を演じる舞台が異なっていたために、演目やその内容自体も異なってしまったのである。舞台を一緒にするのであれば、演目で使われるシナリオや大道具（用語等）、さらには演目の内容、俳優の実態も考慮した議論をしなければ、親子や俳優（保育者）の尊厳が痛めつけられるだけである。制度立案者に舞台設計の専門家だけでなく、シナリオや大道具の専門家、俳優も加えるべきである。

3　すべての子どもを視野に入れた保育システム

就学前保育の目的、視点は、①就学前期の豊かな子どもの育ちの保障（教育基本法に基づくならば、家庭教育、幼児期の教育の振興）、②親と子の豊かな生活の創造、③地域で子どもの育ちを見守り育むこと、④子どもの最善の利益の保障、親子・社会のライフラインの確保といった福祉的視点を有すること、の4点であると考えている。

就学前保育の舞台をこども園（仮称）に統合するのであれば、こども園（仮称）という舞台で、この4点の演目がすべて演じられるようにしなければならない。そうでなければ、どこかにひずみが生まれることとなる。

また、１００人のうちの99人でいくら立派な舞台を作ったとしても、1人を排除して成り立つ舞台で演じられる演目は貧しい。また、それに木戸銭を払う観客の共感も得にくい。就学前保育の在り方検討は、まさに、この国の品格が問われているのである。

第5節　保育システムという舞台で何を演ずるか――保育観の確認を

1　保育所保育指針の発達観、保育観

こうして創設された就学前保育の舞台では、どのような演目が行われる必要があるのであろうか。ここでは、子ども観と同時に保育観が確認されなければならない。その意味では、こども指針（仮称）の検討に期待しなければならない。

ちなみに、保育所保育指針にみる子どもの発達観、保育観について、著者の理解を整理しておきたい。それは、端的にいえば以下のようである。すなわち、「特定の大人と子どもとの応答的関係が子どもの基本的信頼感を醸成し、その関係をベースキャンプとして子どもは外の世界と関わりを持つようになる。その際、同年齢との子ども同士のコミュニケーションを通してさまざまな葛藤や感動などの体験を重ねつつ民主的な関係に気づき、他者とのコミュニケーション能力を身につけていく。そして、他者と共存するためにきまりの大切さに気づき、民主的な人間関係、社会関係をとり結ぶ力を取得していく。これが『生きる力』の基礎を培うことにつながっている」というものである。これを、保育所保育指針第2章、第3章から説明すれば、以下のようになる。

2　子どもの発達と保育者の関わり

(1) 絆の形成

保育所保育指針第2章は、保育者と子どもとの関わりについて特に大切なことを、「愛情豊かで思慮深い大人による保護や世話などを通して、大人と子どもとの相互の関わりが十分に行われることが重要である。この関係を起点として、次第に他の子どもとの間でも相互に働きかけ、関わりを深め、人への信頼感と自己への主体性を形成していくのである」と表現している。すなわち、大人と子どもとの相互の関わりが十分に行われることによってでき上がる関係を起点として、子ども同士の関わりを深め、人への信頼感や自己への主体性を形成していくと述べている。

この大人と子どもの関係を、指針は「絆」と表現している。それを、子どもの発達過程区分を通してみていくこととする。また、第3章においては、保育の実施上の配慮事項が発達過程区分ごとに記述されている。この発達過程区分と保育士の配慮事項とを組み合わせながら、子どもの発達と保育士の関わりの在り方、すなわち保育観について見ていくこととしたい。

まず、概《おおむ》ね6カ月未満においては、「これに応答的に関わる特定の大人との間に情緒的な絆が形成される」と記述されている。「絆」は糸へんに半分と書く。すなわち、子どもから出される半分の糸に対して、大人が返す半分の糸が双方向に真っ直ぐに向き合って初めてそれが紡がれ、それが繰り返されることによって「絆」ができ上がっていくと述べているのである。この時期、保育士は、「一人一人の子どもの生育歴の違いに留意しつつ、欲求を適切に満たし、特定の保育士が応答的に関わるように努めること」とされる。これは、

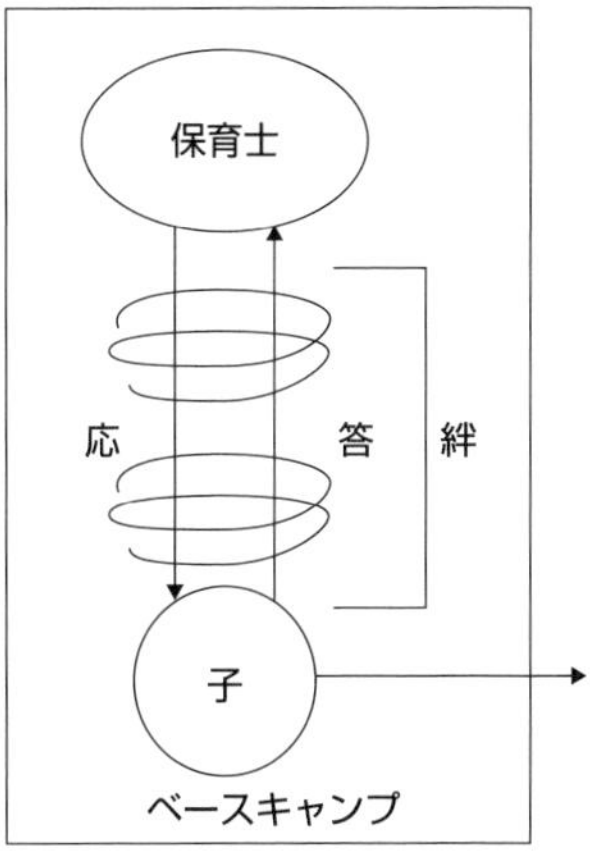

図4-4　子どもとの応答的な関わりによる絆の形成

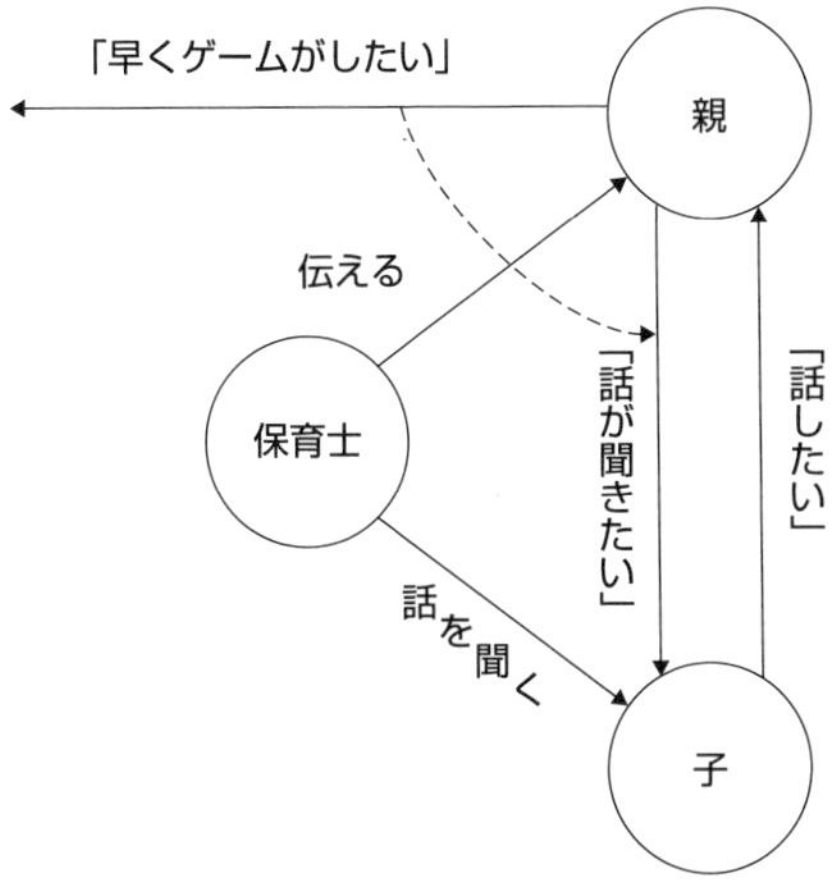

図4-5　親と子の絆の形成に資する保育士の仲立ち

第3章の「保育の実施上の配慮事項」に記述されている乳児段階の配慮事項に関する一文である。これは、図4－4のように示される。

(2) 親と子の架け橋をつくる

このことは、何も乳児に限ったことではない。子どもはお迎えに来た親に対して、今日保育所であったことを一生懸命に伝えたいと思っている。しかし、親は仕事を引きずり、たとえば、「今日は腹が立ったから、早く家に帰ってゲームの続きがしたい。子どもの夕食を作るのが面倒」などと思っている。つまり、半分の糸が双方向にならず、ずれているのである。その関係に対して保育士が仲立ちをして「実は今日、○○なことがあってAちゃんはとてもうれしかったので、お母さんにお話ししたいことがたくさんあると思いますよ」と伝えておけば、帰り道でAちゃんがそのことを言ったら、親はそれに対して応答的な関わりをすることができることとなる。ところが、保育士がそのことを伝えてないと、Aちゃんが伝えても全体の文脈を理解することができず、親はますますイライラして「うるさいわね。黙ってなさい！」となってしまう。保育士には、大人と子どもとのより良い関係をつくっていくために仲立ちをするという立ち位置が大切なのである。これは図4－5のように示される。

(3) 子ども同士の仲立ちをする――民主的人間関係の育成

次に、概《おおむ》ね6カ月から1歳3カ月未満では、「特定の大人との応答的な関わりにより、情緒的な絆が深まり……」とある。この応答的関係が深まって「絆」ができ上がったら、子どもはこの関係をベースキャンプにしつつ外に出て行く。ちょうどその時期に、子どもは発達的に、「歩き始め、手を使い、言葉を話すようになることにより、身近な人や身の周りのものに自発的に働きかけていく」ことができるようになるのである。逆にいえば、子どもは1歳程度まで歩けない、話せないことによって、特定の大人との応答的関係を取り結び、「絆」を形成することができるように生得的に組み込まれているといってよい。動物は生まれてすぐに歩けないと命を保てないが、人間はベースキャンプができないと命が保てないといってよいのである。

3歳未満児では、ベースキャンプを出た子どもに対して保育士は、「探索活動が十分にできるように、事故防止に努めながら活動しやすい環境を整え、全身を使う遊びなど様々な遊びを取り入れる」ように配慮する。すなわち、子どもがさまざまな活動を探索的に行うことができ、自由に過ごせる環境をつくることが大切と述べている。そして、不安なことがあったら、またベースキャンプへ戻れるようにすべきとしているのである。続いて、「子どもの自我の育ちを見守り、その気持ちを受け止めるとともに、保育士等が仲立ちとなって、友達の気持ちや友達との関わり方を丁寧に伝えていくこと」と記述される。すなわち、別々のベースキャンプから出てきたAちゃんとBちゃんが出会う際の仲立ちをすることを求めているのである。

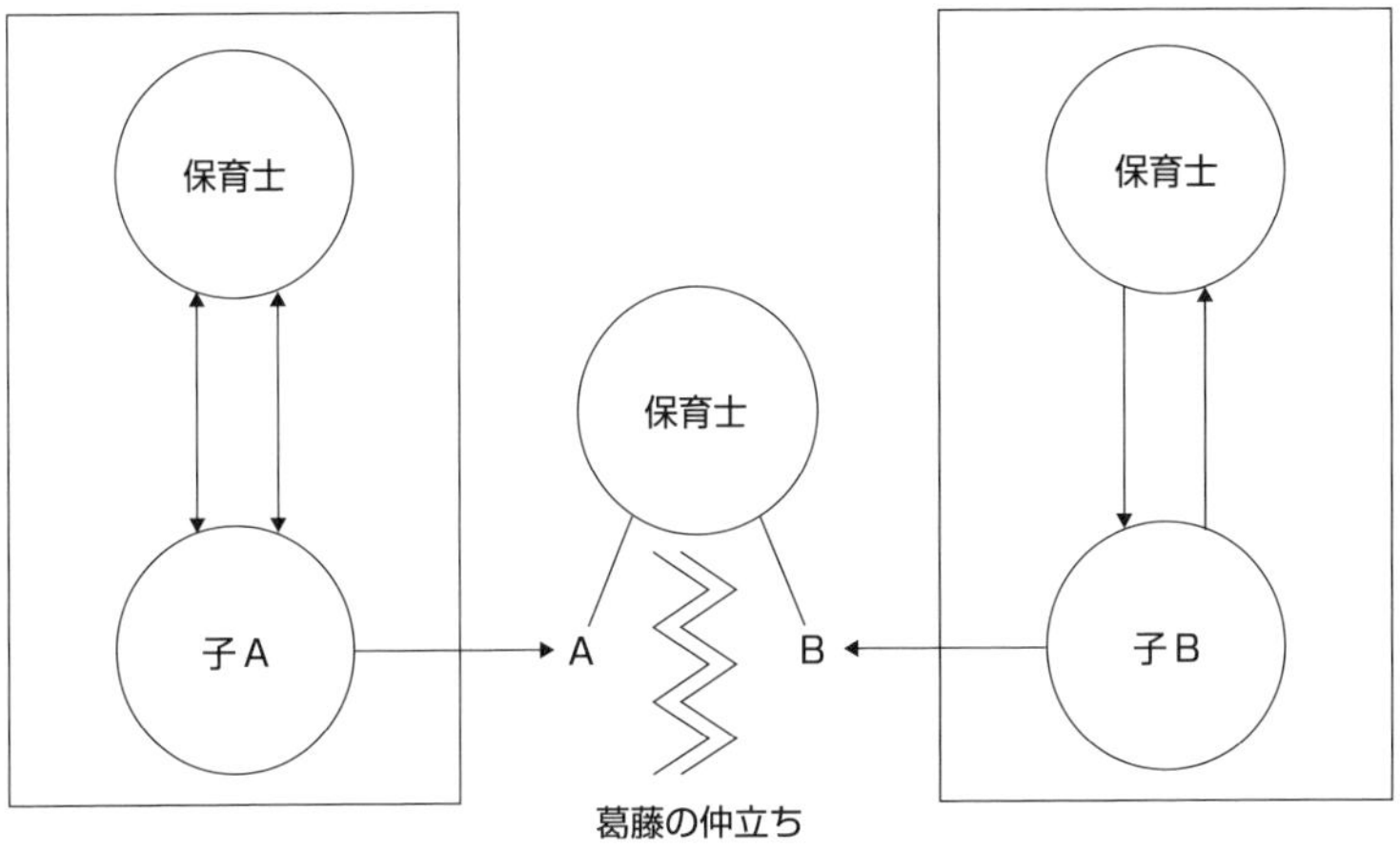

図4-6　子ども同士の関わりの仲立ち

たとえば、以下のような場面が考えられる。

Aちゃんがベースキャンプから出てきておもちゃを見つけ、手に取った。別のベースキャンプから出てきたBちゃんも、このおもちゃを欲しそうに見ていた。Aちゃんはこのおもちゃを取ったときにBちゃんが自分のことを見ていることに気づき、Aちゃんはこれまでの大人と同様な対応をBちゃんに期待する。しかし、Bちゃんもこのおもちゃで遊びたいので、Aちゃんからおもちゃを取り上げることとなる。これまでの大人との応答的な関係とは違う関係が、ここで生起するのである。Aちゃんは驚いてBちゃんからおもちゃを取り返す。いわゆる物のとりっこであり、二人に葛藤が生じることとなる。

このとき、保育士は二人の仲立ちをすることが期待されているのである。「Aちゃん、このおもちゃで遊びたいんだよね。でも、Bちゃんもこのおもちゃで遊びたいんだって。どうしようか。Aちゃんが遊んだら今度はBちゃんに貸してあげようか」という仲立ちもあろうし、「三人で一緒に遊ぼうね」という仲立ちもあろう。ここで生起する関係とは、これまでの応答的な関係とは異なり、子ども同士

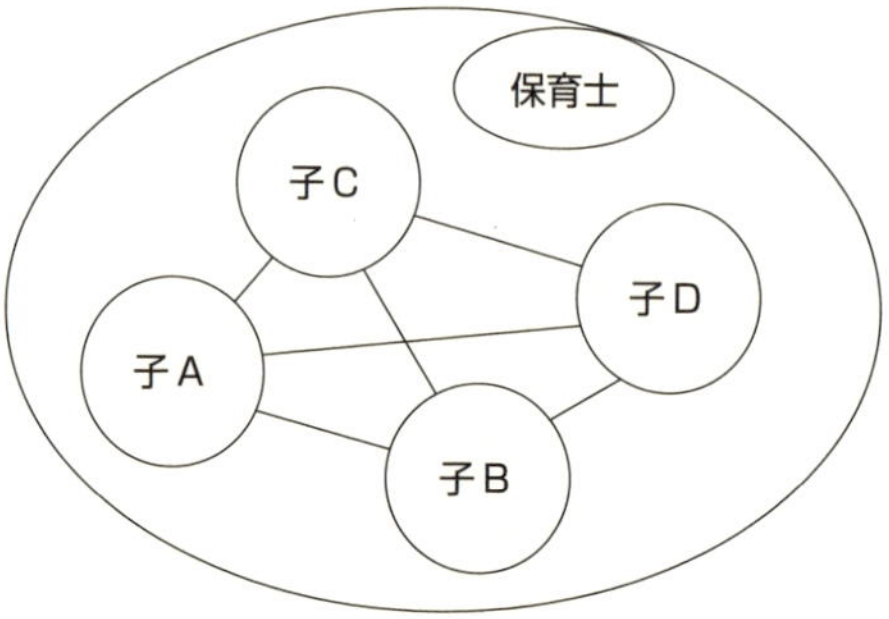

図 4-7　子どもの主体的活動の見守り

の平等な民主的な関係である。世の中で生きていくためにはこの民主的な人間関係の取り結びが必須となる。この関係づくりを仲立ちしながら進めていくのが、保育士の役割として期待されているのである。これは、図４－６のように示される。

(4) 見守る

次に3歳以上児の配慮事項として、「けんかなど葛藤を経験しながら次第に相手の気持ちを理解し、相互に必要な存在であることを実感できるよう配慮すること」と記述される。すなわち、けんかなど葛藤を経験しながら、「Bと一緒にいるとゲームで負けたらすごく悔しいけれど、Bと楽しく遊べたらこんなおもしろいことはない。先生と遊ぶよりよっぽど楽しい。Bは僕の友達だ」という感情を育てていくことが大切と述べているのである。そのうえで、「生活や遊びを通して、決まりがあることの大切さに気付き、自ら判断して行動できるよう配慮すること」としている。年長児になれば、保育士の仲立ちがなくとも仲間関係を形成することができ、きまり、ルールをつくることによって、子どもたちは自分たちの世界をつくっていく。保育士は、子どもたちが自ら判断して行動できるように見守り、必要に応じて介入することにより、子どもたちの生きる力の基礎を培うことの大切さを述べているのである。これは図４－７のように示される。

当初は保育士の仲立ちが必要であったが，年長になれば，順番を守るというきまりを守ることによって皆が共存できることを子どもたちは知っていく。つまり，きまり，規範意識というものは植え付けるものではなく，Ａちゃんが，ＢちゃんやＣちゃん，Ｄちゃんと一緒にいたいという気持ちが育つことによって初めて達成できると述べている。それが就学までにできていることが，民主的な社会で生きていく力の基礎を培うことになるのだと述べているのである。こうした保育観は，新システムによって舞台がどのようになろうとも尊重されなければならない。

3　専門職としての保育士

以上のような関わりを通して，保育者は子どもの絆を形成し，そこからの出発を促し，この絆をもとにして人として生きるに欠かせない民主的な人間関係の取り結び，生きる力や個の尊重などを培っていくことになる。以上の保育士の役割は，次の４点に凝縮される。

（1）親と子の間に介在し，より良い親子関係の形成に寄与する。
（2）子どもとの応答的な関係を取り結び，子どもの安全基地となる。
（3）子ども同士の間に介在し，仲立ちをし，子ども同士の民主的な人間関係の取り結びを支援する。
（4）子ども同士がきまりを守りつつ自主的に活動する場を見守り，必要に応じて介入する。

親子、保育者は、子ども・子育て新システムが創り出す新しい舞台で、このような演目を中心としてドラマを繰り広げていくこととなるのである。舞台づくりにあたっては、このような普遍的に必要とされる演目に対する理解と、保育所、幼稚園というそれぞれの舞台に固有の演目を調和させる努力が必要とされているのである。

第5章 児童健全育成の幕開け
――豊かな放課後生活の保障と生きる力の育成を目指して

第1節　児童健全育成の課題と放課後児童クラブ改革の視点

1　児童健全育成、子育て支援分野における支援理念の不明確さ

児童健全育成分野は、政策の優先度の低い分野である。その理由のひとつに、「健全育成」の理念の不明確さがある。第1章で見たとおり、昭和30年代後半に目的概念としての「健全育成」が明確化されたが、それ以降、この分野の理念について十分な検討がなされてこなかった。

著者らはこれまでに、子ども家庭福祉行政の各分野における全国の自治体の先駆的取組調査を3年にわたって行っているが、健全育成分野においては、「その理念や概念の不明確さが確認され、それゆえ限られた財源の優先度から外れるためか、先駆的取組はあまり見られなかった」(1)ことが確認されている。具体的に

は、ヒアリングにおいて、子どもをどのような存在と見るかについて自治体（担当者）間の揺れを感じることが多かったことが挙げられる。すなわち、「子どもの能動的権利、主体性の尊重とそれを保障する子どもの参加の保障」と、「子どもの社会性、規範意識の醸成」に代表される教育的・道徳的視点の強調との間の揺れである。これらがいわばどっちつかずになりやすく、そのため、制度的進展が阻まれる結果となっていることが想定された。

ちなみに、こうした児童健全育成分野に対する理念、視点の不明確さは、子育て支援分野においても見ることができた。実際、尾木ら[2]の研究においても、在宅子育て家庭一時預かりパイロット事業実施自治体担当者に対するヒアリングの結果からは、「子育て」の社会的支援について明らかな両価感情[3]をくみ取ることができた。それらはとりもなおさず、「児童健全育成」「子育て」という営みに対して社会がどの程度関わりを持つべきかということに対して合意が得られていないことを示している。子どもの規範意識の醸成をうたう一方で、子どもの参加をうたう健全育成施策も、そのことを示している。こうした両価感情についてしっかりと議論し、児童健全育成、子育て支援についての考え方について、社会的合意を積み重ねていくことが必要とされる。

こうした事情もあり、児童健全育成施策については、指定管理者制度の導入や放課後子ども教室と放課後

＊1　柏女霊峰ほか「子ども家庭福祉行政機関の機構改革と運営に関する研究（2）――保育・子育て支援、児童健全育成分野を中心に」『日本子ども家庭総合研究所紀要』第44集、二〇〇八年、37-64頁。
＊2　尾木まりほか「一時預かりのあり方に関する調査研究」『厚生労働科学研究費補助金政策科学総合研究事業（政策科学推進研究事業）報告書』二〇〇八年。
＊3　子育て支援を幅広く展開すべきとの意識と、そのことが子育ての第一義的責任を負う親の子育てを損なってしまうのではないかという意識との両価感情。

児童クラブとの統合など、主として財政面における効率化の視点からの取り組みが目立っている。これが児童健全育成改革を阻んでいる大きな要因であり、理念の克服が必要とされる。これについては、最終章において提言することとする。

児童健全育成の三大改革テーマは、教育分野を除けば、①子どもたちの豊かな放課後生活保障と、②子どもの遊びと生活を通した生きる力の育成、③青少年政策の充実、の3点であると考えられる。③についてはまだ漠然とした取り組みの段階であり、本章では、前二者について言及することとしたい。

2　放課後児童クラブと放課後生活保障

障害児を含むすべての子どもたちの豊かな放課後生活の保障は、児童健全育成の大きなテーマである。放課後生活保障に関しては、親の育児と就労支援の視点から放課後児童クラブに注目が集まっており、子ども・子育て新システムにおいても、改革の主要なテーマとされ議論が進んでいる。実際、放課後児童クラブは課題山積であり、抜本的な改革が必要とされている。

(1) 放課後児童クラブの課題

以下は、著者が関わっている自治体の放課後児童クラブの一場面である。

夏休みの夕方、100人定員のところに70人の子どもたちがすし詰め状態であり、指導員はマイクを使って子ども集団に話をしているが、大声を上げる子どもたちもおり、子どもたちに聞こえている様子はない。一室の約5メートル四方のスペースで、子どもたちは紙で作った球で野球をしているが、子どもたちが力いっぱい打つと球が大きく飛んでいくこととなる。すると指導員に「加減しなさい」と叱られる。野球をしているすぐ側のマットの上で、具合の悪い子どもが横になっている。場合によって、踏み潰されそうな危険もある。指導員も声が嗄《か》れている。夕方で70人くらいの子どもたちがいる。子どもたちは、朝から夜まで夏休みはいなければならない。指導員によると、朝は7時過ぎには子どもたちが来て、7時半過ぎにクラブが開くのを入り口のところで待っているということであった。

このように、放課後児童クラブの運営は厳しい。子ども家庭福祉政策を通覧した場合、この学童期、特に前半部分が政策のエアポケットになっていると感じられる。その一例が、保護者から見た、いわゆる小1の壁[4]、子どもから見た小1プロブレム[5]として表れている。就学前の子どもたちは遊びと生活を通して発達保障が行われるが、小学校に入ったとたん、教科教育を通して発達の保障を行っていくこととなる。極端にいえば、いわば遊びと生活が切り取られてしまい、子ども自身が就学前の保育の場から学校生活にスムーズに移っていくことができない、これが小1プロブレムといわれる現象である。親から見た小1の壁の問題と子どもから見た小1プロブレム、この二つの問題の克服が必要とされている。

放課後児童クラブの課題は山積している。具体的には、「設置箇所数の不足」、「大規模化」、地域の安心・安全が損なわれつつある現状にあって、「活動時間・内容の課題としての行動・自由の制限」を行っていか

＊4　仕事と子育てを両立している親が、保育所時代には延長保育等の整備により両立できていたものが、小学校入学と同時に放課後児童クラブの整備が不十分で仕事を辞めざるを得ないことをいう。政策の切れ目の解消が求められている。

＊5　小学校に入学したての1年生が、授業中に私語が絶えなかったり、立ち歩きなどで授業が正常に成り立たない状態をいう。学級集団が形成される前の状態であり、生活と遊びを中心とする幼児期の教育とのギャップを指摘する声もある。

なければならないこと、「実施場所、事業主体の多様化」、「施設設備の課題として一部屋しかない、静養室のないクラブ」、さらには、「貧弱な職員体制と待遇」、「利用児童の多様化への対応、特に障害児童や家庭養育基盤の脆弱な児童の増加」、「学校（教育）との連携不足」、「保護者との協力関係の希薄化」などが指摘されている。狭隘《きょうあい》なクラブでの事故も指摘されている。

(2) 放課後児童クラブの課題への対応策

こうした状況を受け、放課後児童クラブに関しては、定員70人以上のクラブの分割化(6)、放課後児童クラブガイドラインの策定(7)等の改革が行われているが、財源不足やクラブ開始の歴史的経過もあり、十分な効果をあげているとは言いがたい状況である。ガイドラインは、歴史的経過から全国で多様な運営形態があり、一律の最低基準で縛ることが困難な状況にあることから、望ましい方向に誘導するための基準として策定された。なにより需要の多さと設置個所数の不足が、この問題の解決を遅らせているのである。

また、2007（平成19）年度からのいわゆる「放課後子どもプラン」構想(8)が、制度の着実な進展を阻害した感も否めない。放課後児童クラブと放課後子ども教室は目的と機能を異にする活動であり、強力な連携は必要としても、それを一体化することはそもそも困難であった。そこに「一体化」が突然政府から打ち

＊6　政府は大規模クラブの解消を図るため、2010（平成22）年度から71人以上のクラブに対する助成を削減しており、これに伴い、2009（平成21）から2010年度にかけて、児童数71人以上のクラブが全体に占める割合は、11・6％から6・1％に減少している。

＊7　厚生労働省が2007（平成19）年10月に発出した局長通知である。放課後児童クラブにおける集団の規模をおおむね40人程度までとすることを規定し、また、開所日・開所時間、施設・設備、職員体制、活動、安全・衛生管理等について規定している。

＊8　原則としてすべての小学校区で、放課後等の子どもたちの安全で健やかな活動場所の確保を図るため、文部科学省が実施する「放課後子ども教室事業」と、厚生労働省が実施する「放課後児童健全育成事業」とを、一体的あるいは連携して実施する構想である。

出されたため、混乱を来したというのが率直なところであろう。

著者は、こども未来財団からみずほ情報総研が助成を受けて行った実証研究(9)の委員を務めたが、その結果によると、「放課後児童クラブと全児童対策・放課後子ども教室との一体的実施」を行っている自治体はごくわずかであり、現行の放課後児童クラブと放課後子ども教室は目的・機能が異なるため、一体的実施は困難という認識と一致する結果となっている。つまり、放課後子ども教室をもって放課後児童クラブのニーズに応えるのは困難だということである。なお、放課後子ども教室の活動を放課後毎日18時頃まで実施し、また長期休業中も開設するといった強化を行うことで、放課後児童クラブを包含する独自の「全児童対策事業」をとる自治体もあるが、その場合には、放課後児童クラブ利用児童に対する配慮が必要となる。

放課後子ども教室事業には活動日や時間など明確な定めはなく、地域の実情によって柔軟に対応すべきものとされている。これに対し、放課後児童クラブはまさに生活の場であり、毎日一定時間の開設が必須であり、かつ、たとえば夏期休業期間中も開設していることが必須とされる。また、特定の指導員が、一人ひとりの子どもの生活の実情についてきめ細かく配慮することが求められ、基本的に非常勤職員やボランティアが対応する放課後子ども教室とは性格を異にしている。こうした両事業の特性に配慮した連携が必要とされているのである。

(3) 放課後児童クラブの充実のために

放課後児童クラブにおける運営の充実を考える際、まず第一に、欠くことのできない「保障すべきいくつ

＊9 片岡玲子・柏女霊峰ほか「放課後児童健全育成事業（放課後児童クラブ）に係る実証的調査研究報告書」『平成21年度児童関連サービス調査研究等事業報告書』二〇一〇年。

かの原理」を確認することが必要とされる。①切れ目のない支援、続いて、さまざまな養育基盤の弱い子どもたちがいるので、②親子の絆の形成と紡ぎ直しをしていく専門職の関わりが必要であろう。さらに、③多様な人との関わりの保障が必要と考えられる。

第二に、学齢期の子どもの豊かな放課後生活を保障するために、子どもの社会生活の現状に対する正しい理解、小学校低学年期の子どもの発達特性に関する正しい理解が必要と考えられる。この時期は、興味、関心が外に向かう比較的安定した時期と考えられているがために、政策的にエアポケットになりがちである。しかし、この時期の発達課題をしっかりと達成することが、その後の前思春期、思春期の壁を乗り越える財産となるのであり、この時期の関わりの重要性をしっかりと認識しておくことが必要とされる。また、低学年から高学年にかけて大人の意味・比重が変化していくという発達の特性にも、留意が必要とされる。

指導者は子どもに最初は深く関わり、徐々に距離をとる関わりが必要になってくる。また、この時期には遊び込むことが必要であり、その保障が求められる。親との垂直的な絆をもとにして、友人との水平的な関係を通して社会性を学ぶ時期でもあり、友人関係に対する支援が必要である。なお、安全の視点からいえば、好奇心や興味が安全意識に勝ってしまうために配慮が必要ということ、また、子どもの時間感覚の未発達が思わぬ事故を招いてしまうことなどにも配慮が必要とされる。

一方、保護者の視点から考えたときに「小1の壁の克服」が大きな課題となる。保護者の就労状況の多様化が進み、家庭の養育基盤・機能が弱体化する傾向がある。生活保護の受給割合なども増えてきている傾向がある。加えて、地域のつながりの希薄化等が進行し、地域の安心・安全が阻害されている現状にある。こうしたなかで、保育所から小学校入学とともに「仕事と子育ての両立」問題が深刻化するという小1の壁の問題に直面すると、いわばライフラインが崩壊してしまったと同じ混乱を生み出すこととなる。

このような放課後児童クラブの充実のためには、以下の三つの視点に立った方策が必要とされる。まずは、「量的・質的整備」である。政府が２０１０（平成22）年1月に策定した子ども・子育てビジョンにおいても整備目標が定められているが、これでもなお不十分であろう。現に、２００８（平成20）年2月の新待機児童ゼロ作戦においては小学校低学年児童の60％に保障するとしており、現在の約2倍の整備が必要な計算になる。これだけ整備していくためには、子ども・子育て新システム基本制度案要綱においても指摘されているように、必要な財源の確保と指定制度等の導入による多様な主体の参入による整備が必要とされるのではないだろうか。

またその際、放課後児童クラブの整備には、以下の三つの視点も必要とされる。すなわち、子どもの育ちの保障の資源、保護者の子育て支援の資源、地域再生の資源の、三つの視点である。特に「保護者の子育て支援の資源」においては、前述したように養育基盤の不安定な子どもたちが一定割合存在するということを考慮すると、ソーシャルワーク的な視点が特に大事になってくるであろう。

第二に、障害児童の放課後生活を豊かにしていくという視点も欠かせない。２０１０（平成22）年12月に制定・公布された障害者自立支援法・児童福祉法改正では、障害児の豊かな放課後生活を保障するための放課後等デイサービスが法定化された。放課後児童クラブにおける障害児加算の充実とともに、放課後等デイサービスの充実も大きな課題といえるであろう。さらに、放課後等デイサービスのみによるのではなく、日中一時支援事業の活用なども含め、障害児の放課後生活保障のための多様なニーズに応える幅広いシステムとしておくことが必要とされる。

第三に、学校教育との有機的連携の保障が求められる。学校にはさまざまな豊かな設備があり、スクールソーシャルワーカーやスクールカウンセラー、養護教諭などのさまざまな専門職が配置されているし、保健室もある。学校との緊密な連携の確保は、放課後児童クラブの最大の課題といっても過言ではない。

3　子ども・子育て新システムと放課後児童クラブ改革

子ども・子育て新システムにおいては、放課後児童クラブの充実も大きな検討課題とされている。基本制度WTが2011（平成23）年7月末に取りまとめた「中間とりまとめ」等によれば、今後の放課後児童クラブの在り方に関し、以下のような提案となっている。その方向性を簡潔にまとめると、こども園（仮称）給付がいわゆる大改革であるのに対して、放課後児童クラブの改革は大きなものではない。それは、以下のとおりである。

まず、事業の位置づけについては、前述したとおりその運営形態やサービス提供方法等が多様であることにより、市町村が地域の実情に応じてサービスを提供できるよう、市町村事業として実施とされている。これは現行どおりということである。続いて基準の設定については、現行の放課後児童クラブガイドラインよりは踏み込んでいるものの、やはり地域の実情に応じた事業実施を可能とする観点が重視され、放課後児童クラブの質を確保するために最低限必要な内容については、国が一律の基準を示し、それを満たす形で市町村が設備、人員配置、事業内容等に関する基準を定めること、また、地域の実情に応じて柔軟に実施する必要がある事項については、国が基準を示し、市町村がそれを勘案し、地域の実情に応じて基準を定め、質の確保を担保することとしている。放課後児童クラブ成り立ちの歴史的経緯やそれゆえの多様さにかんがみると、おそらくそれが現実的な対応と考えられるであろう。

また、利用手続きについては、利用者は、現行どおり、地域の実情に応じて市町村または事業者に申し込むとしており、現状追認の方向である。そのうえで利用状況を随時把握し、かつ、利用についてのあっせん調整を行うことも提案している。さらに計画的な基盤整備に関しては、市町村が地域のニーズを的確に把握し、市町村新システム事業計画（仮称）において需要の見込み、見込み量の確保のための方策を記載することにより、計画的に提供体制の整備を図るとしている。これも、現行の次世代育成支援後期行動計画の考え方と同様である。つまり、計画的整備という観点を踏襲している。なお、放課後子ども教室との関係については、放課後子どもプラン立ち上げ時よりトーンダウンしており、将来的には両事業を一体的に実施していくことを目指しつつ、当面はそれぞれの質・量の充実を図ることが急務としている。現実が理解されてきた証左であろう。ただ、両事業の連携は子どもにとって有意義であり、それは進めるべきであるとも述べられている。賛成である。

この提案は現実的な対案であり、大きな反対はないものと考えられる。ただし、こども園（仮称）給付の利用方法、つまり個人給付や指定制の導入とは異なる仕組みであり、このままでは量的拡大は財源のいかんによるが、質的充実は大きくは望めないのではないかと案じられる。

第2節　児童館改革と児童健全育成施策の今後の課題

1　児童館の課題

(1) 児童館に指摘されている課題

児童健全育成を論ずる際にはまず、その中心となる児童館の在り方を論じなければならない。２００９

（平成21）年10月現在、児童館は全国に４３６０館設置されており、近年は減少傾向にある。前節で述べた児童健全育成施策の優先度の低さが、今後この傾向に拍車をかけることが予想される。

児童館はさまざまな課題を抱えており、たとえば以下のような課題がある。まずは、設置箇所数の地域差が大きいということである。さらに、指定管理者制度の導入等、事業主体の多様化が進展してきていること、施設設備の老朽化、職員体制の不十分さ、障害児童、家庭基盤の脆弱な児童の利用など、利用児童の多様化、学校（教育）との連携が不十分であること、地域の安心・安全の問題が出るなかで活動内容も制限されがちなこと、などが挙げられる。

また、鈴木ら[10]による「これからの児童館のあり方に関する調査研究」においても、以下の課題が指摘されている。

●乳幼児とその保護者を対象にした活動 ↓ いまだ浸透していない。
●小学生を対象にした活動 ↓ 放課後子どもプランのなかで児童館活動が十分評価されていない。
●中高生を対象にした活動 ↓ 職員のスキルアップが課題。
●地域コミュニティの中での位置づけ ↓ 児童館の目的の限界と児童館職員の配置と専門性。
●児童館職員に求められる能力と児童館運営 ↓ 悪しき成果主義、館長に求められる職務内容や資質についての規定がない。
●児童館運営委員会の問題 ↓ 設置の普及と活性化が最大の課題。

＊10　鈴木一光ほか『これからの児童館のあり方についての調査研究』平成20年度児童関連サービス調査研究等事業報告書、こども未来財団、二〇〇八年。

(2) 本質的課題

これら多様な課題が指摘されているが、本質的な課題を挙げると、以下のことがいえるのではないかと思われる。第一に、「子育ち・子育ての変化に十分対応できる運営となっていないこと」が挙げられる。そのことは、第二の課題である「児童厚生員の専門性が時代のニーズに追いついていない」こととも関連している。児童厚生員は子どもの遊びの支援についての専門性を中心としているが、現代ではそのことともに、子どもが生活する基本的な場である家庭や地域を視野に入れ、それらを含めて支援の対象としていくソーシャルワーカー、コミュニティワーカーとしての専門性が強く求められるようになってきており、そこに児童厚生員の専門性が追いついていないと考えられるのである。それはとりもなおさず、「児童館の在り方、方向性が政策的に確認されていない」ことを意味している。

その結果、対症療法的な政策が次々と打ち出されることとなり、「放課後子どもプランなどの新規施策に埋もれ、独自性を提起できていない」との指摘を生み出すこととなる。その遠因には、すでに述べたとおり、「健全育成の理念が不明確で共通理解が得られておらず、結果として政策の優先順位が低くなっている」ことが横たわっているのである。

2 児童館ガイドライン

こうした事態に対し、厚生労働省はこれまでの研究の成果を踏まえて児童館ガイドライン検討会(11)を設置し、2011(平成23)年3月末、雇用均等・児童家庭局長通知「児童館ガイドラインについて」を発出した。

児童館ガイドライン検討会は、児童館ガイドラインが緊急に必要とされる背景について、以下のとおり述べている。

　近年、児童の健全育成の中核をなすべき児童館活動の低下が危惧されており、地域における児童の健全育成を図る観点から、児童館の機能や役割について理解・確認し、地域の児童福祉の拠点である児童館機能を再興する必要がある。

「児童館ガイドライン」を作成し、地域における児童館の具体的展望を示すことは、今後の児童健全育成施策の活性化を促す上で重要な意義があると考えられる。喫緊に必要な主な理由としては、以下のような事項がある。

○地域の児童館が、本来の機能・役割を十分に発揮していないことや自治体の財政の緊迫化等から、廃止や転用といった動きがある。

○児童館の運営の民営化が進むなか、様々な団体等の運営により、充実した活動プログラムの実施や施設の有効活用など、従前より児童館の有用性という観点から向上している部分もある一方で、児童福祉施設としての児童館のあり方や本来機能・役割の発揮という観点から、児童館運営の改善が求められているという課題もある。

○子どもの遊びの状況は、体験活動や集団での遊びの機会が減少し、子どもが本来、遊びを通して培

＊11　児童館ガイドライン検討会報告書は、２０１１（平成23）年２月に設置され、３回の議論を経て取りまとめられた。内容としては、児童館ガイドラインと児童健全育成上の諸課題とが含まれている。著者は委員長を務めた。

ってきた自主性や社会性、創造性といったものが十分に得られていない。

また、児童館ガイドラインの内容は、報告書によると次のとおりである。

児童館の望ましい運営や活用が行われるように、ガイドラインに次のような事項・内容を明記した。

(1) 児童館運営の理念と目的

児童館の本来機能について理解できるよう、「児童福祉法総則」を引用し、ガイドラインの最初に理念として位置づけた。

(2) 児童館の機能・役割

子ども・子育て家庭への支援を児童館の機能・役割とした。

(3) 児童館の活動内容

子どもや保護者と接することも多く、児童虐待防止の観点から、児童館職員が関係機関と協力しながら継続的に支援していくことを明記した。

子どもの自発的活動を促進するねらいから、進んで子どもが意見を述べる場の確保に留意した。

(4) 児童館と家庭・学校・地域との連携

児童館において、子どもの健全育成、問題発生予防の観点から、積極的に家庭・学校・地域と連携しながら子どもへ援助していくことが必要であることを明記した。

(5) 児童館の職員

児童館には、館長が必要であり、利用者からの苦情や要望への対応をするなど、主な仕事を具体的に明記した。

（6）児童館の運営

児童館の職員として「児童の遊びを指導する者」を2名以上配置するほか、児童館は地域において児童福祉事業全般との調整が求められることから、「社会福祉士」の資格を有する者の配置も考慮することが必要であることを明記した。

内容面における本ガイドラインの特徴としては、①児童館運営の理念を明確化したこと。特に、子どもの遊びと生活の保障の観点から、家庭や地域の実情把握と支援に対する理念を明確化したこと、②児童館の標準仕様を定めたこと、③子育て支援を明確に位置づけたこと、④子ども虐待防止など家庭環境の脆弱な児童や家庭に対するソーシャルワーク的活動の重要性を明記したこと、⑤そのため、社会福祉士を配置する必要性を明記したこと、⑥活動に対する子どもの参加を促したこと、などが挙げられる。児童館活動の中心を、従来の遊びの支援から、遊びと生活の支援、特に、家庭や地域における子どもの生活支援にシフトさせたことが大きな意義を持つといえるであろう。

3　これからの児童館

（1）児童館固有の機能の復権を

これからの児童館を考えていく際は、親、子ども、地域という三つを対象として支援していくことを念頭に置く必要がある。親、子ども、地域の間の関係は、子どもの18歳までの発達過程に応じて変わってくる。

子どもが小さいときは、親と子どもの関係が大事である。これが学童期になると、子どもと子どもとの関係が大事になり、さらに地域との関係も大事になってくる。児童館にはこうした親と子どもと地域の間の諸関係をターゲットにし、そのなかでより良い生活ができるようにそれら三つの間に介在して、総合的にかかわっていく機能を求める必要がある。

現在の児童館は、子ども同士の関係に介在しているだけのところが多い。その大切さを否定するつもりはないが、これからはさらに、親とその子どもの関係、親同士の関係、親と他の家の子との関係、親子と地域との関係にも介在し、それらすべてを活性化していくことが児童館の担う支援となる。児童厚生員には、子ども同士の関係だけを見ているのではなく、親子の関係や親同士の関係におけるケアワークとしての媒介と、親子と地域との関係において地域組織化を図るソーシャルワーク（コミュニティワーク）としての媒介の、二つの役割が求められる。

親とその子どもの関係における介在については、どちらかというと乳幼児の子育て支援ということに終始しがちである。しかし、子育て支援は、学童期にも思春期にも必要である。思春期では、子が親から離れていくという関係、あるいは子が親に反発するという関係もある。そうした関係に児童厚生員がどう介在するかも大事である。

児童館と地域との関わりがなければ単なる子どもの囲い込みとなってしまい、それは健全育成とはいえない。子どもだけ、母子だけを囲い込む姿勢は、地域との繋がりを絶つことにつながる。したがって、地域との関わりがない児童館は、児童館とはいえない。ただ、このように児童館を機能論で説明すると、こうした媒介機能があれば児童館という「やかた」は要らないという議論にもなってしまう。機能だけを求めるのであれば、放課後子ども教室でよいということになる。

児童館に、媒介が必要な対象者（親子や地域住民）と、媒介を担う専門職と、対象者が集う場としての施設の三つを担保するためには、「生活」という概念が必要である。そこに子どもの「生活」がある、家に帰れない子どもや帰っても面白くない子どもの「居場所」であるとすれば、そこは屋根があって生活することができる場所でなければならないことになる。

これまで述べてきたように、児童健全育成という理念はわかりにくく、自治体によってどうにでも解釈できる面がある。ある所では子どもの参加や権利を保障していくことと考え、別の所では権利には義務が伴う、自由には責任が伴うということを強調する。こうした揺らぎは、健全育成の理念がはっきりしていないことによる大きな課題である。前述したとおり、健全育成の概念は昭和30年代後半に作られたもので、それを今の時代に合わせてリニューアルしていくことが必要である。人と人との繋がりがたくさんあった時代の健全育成と、人と人との繋がりが絶たれて孤立している時代の健全育成は、違うものとなろう。したがって、児童館のターゲットは親と子どもと地域であることをはっきりさせ、それらの間でどのような関係ができ上がることが必要なのかを決めることが大事である。

(2) 児童館の展望——まとめ

児童館は戦後の混乱期、「遊びを通して子どもたちの生活を保障し、成長を支え、児童文化を育てる」という理念の下に生れたが、時代の変遷のなかで積極的評価を得られず、遊びの場を保障する放課後子どもプランなどの政策が生まれている。しかし、児童館が「遊びの場を保障する」とともに、「遊びを通して子どもを育成する」「生活を保障する」総合的な子育ち・子育て支援の視点を持つことにより、これまで以上の役割を発揮できると考えられる。

児童館には「館」があり、「専門職員」がいて、「地域配置が充実」しており、さらに、「18歳未満のすべての子どもを対象」としている特性を積極的に評価し、生かしていくことが必要とされる。そのためには、児童館職員が、「親・大人の子育て力」「地域社会の子育て力」を高める役割を担いうる力量が必要とされる。これからの児童館は、「地域全体を視野に入れながら子どもの生活を保障する拠点」として機能することが必要であり、そのような制度的位置づけが必要とされるであろう。

第3節　児童健全育成改革の今後の方向

1　児童健全育成上の諸課題

児童健全育成施策は、今後の子ども家庭福祉の主要政策課題として据えられなければならない。児童館ガイドライン検討会では、近未来の検討課題について、主たる政策的課題を以下のようにまとめている。

(1) 児童厚生施設には、小型児童館・児童センターのほかに、大型児童館や児童遊園がある。それらの機能・役割についても整理し、現状と併せて検討する必要がある。

(2) 児童福祉法第40条の規定を、小中学校区など、地域の子どもと子育て環境全体を視野に入れた規定に再構成するべきである。なお、児童遊園の規定については、プレイパークや冒険遊び場なども施策に取り込んだ規定に見直す必要がある。

(3) 家庭に居場所を見出せない中高生などの年長児童や、夜間長い時間を一人で過ごさざるを得ない子どもに対する生活支援を、要保護児童対策地域協議会のなかに組み入れるとともに、そのことに対応する新たな仕組みを検討する必要がある。また、児童館が要保護児童対策地域協議会の一員となって支援することや、ストリートエデュケーターやユースワーカー等といった専門家・ボランティアの整備等も考える必要がある。

（4）子どもの健全育成に関わる全国組織の交流と緩やかな組織化を図り、国と協働して社会や企業等に対する発信機能を高めていく方策を検討する必要がある。

また、以下は、著者が児童館ガイドライン検討会に対して提出した、児童健全育成上の諸課題である。主なものを列挙したい。

（1）児童福祉法の理念規定のなかに、児童の生存、発達、および自立に関する固有の権利を積極的に保障する趣旨の条項を設けること。第2項として、子どもの遊ぶ権利を規定すること。

（2）（1）の権利を保障する児童福祉施設としての児童厚生施設について規定する、児童福祉法第40条の規定をリニューアルすること。児童遊園の規定を見直し、プレイパークや冒険遊び場なども施策に取り込んだ規定にし、助成の道を開くこと。

（3）児童福祉施設最低基準の児童厚生施設部分について、児童館ガイドラインの趣旨を生かした修正を行うこと。また、実施要綱の見直しも進める必要がある。

（4）児童厚生員の資格に社会福祉士を明確に位置づけるとともに、児童厚生員の専門性について家庭基盤の脆弱な児童に対応できるソーシャルワークの専門性を強化すること。

(5) 児童館には、親と子、地域社会の三者の媒介を担う機能が不可欠である。親と子、子と子、親子と地域社会、それぞれの媒介を担うことによってつながりを再生する専門職(児童厚生員)がいる、「居場所」(館)としての児童館が必要とされる。家に帰れない、家に帰っても居場所のない子どもたちの生活を支援する機能があってこその「館」であり、それがなければ遊びの支援という「機能」があればいいこととなる。適正配置も議論すべきである。児童館が「館」であることの意味を再確認すべきである。これからの児童館は、「小中学校区域などの地域の子ども・子育ての環境全体を視野に入れ、そのエリア内の子どもの育ちや子育てを支援するセンターとしての役割」を模索すべきである。とくに家に居場所のない子どもを視野に入れる必要があり、そのためには、児童厚生員はコーディネーターの資質を持つことが強く期待される。

(6) 親が夜8時過ぎに帰ってくる家の子どもたち、すなわち一人暮らし児童の実態把握と生活支援のための仕組みを整備すべきである。児童館が要対協の一員となって支援することも一案。

(7) 中高生に関しては、プチ家出や出会い系サイトなどによる交流など、特に家庭に居場所のない子どもたちに対する支援が必要である。そのためには、ストリートエデュケーターやユースワーカーといった新たな仕組みや専門家、ボランティアの整備なども考える必要がある。

(8) 放課後児童クラブ、児童館、放課後子ども教室を新システムにしっかりと位置づける。

(9) 地域における子ども育成活動は、児童厚生施設等の公的施設・機関、社会福祉協議会、児童委員、主任児童委員等の公的ボランティア、地域子ども会や母親クラブ等の地域組織、住民主体型地域自主活動、企業、ボランティア、NPO等により展開されている。具体的活動としては、子どもの遊び場、遊びの機会の確保、キャンプ、世代間交流活動、地域の安全点検・交通安全巡回等の事故防止活動、有害環境浄化、非行防止等の活動が展開されている。特に近年では、放課後等における子どもの安全確保も大きな課題となっている。これらの団体や活動の相互交流も必要ではないか。

(10) 児童健全育成推進財団、児童育成協会、こども未来財団などが中心となり、こうした全国組織の交流と緩やかな組織化を進め、国と協働して社会や企業等に対する発信機能を高めていくことが必要ではないか。

(11) 以上の事項など、児童育成サービスに関する理念、制度、方法を一体として検討する場が政府に必要と考える。

2　子どもの生きる力の育成と児童健全育成施策

(1) 子どもの実情と発達的視点の重要性

最後に、子どもの生きる力の育成という政策目標と、そのための児童健全育成施策の在り方について論じておきたい。著者は、２０１０（平成22）年度、厚生統計協会の委託研究により、小学校高学年（小学校５、６年生）児童の生活実態に関する調査研究に参加することができた。報告書[12]によれば、都市部や郡部で生活の実態に違いはあるとしても、多くの小学高学年生はその生活のなかで幸せを感じ、また、比較的高い自己肯定感を抱きつつ生活していると考えられた。また、親が思っているよりも子どもは、親に対して良

＊12　尾木まり・斉藤進・柏女霊峰ほか「小学高学年の生活実態及び意識と将来への期待についての調査研究――21世紀出生児縦断調査における保護者・児童本人調査票の導入に資するための研究」財団法人厚生統計協会調査研究委託事業報告書、二〇〇一年、１‐１４２頁。

い関係を抱いているということがいえる。子どもは子どもで、さまざまな生活環境の影響を受けながらも、たくましく生きているという実態が浮かび上がってきているのではないかと思う。

また、幸福感、自己肯定感と、親や友達を含む他者との関わりの多寡には深い関係がある、すなわち、遊び場所、遊び相手が多い子、友達と遊ぶ子どものほうが幸福感・自己肯定感が高めであるということなどが示唆され、子どもの社会関係や人間関係を豊かにする空間、地域づくりも必要とされるなど、子どもの育成のための視点も提示できた。

なお、児童健全育成施策の検討にあたっては、発達的視点に配慮することが必要とされる。たとえば、自己肯定感や幸福感を尋ねる項目においては、男子においては5年と6年の項目に高低差のばらつきがあるのに対して、女子の場合はすべての項目において「6年女子」が「5年女子」より低くなっていた。さらに、「自分は健康だ」「自分にはよいところがある」「自分は最後まで頑張れる」「自分は正直である」「自分は運動に自信がある」「自分は友達に人気がある」「自分はやさしい」「自分は勉強に自信がある」「自分は思いやりがある」という項目で、「とてもそう思う」と回答した割合は、6年女子が最も低くなっていた。それぞれ標本が異なるため確実なことはいえないが、これらの結果は、6年女子がすでに、自己が他者にどのように映っているかが大きな関心事となる思春期に入りつつあることを示唆していると考えることも可能である。

(2) 子どもの生きる力の育成と児童健全育成施策

文科省は、教育目標のひとつに、子どもの生きる力の育成を挙げている。[13] 自己肯定感は生きる力を構成する重要な要素と考えられ、子どもたちの自己肯定感を高めていく支援も考えていくことが必要とされる。今後は、たとえば次世代育成支援後期行動計画の政策目標としても、たとえば「子どもの生きる力の育成」を掲げ、それを操作的に定義し、政策の進捗《しんちょく》度と生きる力の変化を実証的に関連づけるなどの研究も必要とされる。そのためには、「自己肯定感」は重要な構成概念であり、今後、それらの概念の明確化も必要とされる。こうした検討が、「健全育成」概念を超えて、子ども育成施策に新しい視点をもたらすことになると考えている。

3　子どもたちが地域で育つことを目指して

最後に、子どもたちが地域で育つこと、そして、そのための条件づくりの重要性を挙げておきたい。児童健全育成とは、子どもを安心・安全な場所に囲い込むことではない。その意味では放課後児童クラブ、放課後子ども教室も児童館も、その運営は地域に向かって開かれていなければならない。児童館ガイドラインにおいても児童館が地域の子どもの健全育成の機能を担う拠点となるべきことがうたわれているが、それらはまだまだ不十分と言わざるを得ない。プレイパークや冒険遊び場などの一部がそのような視点を入れた活動を展開しているが、これまた十分な合意が得られているとは言いがたい。

子どもたちは、地域で見守られつつ群れて遊ぶことによって育つことが期待されており、児童館や放課後

＊13　文部省の中央教育審議会答申（平成８年）の中で使用された用語であり、教育改革のスローガンとしての意味も持っている。「自分で課題を見つけ、自ら学び、自ら考え、主体的に判断し、行動し、よりよく問題を解決する資質や能力」「自らを律しつつ、他人とともに協調し、他人を思いやる心や感動する心などの豊かな人間性」「たくましく生きるための健康や体力」などの資質や能力を、これからの社会における「生きる力」と称している。

児童クラブ、プレイパーク等は、それらの中継地点や止まり木として機能することが必要とされているのである。こうした視点から、最近では、プレイワーク研究会が[14]「プレイワーク」（子どもが遊ぶことに関わる大人の在り方）の専門性構築の必要性と、プレイワーカーの養成を目指した研究、活動を進めている。同研究会が２０１１（平成23）年３月に取りまとめた『子どもの「遊ぶ」を支える大人の役割――プレイワーク研修テキスト』[15]によると、プレイワークのポイントとして、「子どもを心から迎える」「子どもの存在を丸ごと尊重する」「子どもの主体性を尊重する」「子どもから自由のための責任を奪わない」など11の役割・コンピテンシーを提示し、解説を行っている。子どもたちが地域で育つことを支援していくためには、子どもの遊び場、居場所の確保のみならず、子どもの遊びを支えるこうしたプレイワークや、地域全体を視野に入れて子どもの育ちを考えるコミュニティワークの専門性を有する人材の養成が欠かせないことであると考えなければならない。

＊14　２００７（平成19）年７月に発足した「子どもの遊びに関わる大人の役割研究会」（嶋村仁志代表）のメンバーを母体とし、プレイワークをキーワードに研究者、子どもの遊びの実務家等が集まった研究会である。２０１０（平成22）年、東京で立ち上げられた。

＊15　こども未来財団平成22年度児童関連サービス調査研究等事業『プレイワーカーの育成に関する研究』（主任研究者：武田信子）の一環として取りまとめられた冊子である。

第6章 社会的養護の幕開け
——あたりまえの生活を目指して

第1節 社会的養護の現状と課題

1 社会的養護とは

「すべての児童は、家庭で、正しい愛情と知識と技術をもって育てられ、家庭に恵まれない児童には、これにかわる環境が与えられる」とは、児童憲章の言葉である。また、児童福祉法第2条は、「国及び地方公共団体は、児童の保護者とともに、児童を心身ともに健やかに育成する責任を負う」と規定している。さらに、子どもの権利条約第20条も、「一時的若しくは恒久的にその家庭環境を奪われた児童又は児童自身の最善の利益にかんがみその家庭環境にとどまることが認められない児童は、国が与える特別の保護及び援助を受ける権利を有する」と規定している。

いうまでもなく、子どもは親の温かい愛情の下で、家庭生活を経験しつつ育っていくことが最も望ましいが、世の中には親のいない子どもたちや、たとえ親がいてもいろいろな事情、さらには不適切な養育、虐待等によって共に暮らしていくことのできない子どもたちが大勢いる。こうした家庭環境を奪われた子どもには、家庭に替わる養育環境、さらには、不適切な家庭環境の下で子どもたちが蒙《こうむ》った心身の痛手をケアしていく環境が用意されなければならない。このような目的のために社会が用意した養育環境の体系を、社会的養護と呼ぶ。

社会的養護の体系は国や文化によって大きく異なるが、わが国においては、里親など子どもを家庭的な環境のなかで養育する家庭的養護と、乳児院や児童養護施設などの児童福祉施設で養育されるいわゆる施設養護が、大きな2本柱となっている。施設養護は通常、大舎制、小舎制等と呼ばれる多様な運営形態がとられているが、基本的には集団生活、複数の職員による交代制勤務による生活が前提である。近年は、地域小規模児童養護施設やユニットケアが制度化され、なるべく地域のなかで、あるいは家庭的な環境で生活ができる運営形態も工夫されつつある。

これに対し、家庭的養護は、原則として、夫婦などと継続的関係を保つ個別的養護を前提としている。家庭的養護の代表的なものは里親制度である。２００９（平成21）年度からは、5、6人の子どもを家庭的な環境で養育する小規模住居型児童養育事業（ファミリーホーム）が、第2種社会福祉事業として法定化されている。さらに、民法上の制度としては、要保護児童に恒久的な家庭を用意する特別養子縁組制度があり、これも社会的養護体系のなかに含めることができる。わが国の社会的養護の現状は、図６－１に示すとおり、施設養護が中心となっている。

保護者のない児童、被虐待児など家庭環境上養護を必要とする児童などに対し、公的な責任として、社会的に養護を行う。対象児童は、約4万7千人。このうち、児童養護施設は約3万人。

里親	家庭における養育を里親に委託		登録里親数	委託里親数	委託児童数
			7,180人	2,837人	3,836人
	区分（里親は重複登録有り）	養育里親	5,823人	2,296人	3,028人
		専門里親	548人	133人	140人
		養子希望里親	1,451人	178人	159人
		親族里親	342人	341人	509人

ファミリーホーム	養育者の住居において家庭的養護を行う（定員5～6名）
ホーム数	49か所
委託児童数	219人

施設	乳児院	児童養護施設	情緒障害児短期治療施設	児童自立支援施設	母子生活支援施設	自立援助ホーム
対象児童	乳児（特に必要な場合は、幼児を含む）	保護者のない児童、虐待されている児童その他環境上養護を要する児童（特に必要な場合は、乳児を含む）	軽度の情緒障害を有する児童	不良行為をなし、又はなすおそれのある児童及び家庭環境その他の環境上の理由により生活指導等を要する児童	配偶者のない女子又はこれに準ずる事情にある女子及びその者の監護すべき児童	義務教育を終了した児童であって、児童養護施設等を退所した児童等
施設数	124か所	575か所	33か所	58か所	272か所	59か所
定員	3,794人	34,569人	1,539人	4,043人	5,430世帯	399人
現員	2,968人	30,594人	1,111人	1,545人	4,002世帯 児童5,897人	283人
職員総数	3,861人	14,892人	831人	1,894人	1,995人	256人

小規模グループケア	458カ所
地域小規模児童養護施設	190カ所

資料：福祉行政報告例（平成22年3月末現在）
※職員数は、社会福祉施設等調査報告（平成20年10月1日現在）
※児童自立支援施設は、国立2施設を含む（家庭福祉課調）
※自立援助ホームは、家庭福祉課調（施設数は平成22年3月末現在、その他は同年3月1日現在）
※小規模グループケア、地域小規模児童養護施設は家庭福祉課調（平成22年3月末現在）

図6-1 要保護児童の社会的養護の現状（厚生労働省社会的養護専門委員会説明資料, 2011）

2　社会的養護の成り立ちとその後の社会の推移

現行の社会的養護制度は、戦後、児童福祉法の施行とともに成立した。もともと子育ては、親族や地域社会の互助を前提として行われていた。戦後にできた児童福祉法はこの互助を前提とし、親族や地域の互助においては対応できない子どもや家庭があった場合に、その子どもを要保護児童と認定し、行政機関が職権でその子どもを保育所（市町村）や児童養護施設（都道府県）等の施設に入所させて福祉を図るという構造をとった。つまり、社会的養護は、「要保護児童の保護を、機関委任事務として国家責任のもとに市町村や都道府県を通して保障する」という基礎構造の下に成立したのである。社会的養護において、「子どもの最善の利益」を保障する「公的責任」が強調されるのは、こうした経緯による。

しかし、20世紀の特に後半、わが国の地域社会は、高度経済成長とともに親族や地域社会の互助は崩壊に向かい、その結果、法制定当初の前提そのものが崩れ、子育ては急速に閉塞的な状況を示すようになった。社会的養護分野も例外ではない。子どもの最善の利益を保障する公的責任を論拠にするだけでは社会的養護の下に置かれる子どもはますます増大し、根本的解決には至らない。新しい視点が必要とされる事態に立ち至っているのである。次世代育成支援施策の登場やその再構築に向けての検討が、そのことを物語っているといえる。

3　変わらない社会的養護

ところが、社会的養護は、戦後に成立した福祉のなかで唯一といってよいほど、現在に至るまでその基礎構造を変えていない。つまり、「都道府県を実施主体とする措置委託制度」が存続し、かつ、里親委託は1割であり、施設養護においても「大舎制養護」が過半数を占める状況となっているのである。

実は、「家庭的養護」の促進は、1954（昭和29）年に厚生省児童局が発刊した『養護施設運営要領(1)』においてすでに指摘されていた。しかしながら、財源が十分に投与されなかったことから、事態は進展しないまま現在に至っている。また里親委託も、昭和30年代前半には委託児童は1万人近くになったこともあったが、政府による強力な政策誘導がなかったこともあり、その後は社会環境や時代背景の変遷とともに減少していくこととなった。

さらに、高度経済成長期の人口の都市移動による児童人口の偏在化に社会的養護体制が対応できなかったため、施設定員の地域偏在も著しくなっている。この結果、児童人口に比べて施設定員の多いところ（特に郡部）では、施設入所が選択されて里親委託が少なくなり、反対に施設定員が少なくなったところ（特に都市部）では在宅支援が選択されがちとなり、また、里親委託割合が高いという傾向が生じている。いわば、里親養護が施設養護の調整弁のような役割を果たしているといえるのである。これでは、施設養護は温存さ

＊1　養護施設運営要領は、「児童にとって最もよき環境は家庭であり、家庭に恵まれない児童にはこれにかわる環境が与えられるという前提の下においては、小集団を主とする小舎制の方が、家庭的環境を与える点において寄宿舎制にまさる効果をもっていると思われる」（67頁）と述べ、「少数家族による人格的接触が、児童の性格の形成に及ぼす影響」を重視している。

れるばかりか、改革のインセンティヴ（意欲刺激）が働かない状況となってしまっているのである。このように、社会的養護は時代に即応した抜本的制度改正が行われないまま、ゆがみを残しつつ現在に至っているといってよい。(2)

4 社会的養護の課題

社会的養護については、これまでのところ少しずつ充実が図られているものの漸増主義的前進が続いており、都道府県中心、措置制度中心といった基本システムは法制定当時の体系をとどめている。社会的養護においては、子ども虐待の増加とともに特に都市部を中心にその供給不足が深刻となり、さらに、いまだ8割の児童がいわゆる施設における大舎生活を余儀なくされている。社会的養護の下にある子どもたちは約4・1万人であり、施設養護がその大半（9割）を占めている。

また、児童養護施設などで生活する子どもの数は、児童人口1万人あたりで換算すると都道府県間で最大6倍もの開きがあることが厚生労働省の資料でわかっている。(3)里親に委託される子どもでは、10倍もの格差が見られている。この結果、前述のとおり地域格差が目立っており、本来、児童相談所の客観的な基準によって決められるべき社会的養護サービスの利用が、供給者側の実情によって左右されてしまっている可能

＊2　むろん、著者は、施設養護の実践そのものを否定しているわけではない。現在でも、限られた条件のなかで献身的に子どもたちと向き合う職員や、家庭的な養育環境や実践を確保するために尽力している施設長を知っており、頭の下がる思いでいる。こうした献身的尽力が報われるシステムづくりや施設の役割の再検討・転換が、今まさに必要とされているのである。

＊3　厚生労働省「今後目指すべき児童の社会的養護体制に関する構想検討会」配布資料。２００４（平成16）年10月現在の全国社会福祉施設等調査ならびに、２００５（平成17）年3月現在の社会福祉行政業務報告による。

性が示唆されている。しかも、社会的養護システムは、現在のところ行政（児童相談所）による職権保護によってしか利用できないため、そもそも待機児童問題なども生じない仕組みとなっている。このことは供給者側の論理が優先される結果を招き、子どもをめぐる社会状況の変容にもかかわらず大きな制度改革が行われないという結果をもたらしている。

また、社会的養護の下にある子どもたちの状況は、近年、それぞれに愛着の問題やこころの傷を抱えている子どもたちが多くなっている。さらに、虐待等による心理的・情緒的・行動的問題を有する子どもたち、疾患や障害を有する子どもたちも多くなっている。これまでの不安定な生活のなかで生活の枠組みをつくれていない子どもも多く、ある程度規律のある生活を用意する必要のある子どももあろう。こうした子どもたちが適切な愛着関係に基づいて他者に対する基本的信頼を獲得し、安定した人格を形成していくことを保障するためには、家庭的養護の拡充のみならず、施設におけるケア単位の小規模化やケアの地域化、専門的ケアの充実など、多様な方向が求められてくることとなる。

こうした状況を受け、社会的養護の課題には、社会的養護の需要予測と整備計画の策定、家庭的養護の拡充、施設のケア単位の小規模化(4)、地域化により、社会的養護を地域に拓《ひら》いていくことが必要とされる。被虐待児童の心のケア、施設の専門機能強化、家族関係調整支援、自立支援、専門職制度の再構築も大きな課題である。児童相談所、施設職員の疲弊にも光を当てなければならない。さらに、社会的養護の実施主体が都道府県となっていることから、市町村の役割強化も大きな課題である。

なお、法務省、厚生労働省それぞれにおいて、親権の一時停止制度導入をはじめとする親権制度改正、児

＊4　小規模化、家庭的養護のデメリットを克服するためのシステム、たとえば専門的支援の検討なども、重要な課題である。

童福祉施設長と保護者の親権との関係調整に関する制度改正に向けての検討が行われ、その結果、民法等の一部を改正する法律が2011（平成23）年国会（常会）において成立したが、これらも積年の課題であった。

第2節　社会的養護の課題克服のために

1　社会的養護の再生に向けての一歩――2009（平成21）年改正児童福祉法の施行

こうした課題に対応する第一歩として、2007（平成19）年5月、「今後目指すべき児童の社会的養護体制に関する構想検討会『中間とりまとめ』」社会保障審議会児童部会社会的養護専門委員会報告書〈2007〈平成19〉年11月〉を受け、2008（平成20）年3月に、社会的養護の改善を進める児童福祉法等の一部を改正する法律案として国会に提出され、2009（平成21）年4月から施行された。この法律における社会的養護改正のポイントは、里親制度の拡充と、新たな社会的養護形態としての小規模住居型児童養育事業の創設、そして、施設におけるケアの小規模化の推進、施設内虐待への対応の4点である。

いずれも、家庭的な養護、あたりまえの生活を拡充しようという考え方が基本になっている。その理由は単純である。すなわち、それが子どもにとって最も自然だからである。つまり、家庭環境を奪われた子どもたちに対し、それに替わる養育環境として、最も家庭に近い環境を用意するということが自然だという考え方に立っている。また、虐待を受けた子どもたちの多くが愛着関係に障害を受けており、そうした子どもたちに対し、愛着関係を築きやすいケア、つまり小規模の、家庭的環境を提供することが大切だからという視点に立っているのである。

むろん、こうした家庭的環境、小規模ケアには、外の目が届きにくい、人間関係が煮詰まりやすい、治療的サービスを外部に求めなければならないなどの課題もあり、それを克服する方策として、施設や里親に対する監査やサポート体制を整備することも求めている。今回新たに制度化された被措置児童等虐待[5]の防止のための制度も、その一環と捉えられる。

また、小規模グループ養育に関し、里親でも施設でもない〝第三の場〟としての小規模住居型児童養育事業（ファミリーホーム）が制度化された。こうした小規模形態の社会的養護は、子どもの生活の質の向上に資するのみならず、地域に身近な市町村を単位として整備することもできる。その結果として、地域住民に社会的養護に関する深い理解をもたらす可能性があり、社会的養護を地域に拓《ひら》かれたものとすることができる。そして、そのことは、子どもの周りに多くの社会的親[6]を用意することにつながっていく。こうした小規模養護が地域レベルに普及することで、地域に密着した社会的養護が生まれ、かつ、地域住民の理解が広がっていくことが期待されるのである。

なお、本法に伴って改正された次世代育成支援対策推進法において、都道府県行動計画における対策の例示として、「保護を要する子どもの養育環境の整備」が追加されているが、これは、前述した検討会や専門委員会の報告書において、社会的養護の量の整備と質の向上に関する自治体の計画策定の必要性が盛り込ま

＊5　児童福祉法第33条の10により、被措置児童等虐待は、小規模住居型児童養育事業に従事する者、里親もしくはその同居人、児童養護施設等の社会的養護関係施設、障害児関係施設、指定医療機関、児童相談所一時保護所等の長や職員などによって行われる四種の虐待行為と定義されている。

＊6　網野は、社会的親を「実の親以外の人で恒常的、部分的、間歇的、一時的に子育てに関わる人をいう」と定義している。併せて、心理的親についても定義している。網野武博『児童福祉学』中央法規、二〇〇二年、169頁。

表 6-1　子ども・子育てビジョン　施策に関する数値目標（2010 年 1 月策定）

項目		現状（2008 年度） ＊もしくは最近のデータ	目標 （2014 年度）
里親の拡充	里親等委託率	10.40%	16%
	専門里親登録者数	495 世帯	800 世帯
	養育里親登録者数 （専門里親登録者数を除く）	5,805 世帯 *2009.10	8,000 世帯
小規模住居型児童養育事業（ファミリーホーム）		—	140 カ所
児童養護施設		567 カ所	610 カ所
小規模グループケア		446 カ所	800 カ所
地域小規模児童養護施設		171 カ所	300 カ所
児童自立生活援助事業（自立援助ホーム）		54 カ所	160 カ所
ショートステイ事業		613 カ所	870 カ所
児童家庭支援センター		71 カ所	120 カ所
情緒障害児短期治療施設		32 カ所	47 カ所

＊「社会的養護の充実」の項目を抜粋

れていることを受けたものである。

２　社会的養護の整備と今後必要とされる視点

社会的養護の改革は、その一歩を歩み始めた。表６－１は、少子化社会対策基本法第７条の規定に基づく「大綱」として定められた「子ども・子育てビジョン」に盛り込まれた社会的養護関係の２０１４（平成26）年度における数値目標（「子ども・子育てビジョン」別紙２）である。

けれども、まだまだその道は遠く、険しいものがある。また、はたしてこの数値目標でいいのかという視点もある。今後の対策の視点は大きく２点ある。

一つは、里親制度の拡充やファミリーホーム、地域小規模児童養護施設の拡大をはじめとするケアの小規模化を進め、社会的養護を地域に拓《ひら》いていくことである。そのためには、やはり社会的養護の財源・権限ともに都道府県ではなく市区町村を中心に再構築し、社会的養護を地域全体で支え考えるシステムにしていくことが必要である。公的責任とともに社会的責任という概念を、社会的養護に組み込んでいくことが必要である。

社会的養護の下にある子どもたちにとって必要なことは、子どもを家庭から切り離すことはあっても、そのことによって地域から切り離されることはできる限り避けるということである。子どもは、たとえ家庭から切り離されたとしても、それ以外の成人たち、すなわち地域に存在する社会的親によって見守られ、仲間とともに成長していく権利が保障されなければならない。それは、公的責任を図る国家責任を強調するのみでは決して達成されず、また、広域行政庁である都道府県の役割強化だけでも達成できない課題である。

もう一つは、社会的養護サービス提供を、供給者中心から利用者の視点を組み込んだものにしていくことである。そのためには、利用者の意見が供給体制に反映できる仕組みとする必要がある。2000（平成12）年の社会福祉基礎構造改革はこの点を中心に改革を進め、利用者と事業者とが直接に向き合う関係を基本とした制度改革を進めてきた。社会的養護分野にこうした視点を導入するにはさまざまな工夫が必要とされるが、今後、検討していかなければならない重要な課題である。

社会的養護は、社会や国民の応援、理解が得られないとやっていけない。そのためには、社会的養護、里親を社会に拓《ひら》き、地域住民や社会全体の理解を得ていく努力が必要とされる。里親が地域の社会資源を上手に活用すること、また、里親や小規模養護が地域の社会資源として子育ての課題に役立つこと、そのことが、里親や社会的養護に対する社会の理解を広げていくことにつながるのである。そして、それが、社会的養護にあたりまえの生活を保障する動きを創り出していくのである。いわゆる公的責任のみならず社会的責任を含めた、文字どおりの「社会的養護」が必要とされているのである。

3　社会的養護の当面の方向性

これらに対応し、厚生労働省[7]は、当面の社会的養護の充実について以下の四つの施策をとって対応するとしている。

この改革は関係者の間で、「改革の3段ロケット」と呼ばれている。できることは段階的に実施し、最終的には子ども・子育て新システムと同様、いわゆる政府における社会保障・税一体改革による財源の確保を念頭に、次々と打ち上げロケットを用意する改革である。

（1）第1弾ロケット――すぐにでもできる改革、児童福祉施設最低基準のかさ上げ等

まず、第一は、通知等で緊急に充実を図るべきことは実現するという施策である。これについては、2010（平成22）年末から翌年1月にかけてのいわゆるタイガーマスク運動[8]を受けて、急きょ、2011（平成23）年1月末に、厚生労働省に児童養護施設等の社会的養護の課題に関する検討委員会が設置され、社会的養護専門委員会と両輪で社会的養護の推進が図られることとなった。

＊7　厚生労働省が、2010－11年の間に、社会保障審議会児童部会社会的養護専門委員会、児童養護施設等の社会的養護の課題に関する検討委員会、子ども・子育て新システム検討会議作業グループ基本制度WTに提示した資料などを、取りまとめたものである。

＊8　2010（平成22）年12月25日、「伊達直人」を名乗る人から群馬県中央児童相談所へランドセル10個が送られたことを契機に、翌年1月にかけて、全国各地の児童養護施設等へ「伊達直人」からの寄付行為が相次いだ現象。これらの行為は、「伊達直人」が漫画「タイガーマスク」の主人公で、自らが育った施設へ素性を隠して寄付をする人物名と同じであることから、「タイガーマスク運動」と呼ばれるようになった。

第1弾ロケットであるすぐにでもできる改革は大きく二つである。その第一は、2011（平成23）年4月1日付をもって実施に移された。実施要綱の改正、通知の発出では、①小規模グループケアの推進、②地域小規模児童養護施設の推進、③児童家庭支援センターによる里親、ファミリーホーム支援、④自立援助ホーム、ファミリーホーム（立ち上がりの半年間）の定員払いの実現、⑤自立支援のための身元保証人確保対策事業の充実、⑥雇用均等・児童家庭局長通知「里親委託ガイドライン」などがある。併せて、局長通知である「里親制度の運営について」も大幅改正された。これらは、家庭的養護、自立支援の推進を目指している。

特に、里親委託ガイドラインは「里親委託優先の原則」を明確に打ち出し、すべての子どもが里親委託の対象となりうるとの立場を採用している画期的な通知である。

第二に、2011（平成23）年4月に成立した、地域の自主性及び自立性を高めるための改革の推進を図るための関係法律の整備に関する法律に基づく、児童福祉施設最低基準等の地方移譲への対応が挙げられる。これは、政府が閣議決定した「地方分権改革推進計画について」（2009〈平成21〉年12月15日閣議決定）において、義務づけ・枠づけの見直しと条例制定権の拡大の一環として、児童福祉施設最低基準等を地方移譲することとされていることを受けたものである。

施設の基準を条例に委任する場合における条例制定に関する国の基準の類型は、①従うべき基準[9]、②標準[10]、③参酌すべき基準[11]とされ、「従うべき基準」としては、職員の資格基準、職員配置基準、居室面積基準、

＊9　条例の内容を直接的に拘束する、必ず適合しなければならない基準であり、当該基準に従う範囲内で地域の実情に応じた内容を定める条例は許容されるものの、異なる内容を定めることは許されないもの。
＊10　法令の「標準」を通常よるべき基準としつつ、合理的な理由がある範囲内で、地域の実情に応じた「標準」と異なる内容を定めることが許容されるもの。
＊11　地方自治体が十分参酌した結果としてであれば、地域の実情に応じて、異なる内容を定めることが許容されるもの。

人権に関する運営基準、「標準」としては利用定員、「参酌すべき基準」としてはその他の設備・運営基準が想定されている。今後、地方自治体が最低基準を策定していくうえで、現行の基準を可能な限りかさ上げしておくことが、地方間格差を生み出さないために必要とされる。

そのため、国においては、現行基準にさらに上乗せ、修正できるもの(12)について取り急ぎ改正を行い、運営の理念等についても現状に沿う改正が行われている。これらは、次年度の施行を前に省令改正として2011（平成23）年6月に官報告示された。その概要は、以下のとおりである。地方自治体においても、国の参酌すべき基準を踏まえて、地域の実情に応じてどのような基準を作成するか、十分な検討が必要とされる。

■児童福祉施設最低基準等の一部を改正する省令の概要（厚生労働省、2011年）

本概要中の「最低基準」、「規則」、「婦人基準」、「指定基準」は、以下のそれぞれの省令の略称を指す。

・最低基準――児童福祉施設最低基準（昭和23年厚生労働省令第63号）
・規則――児童福祉法施行規則（昭和23年厚生労働省令第11号）
・婦人基準――婦人保護施設の設備及び運営に関する最低基準（平成14年厚生労働省令第49号）
・指定基準――児童福祉法に基づく指定知的障害児施設等の人員、設備及び運営に関する基準（平成18年厚生労働省令第178号）

＊12　たとえば、全国ほぼすべての施設で配置されている加算職員で最低基準上明記されていない職種、現実に合わない居室人員基準、面積基準などの改善、ならびにこれまで改善がなされてこなかったために現状の理念にそぐわなくなってきている施設の運営理念や、子どもの養育支援のあり方に関する修正、などが挙げられる。

Ⅰ　職員配置基準関係

1　加算職員の配置の義務化

①家庭支援専門相談員（最低基準：第21条、第22条、第42条、第75条、第80条）
※乳児院、児童養護施設、情緒障害児短期治療施設、児童自立支援施設で配置義務化。
※家庭支援専門員の要件は、社会福祉士、精神保健福祉士、施設従事経験5年以上、児童福祉司の任用資格のある者。
②個別対応職員（最低基準：第21条、第42条、第75条、第80条）
※乳児院（定員20人以下を除く）、児童養護施設、情緒障害児短期治療施設、児童自立支援施設で配置義務化。
③心理療法（指導）担当職員（対象者10人以上に心理療法〈指導〉を行う場合に配置）（最低基準：第21条、第27条、第42条、第49条、第61条、第69条、第80条、指定基準：第3条、第5条、第61条、第71条）
※乳児院、母子生活支援施設、児童養護施設、児童自立支援施設で配置義務化。
※知的障害児施設（第一種自閉症児施設を除く）、盲ろうあ児施設（難聴幼児通園施設を除く）、肢体不自由児療護施設については、対象者5人以上。
※心理療法（指導）担当職員の要件は、大学で心理学の課程を修めて卒業し心理療法の技術を有する者等。

2　現行の措置費等に含まれている直接職員で最低基準に明記されていないものを明記

①乳児院（最低基準：第21条）

・看護師・児童指導員・保育士（1歳児1・7：1、2歳児2：1、3歳以上児4：1〈現在は乳児1・7：1のみ規定〉）

・定員10人以上20人以下の施設に、保育士を1人加配

②母子生活支援施設（最低基準：第27条、第30条）

・母子支援員（母子指導員を改称）および少年指導員を、20世帯以上施設で各2人配置（現在は各1人のみ規定）

・保育所に準ずる設備がある場合に、保育士を30：1で配置（最低1人）

③児童養護施設（最低基準：第42条）

・定員45人以下の施設に、児童指導員または保育士を1人加配

・乳児を入所させる場合に、看護師を乳児1・7：1で配置

④知的障害児施設（第一種自閉症児施設を除く）（最低基準：第49条、指定基準：第3条、第5条）

・定員30人以下の施設に、児童指導員または保育士を1人加配

⑤盲ろうあ児施設（難聴幼児通園施設を除く）（最低基準：第61条、指定基準：第61条）

・定員35人以下の施設に、児童指導員または保育士を1人加配

※（1）①②は、経過措置として、平成23年度末までは置かないこともできる。

※このほか、児童指導員等の任用資格に社会福祉士・精神保健福祉士を追加する等の改正（最低基準：第43条ほか）。

Ⅱ　設備基準関係

①居室面積の下限の引上げ

・乳児院（最低基準：第19条、第20条）1人1・65㎡以上→2・47㎡以上

・母子生活支援施設（最低基準：第26条）1人概《おおむ》ね3・3㎡以上→1室30㎡以上

・児童養護施設、知的障害児施設（第一種自閉症児施設を除く）、盲ろうあ児施設（難聴幼児通園施設を除く）、情緒障害児短期治療施設、児童自立支援施設、自立援助ホーム、婦人保護施設（最低基準：第41条、第48条、第60条、第74条、第79条、規則：第36条の9、婦人基準：第10条、指定基準：第6条、第8条、第63条、第64条）1人3・3㎡以上→4・95㎡以上（児童養護施設、知的障害児施設、盲ろうあ児施設の乳幼児のみの居室は3・3㎡以上）

②居室定員の上限の引下げ

・児童養護施設、知的障害児施設（第一種自閉症児施設を除く）、盲ろうあ児施設（難聴幼児通園施設を除く）（最低基準：第41条、第48条、第60条、指定基準：第6条、第8条、第63条、第64条）15人以下→4人以下（乳幼児のみの居室は6人以下）

・情緒障害児短期治療施設（最低基準：第74条）5人以下→4人以下

・児童自立支援施設（最低基準：第79条）15人以下→4人以下

③相談室の設置の義務化（最低基準：第19条、第20条、第26条、第41条、第79条）

・乳児院、母子生活支援施設、児童養護施設、児童自立支援施設（情短施設は規定済）

※①②は、改正施行後に新設、増築または全面改築される居室に、③は改正施行後に新設または全面改築さ

れる施設に適用。

※このほか、小規模グループケアやグループホームの便所は、男女別の設置を要しないこととする改正（最低基準：第41条、第74条、第79条）

Ⅲ　各施設の運営理念等関係

①乳児院における養育（最低基準：第23条、第25条）

・「乳幼児の心身及び社会性の健全な発達を促進し」とする等、表現の見直し。

・家庭環境の調整、関係機関との連携について規定。

②母子生活支援施設における生活支援（最低基準：第29条）

・「生活指導」の規定を「生活支援」に変更するとともに、「母子を共に入所させる施設の特性を生かしつつ、親子関係の再構築等及び退所後の生活の安定が図られるよう」の字句を追加する等の見直し。

・「授産場」の規定（現行最低基準第30条）を削除（現在は、設置されていないため）。

③児童養護施設における養護（最低基準：第44条、第45条）

・「養護」全体についての規定を設け、「児童に対して安定した生活環境を整えるとともに、生活指導、学習指導、職業指導及び家庭環境の調整を行いつつ児童を養育することにより、児童の心身の健やかな成長とその自立を支援することを目的として行わなければならない」旨を規定。

・「生活指導」について、「将来自立した生活を営むために必要な知識及び経験を得ることができるように」を追加。

・「学習指導」の規定を追加し、「適性、能力等に応じた学習を行うことができるよう」支援する旨を規定。

・「職業指導」の規定を見直し、「適性、能力等に応じた職業選択を行うことができるよう」支援する旨を規定。

④知的障害児施設、盲ろうあ児施設、肢体不自由児施設における生活指導等（最低基準：第50条、第51条、第63条、第71条）

・「学習指導」の規定を追加し、「適性、能力等に応じた学習を行うことができるよう」支援する旨を規定。ただし、難聴幼児通園施設および肢体不自由児通園施設については、学習指導を行わないことができる。

・「職業指導」の規定を見直し、「適性、能力等に応じた職業選択を行うことができるよう」支援する旨を規定。

⑤情緒障害児短期治療施設における心理療法、生活指導、家庭環境の調整（最低基準：第76条）

・家庭環境の調整について、「保護者に児童の状態及び能力を説明」「親子関係の再構築等が図られるよう」等の表現の見直し。

Ⅳ　総則関係

①運営の一般原則（最低基準：第5条）

・人権と人格の尊重、地域との交流連携、保護者等への説明、自己評価等を規定。

②施設職員の一般要件の規定（最低基準：第7条、第7条の2）

・人間性と倫理観、自己研鑽の文言を追加。

③衛生管理の規定（最低基準：第10条）
・入浴回数1週2回以上という規定を、希望等を勘案しに改める。
④食事の規定（最低基準：第11条）
・食を営む力の育成（食育）の文言を追加。
・小規模グループケアやグループホームで調理する場合は、あらかじめ作成した献立に従う旨の規定を弾力化。

Ⅴ　その他

①親族里親の要件で「拘禁等の状態となつたこと」に、疾病による入院等の状態となったことも含まれることを明確化（規則：第1条の33）。
②児童相談所一時保護所について、改正後の児童養護施設に係る最低基準の規定を準用（規則：第35条）。
③家庭的保育事業について、改正後の最低基準第7条、第7条の2、第10条第2項、および第11条第5項の規定を準用（規則：第36条の38）。
④助産施設について、診療所においても指定を受けられるよう見直し（最低基準：第15条）。
⑤乳児院等の規定中の表記の整理（最低基準：第19条ほか）。
・「乳児又は幼児」→「乳幼児」
⑥母子生活支援施設の母子指導員の名称変更（最低基準：第27条）。
・「母子指導員」→「母子支援員」

（2）第2弾ロケット――2012年度予算事業、親権制度改正、運営ガイドラインの作成等

続いて第2弾ロケットは、２０１１年度中および来年度からの実施を目指すものである。後述する社会的養護の課題と将来像を踏まえ、次年度予算事業として可能なものから順次実施していくものである。具体的には、各施設種別の職員配置基準の充実や大学進学費、就職支度費等の自立支援費用の増額などを実現したい。

また、２０１２（平成24）年度から施行される民法等の一部を改正する法律に対する対応も重要である。これについては、児童福祉施設長の責任が重くなることに伴い、社会的養護関係児童福祉施設長の資格の規程を創設したり、研修の義務づけを図ることが２０１１（平成23）年9月から実施された。さらに、里親・ファミリーホームや児童養護施設等の社会的養護関係施設それぞれの運営ガイドラインの作成も、２０１１（平成23）年度中に実施予定である。これらのガイドラインに基づき、社会的養護施設の説明責任と運営の透明性を図るため、第三者評価の受審の義務づけなども実施に移される。ガイドラインは、雇用均等・児童家庭局長通知として発出され、また、それぞれの解説書等も作成予定である。

さらに、東日本大震災における震災孤児対策の一環として、親族里親、養育里親の活用を図る改正も実施される。これは、震災孤児が祖父母、叔父叔母等の親族や近隣の人々によって養育されている事例が多く見られるため、扶養義務のある祖父母は親族里親にするとしても、原則として扶養義務のない叔父叔母については養育里親とし、里親手当を支給することを目指す改正である。むろん、震災孤児のみに適用する改正ではなく、養育里親そのものを増やすためにそれ以外の事例についても幅広く活用することとしている。これらが第2弾ロケットとして打ち上げられることとなっている。詳細は、平成23年9月1日付雇用均等・児童家庭局長通知

「児童福祉施設最低基準及び児童福祉法施行規則の一部を改正する省令等の施行について」を参照いただきたい。

（3）第3弾ロケット——子ども・子育て新システムと同時に実施されるもの

最後の第3弾ロケットでは、今後、社会保障・税一体改革により子育てに一定規模の財源が充当されることを想定し、子ども・子育て新システムの実現とともに、社会的養護の充実を図ることを目指すものである。後述する『社会的養護の課題と将来像（とりまとめ）』に記載される事項の実現を目指すものであり、社会的養護の質・量の拡充、職員配置基準の拡充や家庭的養護（里親等委託を社会的養護の3割以上にすること、施設の小規模化等）、自立支援の推進などが考えられている。

4　社会的養護の充実方向

社会的養護の当面の充実方向については、大きく以下の3点が提示できる。

（1）被虐待児や障害のある子どもの増加に対応した社会的養護の質・量の拡充。
（2）より家庭的な養育環境を実現するための、里親等委託の推進や施設の小規模化。
（3）社会的養護の児童の自立支援策の推進。

また、今後の社会的養護の論点として、厚生労働省[13]によれば、以下の点が提示されている。

（1）社会的養護の養育理念を改めて明確化し、関係者で共有し、社会全体での理解を高めていくことが必要。
（2）社会的養護の各施設種別・事業ごとの課題と将来像を描いていくことが必要。
（3）社会的養護の共通事項の課題への対応として、以下の点を進めてくことが必要。
●施設運営の質の向上、職員の専門性の向上、自立支援の充実、施設類型間のネットワーク（相互連携）、社会的養護の高度化の計画的な推進[14]。
（4）施設の人員配置の課題と将来像について、以下の点に関する検討が必要。
●直接養育にあたる職員の配置基準の引き上げ、新たな加算職員の配置。
（5）社会的養護の整備量のイメージについて、以下の点に関する検討が必要。
●社会的養護全体の量と里親等委託率、施設数についての検討。

これらはいわば、第4章で述べた子ども・子育て新システムに対応する社会的養護改革といえ、今後、社会保障・税一体改革の動向をにらみつつ、検討が進められていくこととなる。

なお、このなかでは、施設間格差の是正を目指し、かつ、施設運営の透明性、説明責任の確保のため、施設種別ごとの運営指針の作成が進められることとなっている。社会的養護の養育論は本書の主たるテーマで

＊13　厚生労働省が社会的養護専門委員会に対して２０１１（平成23）年4月8日に提出した説明資料（一部抜粋）。これは、事務局としての厚生労働省が、社会的養護の課題検討会や専門委員会による委員の意見をもとに取りまとめたものであり、今後の議論により、暫時修正されていくべきものである。
＊14　この点はまだ十分に論議されていないが、施設が機能の高度化を推進する計画を策定し、国と自治体が支援する手法としてイメージされている。

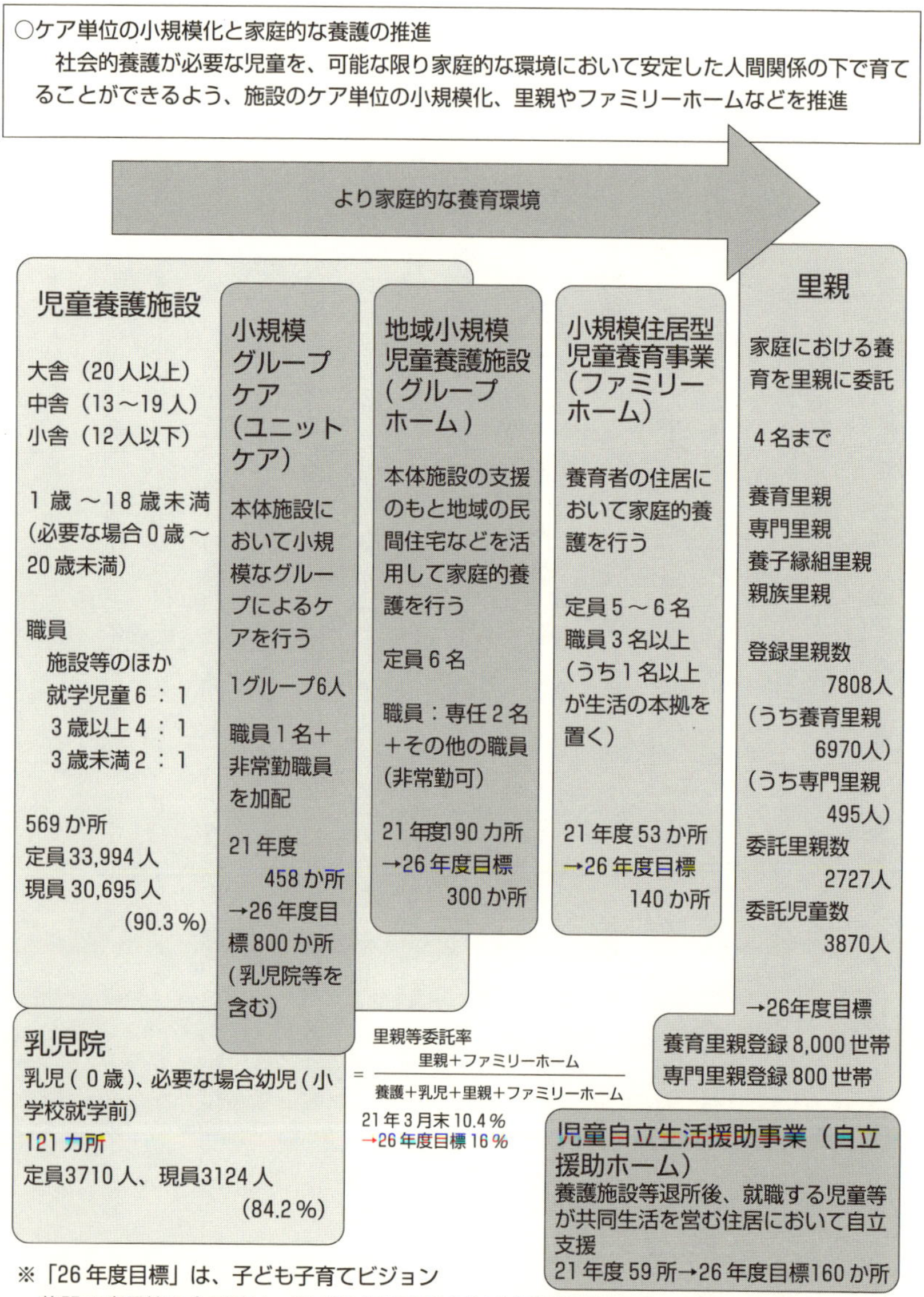

※「26年度目標」は、子ども子育てビジョン
施設の定員等の全国計は、平成20年10月1日社会福祉施設等調査。里親関係は平成21年3月末福祉行政報告例

図 6-2　施設の小規模化と家庭的養護の推進その①（厚生労働省，2010a）

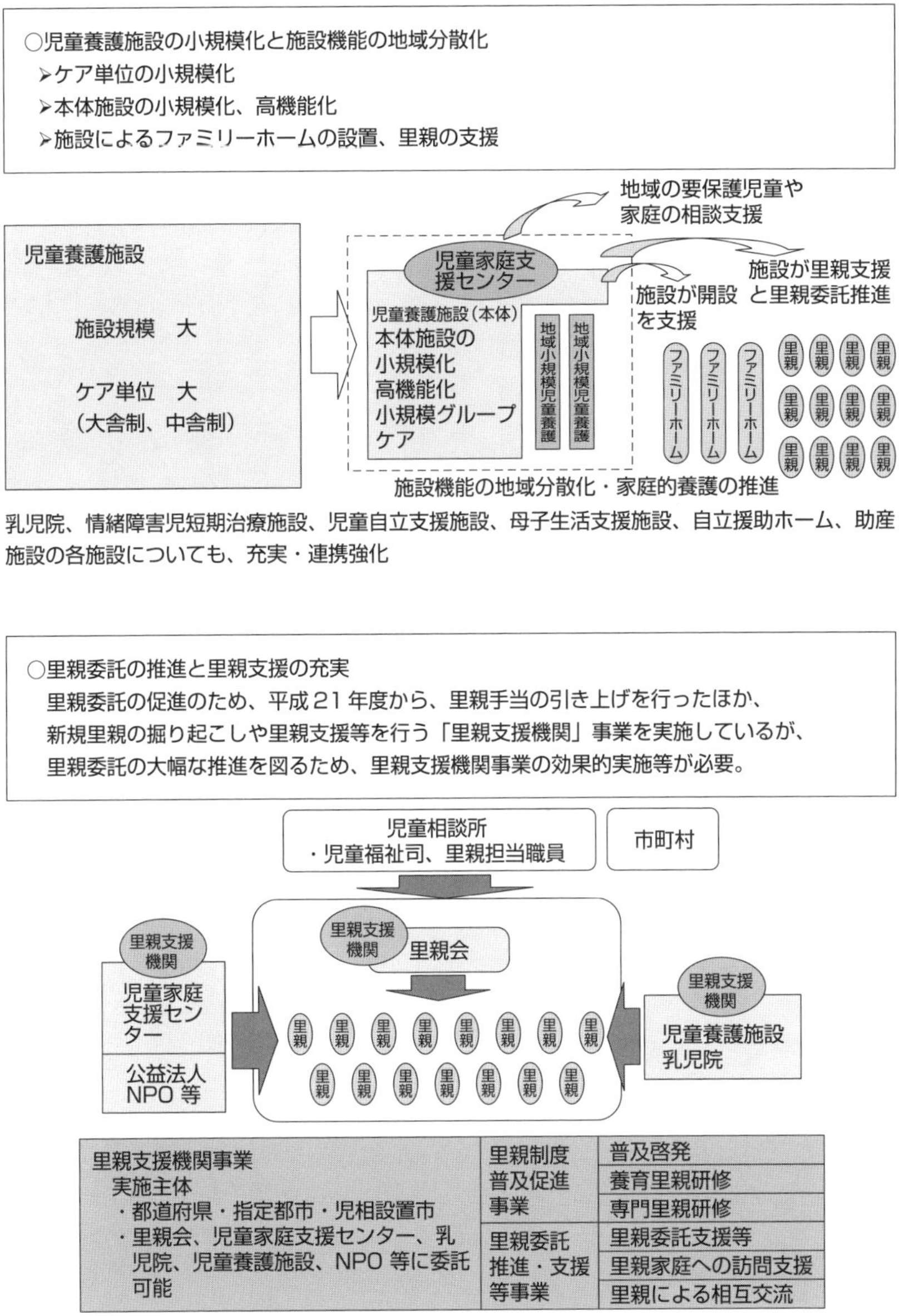
○児童養護施設の小規模化と施設機能の地域分散化
➢ケア単位の小規模化
➢本体施設の小規模化、高機能化
➢施設によるファミリーホームの設置、里親の支援
児童養護施設
施設規模　大
ケア単位　大
（大舎制、中舎制）
児童家庭支援センター
地域の要保護児童や家庭の相談支援
児童養護施設（本体）
本体施設の小規模化
高機能化
小規模グループケア
地域小規模児童養護
地域小規模児童養護
施設が開設を支援
施設が里親支援と里親委託推進
ファミリーホーム
ファミリーホーム
ファミリーホーム
里親
施設機能の地域分散化・家庭的養護の推進
乳児院、情緒障害児短期治療施設、児童自立支援施設、母子生活支援施設、自立援助ホーム、助産施設の各施設についても、充実・連携強化
○里親委託の推進と里親支援の充実
里親委託の促進のため、平成21年度から、里親手当の引き上げを行ったほか、
新規里親の掘り起こしや里親支援等を行う「里親支援機関」事業を実施しているが、
里親委託の大幅な推進を図るため、里親支援機関事業の効果的実施等が必要。
児童相談所
・児童福祉司、里親担当職員
市町村
里親支援機関
里親会
里親支援機関
児童家庭支援センター
公益法人
NPO等
里親支援機関
児童養護施設
乳児院
里親
里親支援機関事業
実施主体
・都道府県・指定都市・児相設置市
・里親会、児童家庭支援センター、乳児院、児童養護施設、NPO等に委託可能
里親制度普及促進事業
普及啓発
養育里親研修
専門里親研修
里親委託推進・支援等事業
里親委託支援等
里親家庭への訪問支援
里親による相互交流

図6-3　施設の小規模化と家庭的養護の推進その②（厚生労働省，2010a）

はないため割愛するが、現状は、根源的な養育論が不在のままに外国の各種技法の導入等が進み、いささか混乱しているといえる。小規模ケアの方法論も確立しているとはいえない。全国児童養護施設協議会が2008（平成20）年に取りまとめた『この子を受け止めて育むために[15]』は、根源的な養育論の確認を求める好書といえ、たとえば、第4章第5節において整理した保育所保育指針の養育論のうえにこうした養育論を重ね合わせて、社会的養護の養育論を早急に確立すべきである。なお、家庭的養護の拡充は今後の社会的養護改革の根幹といえ、それらに関する厚生労働省の資料を一部ここに転載しておくこととする（図6－2・図6－3）。

5　子ども・子育て新システムと社会的養護

続いて、第4章で詳述した子ども・子育て新システムと社会的養護との関係について言及しておきたい。これに関しては、2010（平成22）年12月、子ども・子育て新システム検討会議作業グループ基本制度ワーキングチーム第7回会合において議論が行われている。著者は、本会合に参考人として、子ども・子育て新システムと社会的養護、障害児福祉との関係について意見を求められた。

子ども・子育て新システムに社会的養護をどのように位置づけるかについては、周到な検討が必要とされる。厚生労働省が同日の基本制度ワーキングチームに提出した資料は、図6－4のとおりである。その方向性は、社会的養護は新システムとは別の仕組みとするが緊密な連携が必要であり、したがって、今後、設置、

＊15　全国児童養護施設協議会『この子を受け止めて育むために』二〇〇八年。

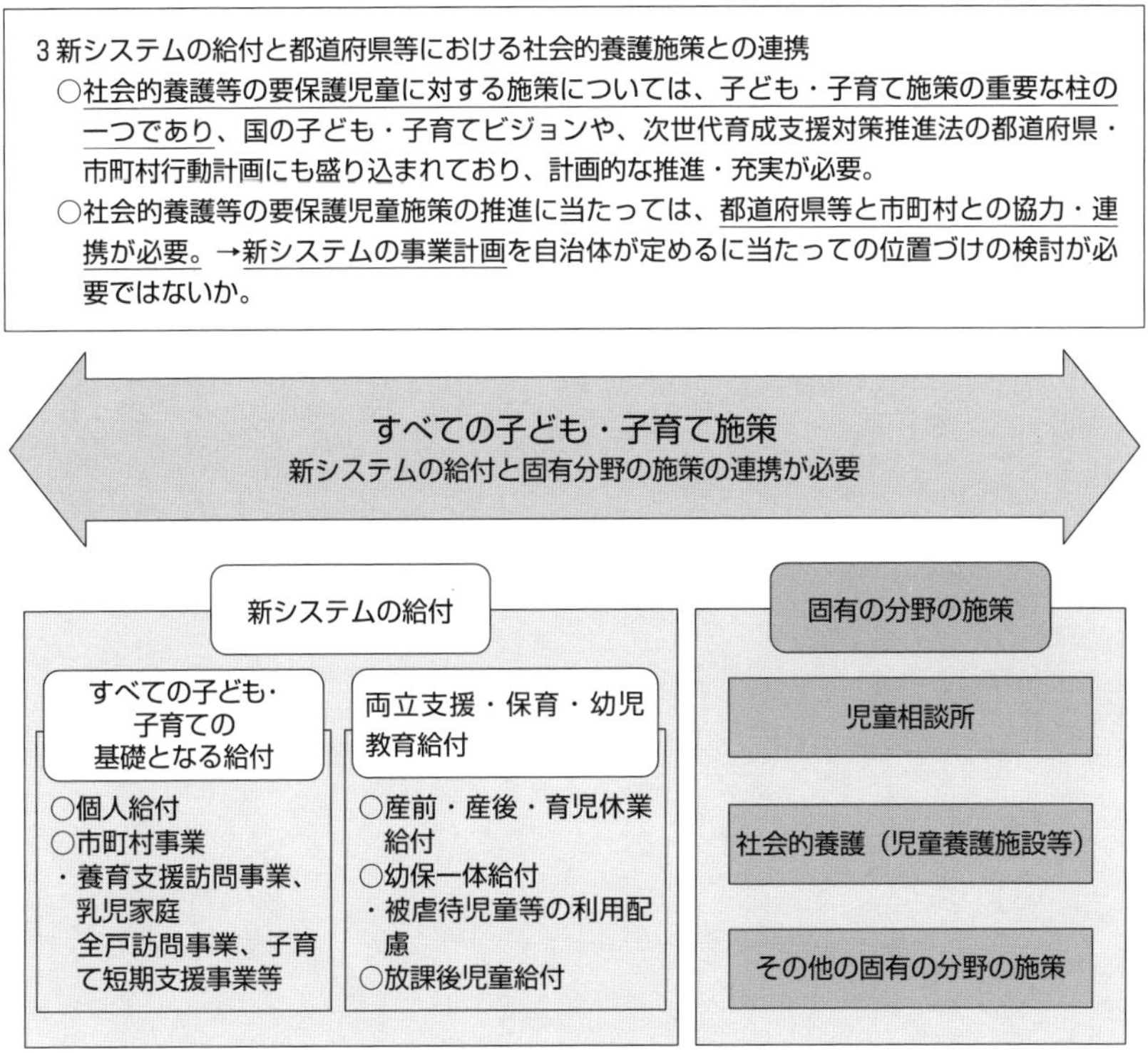
3 新システムの給付と都道府県等における社会的養護施策との連携
○社会的養護等の要保護児童に対する施策については、子ども・子育て施策の重要な柱の一つであり、国の子ども・子育てビジョンや、次世代育成支援対策推進法の都道府県・市町村行動計画にも盛り込まれており、計画的な推進・充実が必要。
○社会的養護等の要保護児童施策の推進に当たっては、都道府県等と市町村との協力・連携が必要。→新システムの事業計画を自治体が定めるに当たっての位置づけの検討が必要ではないか。
すべての子ども・子育て施策
新システムの給付と固有分野の施策の連携が必要
新システムの給付
すべての子ども・子育ての基礎となる給付
○個人給付
○市町村事業
・養育支援訪問事業、乳児家庭全戸訪問事業、子育て短期支援事業等
両立支援・保育・幼児教育給付
○産前・産後・育児休業給付
○幼保一体給付
・被虐待児童等の利用配慮
○放課後児童給付
固有の分野の施策
児童相談所
社会的養護（児童養護施設等）
その他の固有の分野の施策

図 6-4　新システムにおける社会的養護の位置づけ（厚生労働省, 2010b）

策定が検討される子ども・子育て新システムに関する都道府県、市町村の子ども・子育て会議（仮称）や、そこが作成する新システム事業計画（仮称）に位置づけられるべきであるというものである。つまり、公的責任により実施されるべき社会的養護については、新システムとは別個の体系により実施されるべきであるとの見解である。

　これを踏まえ、新システムに関する中間とりまとめは、ほぼこの視点で取りまとめられている。そのポイントは、以下のとおりである。

（1）新システムの給付・事業は、社会的養護施策の

要保護児童、障害児等も含め、地域の子ども・子育て家庭を対象とする。したがって、要保護児童、障害児等も含め、地域の子ども・子育てにかかる需要の見込みおよび見込量の確保策を、市町村新システム事業計画（仮称）に明記する。都道府県等は、現在実施している、社会的養護、障害等のニーズに対応する専門性が高い施策を引き続き担い、市町村が行う新システムの給付・事業との連携を確保する。なお、市町村（新システムの実施主体）、都道府県等（措置制度等の実施主体）との関係については、今後、さらに検討する。

（2）　都道府県等が行う児童相談所を中心とした体制、措置制度等は、市町村事業と密接に連携しつつ、引き続き専門性・広域性を生かして都道府県が担うことが適当であり、現行制度を維持する。障害児に対する支援については、障害者全般についての改革推進にかかる議論の状況等を踏まえ検討することが必要。

なお、こども園（仮称）給付等での取り組みについては、第4章でふれたとおり、応諾義務の法定化、特別な支援が必要な子どもの利用支援、措置による利用などが実施される。

この見解は、一見、当を得ていると考えられるが、一方では、子どもとその家庭の総合的支援に支障を生じかねないリスクを持つといえる。つまり、総合施設（仮称）や在宅サービスの整備や利用については新システム財源で実施し、子どもが一時保護されるや新システムから別の社会的養護システムに移ることを意味する。現制度においては、その時点から市町村の財政負担はなくなり、国と都道府県が負担する仕組みとなる。そして、子どもが家庭復帰するやいなや、また、新システムに依存することとなるのである。

このシステムでは、新システムと社会的養護システムとの間に切れ目ができることとなり、また、両サー

○障害等のある児童の増加
社会的養護を必要とする児童においては、障害等のある児童が増加しており、児童養護施設においては23.4％が、障害有りとなっている。

児童養護施設における障害等のある児童数と種別

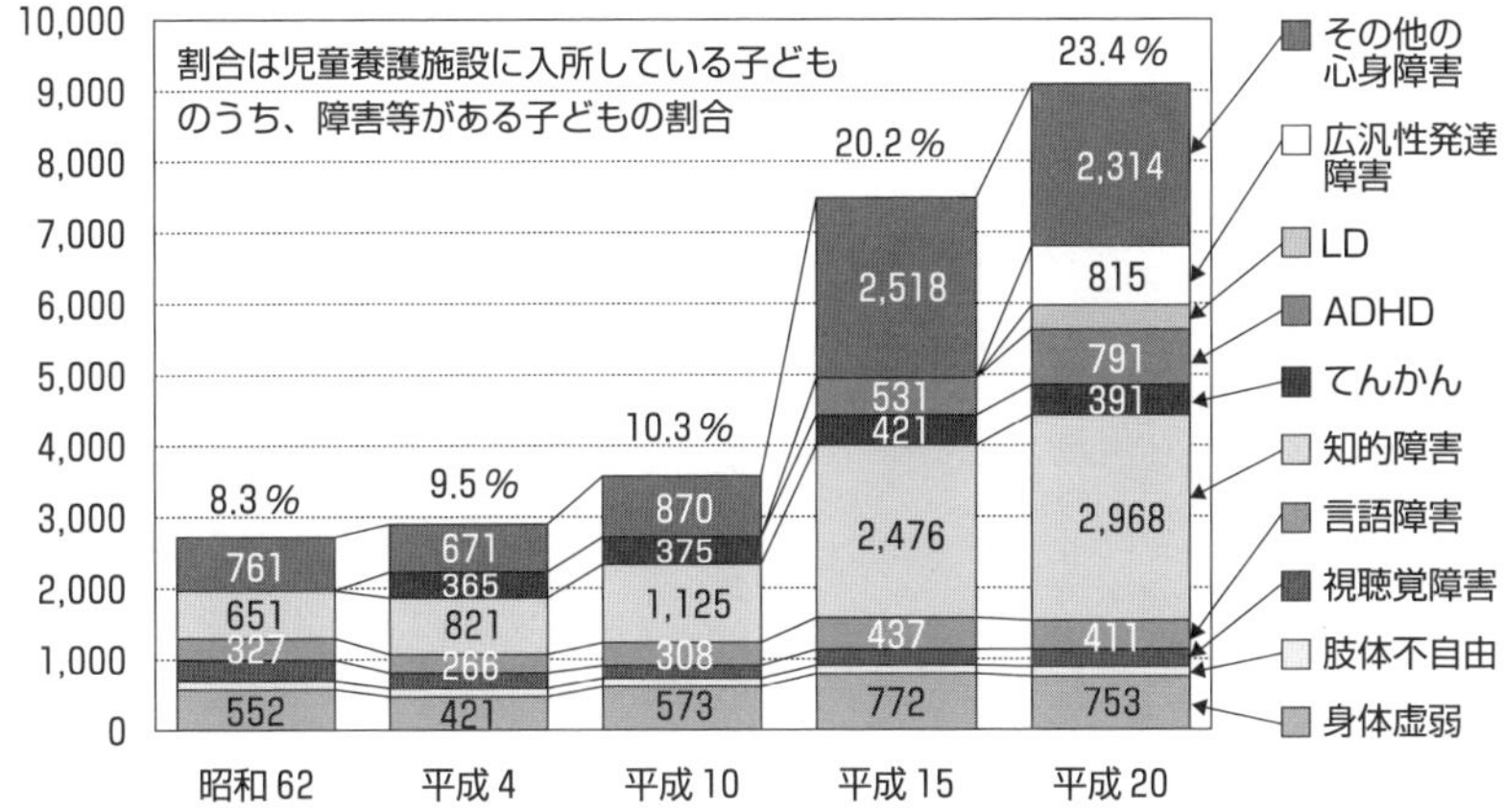

ADHD（注意欠陥多動性障害）については、平成15年より、広汎性発達障害およびLD（学習障害）については、平成20年より調査。それまではその他の心身障害へ含まれていた可能性がある。

図6-5　社会的養護と障害児（厚生労働省，2010b）

ビスがトレードオフの関係[16]になるため、両サービスの縮小均衡が生ずる可能性が高いといえる。この問題は現在の子ども家庭福祉・保育制度の大きな問題点であり、その解決のための視点については、最終章において提言したい。

6　障害児入所施設改革と社会的養護

現在、社会的養護の下にある子どもたちの一定割合が、障害を有している子どもたちとなっている。図6－5は、厚生労働省が、社会的養護専門委員会に提出した資料である。これによると、児童養護施設入所児童の場合、2割強が発達障害も含めた障害を有している子どもと考

＊16　序章の注（＊4）参照。

えられ、その数が年々増大していることがみてとれる。

その一方、障害児入所施設入所児童の一定割合は、虐待を受けた子どもであったり、家庭養育環境の脆《ぜい》弱《じゃく》な子どもたちであったりし、社会的養護の下にある子どもたちと同様な支援サービスを提供されるべき子どもたちである。特に、現在の知的障害児施設入所児童には、その割合が高くなっている。

このように、社会的養護関係施設と障害児関係施設とは互いに対象児童が重複しており、今後、地域生活支援やノーマライゼーションの観点からその在り方を検討することが必要とされている。すでに、後述するように、障害児福祉関係入所施設は一元化が図られることとなっており、社会的養護関係児童福祉施設との関係の在り方については、今後、しっかりと検討していかなければならない大きな課題といえる。

7　親権制度改正と児童福祉施設長のとるべき措置について

すでに述べたように、子ども虐待防止・保護に資するため、民法改正（親権の一時停止制度、未成年後見制度導入等の親権制度改正）と、児童福祉法改正（児童福祉施設長と保護者の親権との関係調整に関する制度改正）等を進める民法等の一部を改正する法律が、２０１１（平成23年）５月、国会において制定・公布された。施行は、２０１２（平成24）年４月である。

民法改正においては、主として以下の改正が行われることとなっている。

（1）　親権は子どもの福祉のための制度であることを明確化し、その範囲内で子どもを懲戒することができることを明記すること。

（2）2年を超えない範囲（更新が可能）で、親権を一時停止する審判を行う制度を導入すること。
（3）未成年後見に法人後見制度を導入し、後見人が複数の場合の権限行使の在り方について規定すること。

また、児童福祉法の一部改正の主たるものは、以下のとおりである。

（1）施設入所等の措置が取られている場合に施設長等が監護、教育、懲戒に関してとる措置に対して、親権者は不当に妨げてはならないことを明記すること。
（2）子どもの生命、身体の安全確保のために緊急の必要がある場合には、親権者の意に反しても必要な措置をとることができるよう規定すること。
（3）里親等委託中および一時保護中の親権者等がいない児童等に対して、児童相談所長が親権を行使することを規定すること。
（4）一時保護が2カ月を超える場合には、児童福祉審議会の意見を聴取するようにすること。

これらの改正は、深刻化する子ども虐待に効果的に対応するためのものであり、今後、社会的養護や子ども虐待防止にプラスの施策となることが期待される。いわば、子どもの最善の利益保障のために親子関係に対する公権力の介入強化を図る制度改正といえる。現在、その運用の在り方についてガイドラインの作成が進められている。その際、親権に対する配慮のための適正手続きは必要とされるものの、できる限り利用しやすい制度とすることが必要とされる。なお、前述したとおり、児童福祉施設長の役割、権限強化に伴い、施設長の資格の規定や研修の義務化もあわせて実施される。

第3節　社会的養護の近未来像

1　新しい取り組みへの期待

このほか、民間レベルによる先駆的な取り組みにも注目することが必要とされる。社会的養護は国家責任で行うとの視点が強く、また、基本的に国の義務的経費である措置費によって運営されているためもあり、自主的・先駆的取り組みが少ない分野である。[17] それでも、いくつかのモデル的事業や新規事業への意欲的取り組みも見られており、こうした先駆的取り組みに学んでいくことが必要とされる。

(1) 里親支援機関

２００９（平成21）年度から里親支援機関事業が国庫補助事業となり、これからの可能性が期待できる。宮島[18]は、民間事業による里親支援の今後について、行政との対等な協働、先駆的実践の評価、人材の育成などが必要としている。そのうえで、一定の機能を有する民間機関を家庭養護推進型児童家庭支援センターとして指定して補助を行うとともに、里親訪問を委託し、また、委託児童に対して児童福祉法第27条第１項

＊17　柏女霊峰ほか「子ども家庭福祉行政機関の機構改革と運営に関する研究（1）」『日本子ども家庭総合研究所紀要』第43集、二〇〇七年、43－75頁。
＊18　宮島清「Ⅲ　課題及び今後の展望」子ども活き活き里親養育活性化プロジェクトあっとほーむ『里親支援機関設立学習会「里親支援ソーシャルワーク実践セミナー」報告書』二〇一〇年、１９９－２０２頁。

第2に基づく児童家庭支援センター委託措置をとったうえで、指導委託費を事例ごとに支払う仕組みの創設を提言している。傾聴に値する提言であり、今後、実践のなかからこうした提言が行われ、行政と民間とのより良い協働関係が構築されていくことが、里親支援の活性化に必要とされる。

実際、2011（平成23）年度から、実施要綱の改正により、児童家庭支援センターの業務に里親支援業務が追加されており、こうしたことを契機として、さらに充実していくことに期待したい。

(2) 小規模住居型児童養育事業（ファミリーホーム）

厚生労働省の調査によると、ファミリーホームは2010（平成22）年10月現在、全国で104カ所運営されている。前述の「子ども・子育てビジョン」において2014（平成26）年度末の目標値として掲げられている140カ所に近づきそうな勢いであり、今後、大幅な整備目標の改善を図ることも必要とされる。

今後は、児童養護施設職員経験者が独立して開設したり、児童養護施設等を行う法人が開設するタイプの広がりも期待できる。そして、家庭的養護、すなわち、子どもたちのあたりまえの生活を追及することが求められる。また、自治体担当者にも、ファミリーホームが届出制とされていることにかんがみて、不必要な事業規制を行わず、むしろ里親と同様、書類整備等も含めた支援体制の整備に努めることが必要である。そのことにより、家庭環境を奪われた子どもたちにあたりまえの生活が広がっていくことを願うとともに、地域の人々に社会的養護に対する理解が広がっていくことを念じたい。

ただ、こうした動きも、施設定員の多いところでは抑制される可能性があり、里親とともに思い切った政策誘導が必要とされる。また、養育者研修の充実や孤立化防止、レスパイトサービスの充実などの支援体制の構築が早急に必要とされる。

（3）子どもの村福岡

同一敷地内のハウスに住む複数の里親が、専門家の支援を受けながら子どもの養育を行う「子どもの村福岡」（福岡市西区今津）が、世界的な非政府組織（NGO）「SOSキンダードルフ」（本部・オーストリア）の理念を受け継ぎ、2010（平成22）年4月に国内で初めて開設された。「子どもの村」は、家庭を失った子どもたちの心身を癒やし、実の親に代わる「新しい家族」で子育てをする世界的運動であり、現在、世界132カ国で展開されている。

子どもの村福岡は、SOSキンダードルフの理念を受けたNPO法人が運営する。村には民家5軒とセンター棟が整備され、各戸に育親（里親）と最大5人の子どもが暮らすことができる。センターには村長や保育士が常駐するほか、小児科医や臨床心理士ら専門家も通って里親の相談に応じるなどの支援を行う。つまり、里親養護と里親支援、治療的支援を一体的に提供することができる仕組みである。準備段階から企業や個人の幅広い支援があり、市民、行政、企業、専門家の協働によって活動が進められている点も大きな特徴である。

NPO法人子どもの村福岡の実践は、国や行政の責任とされがちな社会的養護の市民化、社会化を目指し、家庭的養護とその支援、さらには専門的ケアとを有機的に結び付けようとする一つの社会的実験と位置づけられる。その実践は、当面は国の制度[19]にも当てはめつつ地域社会や企業の理解の深まりとともに、国の制度を先導する先駆的役割を果たすことも期待される。

＊19　具体的には、里親制度、小規模住居型児童養育事業、里親支援機関事業、児童家庭支援センターなど、多様な国の制度に当てはめることが考えられる。子どもの村福岡のミッションを損なわない制度化が検討される必要がある。

（4）里親優先の原則

最後に、児童相談所の入所決定の基準として、「里親優先の原則」を確立することが必要である。さきに述べたとおり、厚生労働省が２０１１（平成23）年3月末に通知した里親委託ガイドラインには、里親委託優先の原則が明示されている。里親に委託されている子どもは、近年、増加している。しかし、それは里親ががんばったから、里親の啓発が進んだから、里親の理解が進んだからということでは必ずしもない。前述のように、児童養護施設など施設養護の満床化も大きく影響していると考えられる。

政府は、社会的養護の下にある子どものうち、里親委託の割合を16％にする計画を打ち出している。現在は10％であり、これを16％にすることは容易ではない。子どもの最善の利益の保障のため里親優先の原則を確認し、それをバックアップする官民協働のシステムの整備[20]が必要とされる。

2　社会的養護の近未来像

２０１１（平成23）年7月、児童養護施設等の社会的養護の課題に関する検討委員会と社会的養護専門委員会は、厚生労働省に対して『社会的養護の課題と将来像』と題する報告書を提出した。その概要は、以下のとおりである。

＊20　福岡市では子どもＮＰＯセンター福岡に里親支援を委託し、官民連携による実行委員会「ファミリーシップふくおか」方式で出前講座などを開催し、啓発活動を進めた。その結果、社会的養護に占める里親委託率は２００４年度の6・9％から２００7年度の15・6％へと大きな伸びを示した。この実践は、前述の子どもの村福岡の開村へと発展している。

■『社会的養護の課題と将来像』（厚労省説明資料『社会的養護の課題と将来像』（要点）２０１１年7月を著者抜粋）

【児童養護施設等の社会的養護の課題に関する検討委員会とりまとめ】

Ⅰ　基本的考え方

○社会的養護は、かつては、親がない、親に育てられない子どもへの施策であったが、現在は、虐待を受けて心に傷をもつ子ども、障害のある子ども、DV被害の母子への支援へと役割が変化し、その役割・機能の変化に、ハード・ソフトの変革が遅れている。

○子育て支援施策を充実させていくなかで、社会的養護の対象となる子どもにこそ特に支援の充実が必要。

○社会的養護とは、保護者のない児童や、保護者に監護させることが適当でない児童を、公的責任で社会的に養育し、保護するとともに、養育に大きな困難を抱える家庭への支援を行うことである。

○社会的養護の基本的方向は、①家庭的養護の推進、②専門的ケアの充実、③自立支援の充実、④家族支援、地域支援の充実。

○児童相談所を中心とした社会的養護は、市町村の児童家庭相談や子育て支援と一連につながるものであり、密接に連携して推進。

Ⅱ　社会的養護の施設等種別ごとの課題と将来像

1　児童養護施設

児童養護施設の7割が大舎制で、定員１００人を超える大規模施設もある。社会的養護が必要な子どもを、できる限り家庭的な環境で、安定した人間関係の下で育てることができるよう、家庭的養護を強力に推進。

①小規模化と施設機能の地域分散化による家庭的養護の推進
・ケア単位の小規模化 ↓ 将来は全施設を小規模グループケア化（オールユニット化）
・本体施設の小規模化 ↓ 定員45人以下に
・グループホームの推進、ファミリーホームの設置、里親の支援 ↓ 施設は地域の社会的養護の拠点に

②本体施設は、精神的不安定等が落ち着くまでの専門的ケアや、地域支援を行うセンター施設として、高機能化

③できる施設から順次進め、着実に推進
・今後の施設の新築・改築にあたっては、本体施設の小規模化、地域分散化を条件に。
・小規模グループケアの普及のためには、基本の人員配置の引上げ、宿直加算の全グループ化が必要。
・グループホームやファミリーホームは、住宅を賃借して行う場合も多く、賃借料の補助が必要。
・個々のグループの孤立と密室化を防ぐため、研修の充実と施設全体の組織的運営体制が重要。

2　乳児院

①専門的養育機能の充実
・被虐待児、慢性疾患児、障害児などが増加。個別対応職員や心理療法担当職員の全施設配置、経験豊富な看護職の確保が必要。

②養育単位の小規模化
・乳幼児期の集団養育や交代制による養育は、心の発達への負の影響が大きい。4～6人の小規模グループケアを推進。

③保護者支援機能、地域支援機能の充実

・子育てに不安や負担感をもつ保護者への支援が必要。不必要に施設入所の長期化とならぬよう、里親委託の推進が必要。

・里親支援担当職員を設置し、家庭支援専門相談員、個別対応職員などとのチームで、保護者支援、里親支援等を推進。

・ショートステイ等の子育て支援機能は、虐待予防にも役立つ重要な機能であり推進。

3　情緒障害児短期治療施設

①情短施設の設置推進――平成20年度32カ所が現在37カ所。平成26年度に47カ所目標。将来57カ所を目標。

②専門的機能の充実――かかわりの難しい児童や家庭が増えており、専門的能力の向上と人員配置の引上げが必要。

③短期入所機能――児童養護施設や里親で一時的に不適応を起こしている子どもを、短期間一時的に利用。

④通所機能の活用――児童養護施設に入所している児童が必要な場合に、通所利用を可能とする必要。

⑤外来機能の設置――入所前や退所後の支援、家族への支援のため、児童精神科の診療所を併設し、外来機能を充実。

⑥名称の見直し問題――情緒障害という言葉への子どもや保護者の気持ちを考慮し、変更を希望する意見もあり今後の検討課題。

4　児童自立支援施設

①専門的機能の充実――行動上の問題、特に非行問題を中心に対応。虐待を受けた児童が66%、発達障害・行為障害等が35%など特別なケアが必要な子どもが増加。手厚い人員配置、心理療法担当職員の複数配置

が必要。

・中卒・高校生に対応していない施設もあり、年長の対応の難しい児童の自立支援機能を充実。

②相談、通所、アフターケア機能――相談、通所、アフターケア機能などの自立支援機能の充実。

5　母子生活支援施設

①入所者支援の充実――かつては生活に困窮する母子に住む場所を提供する母子寮であったが、現在は、DV被害者や被虐待児童が半数以上を占める。施設の取り組みの差が大きく、住む場所の提供にとどまる施設も多い。すべての施設が支援を充実する必要。

②職員配置の充実――基本配置の引き上げ。個別対応職員の推進。保育士の保育所並み配置。処遇困難母子に応じた加算の複数配置。

③広域利用の確保――DV被害者は、加害夫から逃れるために遠隔地の施設を利用する場合が多い。円滑な広域利用を推進。

④子どもの学習支援の充実――児童養護施設にあるような入学時の支度費。学習ボランティアなどを含めた支援を充実。

⑤児童相談所・婦人相談所との連携――児童虐待の防止等の側面があることから、児童相談所や婦人相談所との連携も重要。

⑥公立施設の課題――公立施設での加算職員の配置推進。指定管理者制度による公設民営施設での長期的視野での取り組み。

6　里親委託の推進と里親支援機関

①里親委託率の引上げ

・日本の社会的養護は、施設が9割で里親は1割。欧米諸国と比べて、施設養護に偏っている。
・新潟県で32・5％など里親委託率が3割を超える県もある。最近5年間で福岡市が6・9％から20・9％へ増加。
・児童相談所への専任の里親担当職員の設置、里親支援機関の充実、体験発表会、市町村と連携した広報、NPOや市民活動を通じた口コミなど、さまざまな努力をしており、里親委託率を3割以上に引き上げる。
・本年4月に「里親委託ガイドライン」を策定。里親委託率を伸ばした自治体の取組事例の普及など、取り組みを推進。

②新生児里親、親族里親、週末里親等の活用
・望まない妊娠出産で保護者が養育できない場合は、「特別養子縁組を前提とした新生児の里親委託」が有用。
・親族里親を積極的に活用。なお、扶養義務のない親族には、養育里親制度を適用する見直しを行う。
・児童養護施設の入所児童に対し、週末や夏休みを利用した「週末里親」「季節里親」を活用。

③里親委託の推進と里親支援機関
・養育里親には、研修、相談、里親同士の相互交流、レスパイト（里親の休養）など、里親支援が重要。
・里親支援機関は、里親会や、児童家庭支援センター、施設など、多方面から支援。市町村とも連携。

7　ファミリーホーム

①大幅な整備促進
・平成26年度までに140カ所を整備（平成23年4月現在126カ所）、将来は1000カ所程度を見込む。

・里親からの移行に加え、今後は、児童養護施設等の職員の独立開設や、施設を行う法人による開設が増えると見込む。
・整備促進のため、借家によりホームを運営する場合に家賃補助を検討。
②専門性の向上と支援体制の構築
・養育者の研修の充実や、訪問や相互交流など、里親支援と同様の支援を推進。

8　自立援助ホーム

①整備推進
・平成26年度までに160カ所を整備（平成23年4月現在76カ所）
②対応の難しい児童等への対応
・被虐待、発達障害、精神科、高校中退、家庭裁判所の補導委託や少年院からの受け入れなど、困難な児童等に対応している。
・虐待を受けた児童等の緊急の避難先（子どもシェルター）について、自立援助ホームの制度を適用。
③運営費の充実
・平成23年度から措置費の定員払化を行い、運営を安定化。
・今後、借家によりホームを運営する場合の家賃補助や、収入のない児童の医療費について検討。
④20歳以降のアフターケア
・20歳以降の延長は検討課題。20歳までに一定の力をつけ、アパートで自活し、ホームが相談支援する取り組みが重要。

9 児童家庭支援センター

①児童家庭支援センターの整備推進
・平成23年3月末82カ所。平成26年度までに120カ所を整備。将来は児童養護施設や乳児院の標準装備にしていく。
②市町村との連携および役割分担の明確化
・一般的な子育て相談に近い部分は、市町村等に委ねつつ、専門性の高い部分を受け持つ役割を高める。
・継続的支援が必要な児童と家庭について、児童相談所や市町村から委託を受けて支援。
③里親支援機関としての役割分担の明確化
・各地域で、里親支援のうち児童家庭支援センターが受け持つ役割分担を協議し、明確化する必要。

Ⅲ 社会的養護の共通事項の課題と将来像

1 施設の運営の質の向上

①「施設運営指針」の作成
・施設の運営の質の差が大きいことから、各施設種別ごとに、運営理念等を示す「施設運営指針」を作成。
・保育所保育指針に相当するものを、社会的養護の施設種別ごとに検討チームを設置して作成。
②「施設運営の手引書」の作成
・施設ごとの経験の積み重ねでノウハウが蓄積されてきたが、施設により取り組みの質の差が大きい。
・施設種別ごとに、実践的な技術や知恵を言語化した手引書を作成。児童養護施設では、職員の活動指針となるケア標準を作成。

③第三者評価の義務づけ

・社会福祉共通で任意の第三者評価が行われているが、子どもが施設を選べない措置施設で、施設長の親権代行もある社会的養護の施設では、質の向上の取り組みとして、3年に1回以上の第三者評価の受審と結果の公表を義務づける。

2　施設職員の専門性の向上

①施設長の資格要件および研修の義務化

・本年の民法等改正で、施設長の役割が強化された。また、施設運営の質は、施設長による部分が大きい。

・施設長の資格要件を最低基準で定める。また、2年に1回以上の施設長研修の受講を義務づけ。施設団体が実施。

②施設の組織力の向上

・平成21年度より、自立支援計画の作成・進行管理、職員の指導等を行う「基幹的職員（スーパーバイザー）」を配置。

・今後、直接ケアに当たる職員のチーム単位で、「チーム責任者」を配置し、措置費の俸給格づけを検討。

・「施設長 ↓ 基幹的職員 ↓ チーム責任者 ↓ 一般職員」のかたちで組織力を発揮する。キャリアアップの仕組みにもなる。

③職員研修の充実

・担い手となる施設職員の専門性の向上のため、各施設種別団体で、職員研修システムを構築

3　親子関係の再構築の充実

①被虐待児の早期の家庭復帰、虐待の再発防止、親子関係の回復のため、親子関係の再構築支援が重要。

・施設からの家庭復帰に向けて、親との面会や、宿泊、一時的帰宅などの段階的な支援。
・しつけと称して虐待をしてしまう親に、子どもの問題行動に教育的に対処できるスキルを指導するコモンセンス・ペアレンティング（ＣＳＰ）など、さまざまなペアレント・トレーニングの技術が開発されている。
②家庭環境の調整は、児童相談所の役割とともに、施設最低基準に定められた施設の役割。施設の措置費で家族療法事業を実施。
③今後の課題として、保護者支援プログラムの開発・普及、支援者のスキルの向上が必要。
④施設による親子関係再構築支援の体制を整備（直接処遇のローテーションに加わらない専門職員のチーム）。
⑤児童相談所、施設、児童家庭支援センターの関係機関の連携により推進。

4　自立支援の充実

①自立生活能力を高める養育
・安心感ある場所で、大切にされる体験を提供し、自己肯定感を育む。
・自分らしく生きる力、他者を尊重し共生していく力、生活スキル、社会的スキルの獲得など、生きていく基本的な力を育む養育。
②特別育成費――資格取得など高校生の特別育成費の充実が必要。
③大学等進学支度費、就職支度費の増額――大学等進学支度費、就職支度費の大幅増額の必要。
④措置延長――生活が不安定な場合は、18歳以降も、20歳に達するまでの措置延長を活用。
⑤自立援助ホームの活用――自立援助ホームは、児童の自立した生活を支援する場として、整備推進を図る。

⑥アフターケアの推進――児童養護施設に、自立支援担当職員を置き、自立支援や退所後の相談支援を担当させる体制を整備。
・退所児童等アフターケア事業を推進。施設退所者等の自助グループを、施設単位や広域単位で育成。
・身元保証人確保対策事業は、保証の申込み期間の延長や、連帯保証期間の延長を検討。

5　子どもの権利擁護

①子どもの権利擁護の推進――子どもの権利擁護は、子どもの基本的人権を護ること。子どもの権利条約では、「生きる権利」「育つ権利」「守られる権利」「参加する権利」の四つの権利が定められているとされる。
②子どもの意見をくみ上げる仕組み――子どもの権利ノートを活用し、意見箱や、苦情解決責任者、苦情受付担当者、第三者委員、都道府県社会福祉協議会の運営適正化委員会等を活用。当事者の声を聞き、改善に反映させていく取り組み。
③被措置児童等虐待の防止――平成20年の児童福祉法改正による被措置児童等虐待の通報制度や、「被措置児童等虐待対応ガイドライン」に基づき、施設職員や里親による虐待の防止を徹底。
④子どもの養育の記録――主たる養育者が途中で変わる場合の記録やその引き継ぎの在り方。複数の者が関わる場合の在り方。

6　施設類型の在り方と相互連携

①現行施設の地域での相互連携によるネットワーク化が今後の課題。
②地域での総合的な整備の視点も課題であり、三つの段階により、重層的で体系的な社会的養護の体制整備。
・都道府県・指定都市を単位――短期の治療的施設（情緒障害児短期治療施設、児童自立支援施設）。
・広域の地域を単位――施設養護の拠点施設（児童養護施設、乳児院、母子生活支援施設）。

・各市区町村の単位――家庭的養護（里親、ファミリーホーム）。

7　社会的養護の地域化と市町村との連携

①施設機能を地域分散化し、施設を地域における社会的養護の拠点とし、里親をはじめ、地域における社会的養護の担い手などが、つながりをもって、トータルなプロセスを保障。

②また、市町村の児童家庭相談や子育て支援施策との連携を推進。

Ⅳ　施設の人員配置の課題と将来像

児童の抱える問題の複雑・多様化を踏まえて、ケアの質を高めるため、直接養育にあたる職員の配置基準の引上げが必要である。以下のような目標水準を念頭に置きながら、段階的な取り組みを含めて、引上げを検討する必要。［表A］

施設機能の強化を図るため、次のような加算職員の配置が必要。

①里親支援担当職員の配置（乳児院、児童養護施設）

②自立支援担当職員の配置（児童養護施設）

③心理療法担当職員の全施設配置

Ⅴ　社会的養護の整備量の将来像

1　社会的養護の児童の全体数

①社会的養護の児童数は、この10年間で1割増加している。子ども・子育てビジョンでは、被虐待児童の相談の増加等にかんがみ、平成20年度から平成26年度までに1割以上の増となると見込んでいる。

・平成11年度末3万7100人 ↓ 平成21年度末4万600人 ↓ 平成26年度（見込み）4万7600人

②その後は、当面、児童人口の推移と同じと仮置きして考えるとすれば、将来人口推計（高位推計）では、その後の10年間で、18歳未満人口の1割縮小が見込まれている。あるいは、人口の縮小にかかわらず、少なくとも対象児童は減少しないと見込むことが考えられる。

2　施設数等

①子ども・子育てビジョンで平成26年度までに、児童養護施設は610カ所、情短施設は47カ所の目標。

②情短施設はさらに増設が必要。児童養護施設からの10施設の転換を見込むと、児童養護施設600カ所、情短施設57カ所。

③地域小規模児童養護施設は児童養護1施設に1カ所、自立援助ホームは児童養護2施設に1カ所を見込む。ファミリーホームは、5千人程度を見込んで1千カ所程度を見込む。児童家庭支援センターは施設の標準装備としていく。［表B］

3　里親等委託率

①里親等委託率は、平成14年度の7・4％から21年度の10・8％まで、7年間で1・46倍に増加。子ども・子育てビジョンでは、平成26年度に16％とする目標を設定。その後の十数年間で、3割以上へ引上げる。

②児童養護施設は、児童3万人から2万人程度に抑え、里親やファミリーホームに移行させる必要。［表C］

4　施設機能の地域分散化の姿

今後十数年をかけて、里親等、グループホーム、本体施設が概《おおむ》ね3分の1ずつという姿に変えていく。

表 A

施設種別	現状	目標水準	考え方
児童養護施設	児童指導員・保育士 0 歳児　1.7：1 1、2 歳児　2：1 3 歳以上幼児　4：1 小学校以上　6：1	0、1 歳児　1.3：1 2 歳児　2：1 3 歳以上幼児　3：1 小学生以上　4：1	・6：1 は、交代勤務のため 1 人の職員が 18 人の子どもを見る体制であり、心に傷ついた子どもに十分なケアは困難 ・小規模グループケア化しても勤務ローテーションが確保できる水準に引上げ
乳児院	看護師・保育士・児童指導員 0、1 歳児　1.7：1 2 歳児　2：1 3 歳以上幼児　4：1	0、1 歳児　1.3：1 2 歳児　2：1 3 歳以上幼児　3：1	・現行の集団的養育の人員配置は、心身の発達に重要な時期に不十分 ・小規模グループケア化しても勤務ローテーションが確保できる水準に引上げ
情緒障害児短期治療施設	児童指導員・保育士 5：1 心理療法担当職員 10：1	児童指導員・保育士 3：1 心理療法担当職員　7：1	・情緒障害、精神疾患や発達障害等の対応の難しい子どもが増加
児童自立支援施設	児童自立支援専門員・児童生活支援員 5：1	児童自立支援専門員・児童生活支援員　3：1 心理療法担当職員 10：1	・非行、暴力のほか発達障害、行為障害等最も対応が難しい子どもへの対応や心理的ケアが必要
母子生活支援施設	母子支援員、少年指導員：それぞれにつき 20 世帯未満 1 人、 20 世帯以上 2 人	母子支援員、少年指導員：それぞれにつき 10 世帯未満 1 人 10 世帯以上 2 人 20 世帯以上 3 人 30 世帯以上 4 人	・DV 被害者や虐待を受けた児童への個別支援が必要 ・母子の様々な課題に、個別対応や、関係機関調整の外出など、常時複数配置して役割分担できる体制

表B

	平成23年4月	平成26年度（※は子ども・子育てビジョンの目標値）	想定される将来像
児童養護施設	587カ所	610カ所※	600カ所程度
地域小規模児童養護施設	219カ所	300カ所※	600カ所程度
乳児院	129カ所	130カ所	130カ所程度
情緒障害児短期治療施設	37カ所	47カ所※	57カ所程度
児童自立支援施設	58カ所	58カ所	59カ所程度
母子生活支援施設	262カ所	262カ所	262カ所程度
自立援助ホーム	76カ所	160カ所※	300カ所程度
ファミリーホーム	126カ所	140カ所※	1000カ所程度

表C

		平成21年度（年度末実績）	平成26年度（想定数）	想定される将来像
施設養護	①児童養護施設（地域小規模を除く）	29,587人	31,900人程度	20,000人程度（半数はグループホーム）
	②地域小規模児童養護施設	1,007人	1,600人程度	3,200人程度
	③乳児院	2,968人	3,300人程度	3,000人程度
家庭的養護	④ファミリーホーム	219人	700人程度	5,000人程度
	⑤里親委託児童	3,836人	6,300人程度	7,100人程度～12,500人程度
合計数（①～⑤）		37,617人	43,800人程度	38,300人程度～43,700人程度
里親委託率（④＋⑤）／（①～⑤）		10.8%	16%	31.6%～40.0%

この報告は、これまでの社会的養護の将来像に関する報告を踏まえたものであり、職員の配置基準等は子ども・子育て新システム財源を視野に入れた当面のものであるものの、里親・ファミリーホーム、地域小規模養護、本体施設が概《おおむ》ね3分の1ずつ子どもを受け入れていくという図式を描いたことは画期的であるといえる。20人の子どもが一つの小学校に行くよりも、数人ずつ多くの小学校に行くことのほうが自然であり、かつ、社会の理解も拡がる。施設にゴミ収集車が来るよりも、地域のゴミ集積所にゴミを出すほうが自然であり、社会の理解も拡がる。そして、それがあたり前の生活を保障する社会的養護を創り出すとともに、国民の財政負担に対する理解を生み出すことにつながるのである。この方向が根づき、家庭環境を奪われた子どもたちに、家庭環境ないしはそれに近い環境が提供される日が来ることを願ってやまない。

第7章 障害児福祉の幕開け——地域生活支援を目指して

第1節　障害児福祉改革の幕開け

1　障害児福祉の特徴と基本的方向

障害児福祉[1]は、障害者福祉、子ども家庭福祉のいずれからみてもマイナーであり、そのため長らく十分な検討が進められてこなかった。2008（平成20年）年3月から開始された「障害児支援の見直しに関する検討会」が同年7月に提出した報告書は、政府がこの問題に正面から取り組んだ報告書として大きな意義

＊1　障害児の地域生活支援や自立支援は障害児福祉政策だけで成り立っているわけではなく、そのため政府においては「障害児支援」の呼称が頻繁に使われるが、本書においてはいわゆる「福祉」政策に限定して論じているため、政府が使う用語や福祉以外の政策を含む場合以外は、原則として「障害児福祉」の呼称を用いることとする。

を持つ。検討は当事者を含み、11回にわたる真剣な討議を経て、現時点で合意できる貴重な提言を行っている。

報告書は、「障害児についてなるべく一般施策との連携により対応していくという考え方からは、各施設や事業の根拠を『児童福祉法』位置付けることを基本とすべきと考えられる」と整理している。

これからの障害児福祉は、子ども家庭福祉の基本理念である「子どもの最善の利益の確保」や「子どもの権利保障（意見表明など能動的権利を含む）」と「子育て家庭支援」、「公的責任」に加え、障害福祉の基本理念である「自立と共生」や、切れ目があるがゆえに強調される「切れ目のない支援」をいかに組み込んでいくかが大きな課題となる。

『子ども』に普遍的に適用されるサービスは障害児にも適用し、『障害』の固有性に着目したサービスは障害児にも適用していくことが必要とされている。「障害児」は「子ども」であり、児童福祉法第1条にもあるとおり、まず子どもとして「愛護」されなければならない。

この精神にのっとり、現行障害者自立支援法に規定する障害児支援サービスを、原則として児童福祉法に規定し直し、かつ、検討会報告書に盛り込まれた新制度の法定化、実施体制の一元化、対象児童の拡大等を早急に進めるべきである。(2)

＊2　ただし、成人障害者と障害児に共通の福祉サービスについては、障害者総合福祉法に規定することになると思われる。

2　障がい者制度改革推進会議および総合福祉部会における検討の開始と、今後のスケジュール

(1) 障害者自立支援法廃止の決定

２００６（平成18）年10月、障害者自立支援法が完全施行され、障害者施策に新しい時代が到来した。同法は施行当初から応益負担の問題が指摘され、政府は同年から3年間、特別措置を講じて負担の減免を図ってきた。しかしながら対応は厳しさを増し、２００９（平成21）年3月、ついに政府は、障害者自立支援法等の一部を改正する法律案を国会に提出した。この法案には、前述した障害児支援の見直しに関する検討会報告書に盛り込まれた事項を法定化した児童福祉法改正案も付随しており、長年、子ども家庭福祉福祉と障害者福祉の谷間に置かれてきた障害児福祉の充実に、期待を寄せる声も大きかった。

しかし、同法案は同年7月、衆議院の解散に伴い廃案。9月には政権交代により民主党政権が誕生した。民主党政権は、連立政権合意における障害者自立支援法の廃止の方針を確認し、また翌年1月には、厚生労働省と障害者自立支援法違憲訴訟原告団・弁護団との基本合意により、障害者自立支援法は廃止し、『制度の谷間』がなく、サービスの利用者負担を応能負担とする新しい障害者総合福祉法（仮称）[3]を、遅くとも２０１３（平成25）年8月までに実施することとした。それらの事務執行体制として、２００９（平成21）年12月に内閣に設置された障がい者制度改革推進本部（本部長・内閣総理大臣）の下に、障がい者制度改革推進会議（２０１０〈平成22〉年1月設置）が設置されて、議論が開始された。

＊3　２０１１（平成23）年8月30日に取りまとめられた「障害者総合福祉法の骨格に関する総合福祉部会の提言」においては、法律名称を障害者総合福祉法としているが、提言前の経過を取り扱う部分については「（仮称）」を付記することとする。

（2）障害者制度改革の検討体制とスケジュール

2010（平成22）年4月には、障がい者制度改革推進会議総合福祉部会において、障害者総合福祉法（仮称）制定に向けての議論が開始された。その直後、「障がい者制度改革推進本部等における検討を踏まえて障害保健福祉施策を見直すまでの間において障害者等の地域生活を支援するための関係法律の整備に関する法律案」（衆院議長提案）が国会に提出されたが、これも、同年6月16日の参院本会議の流会に伴い廃案となった。2010（平成22）年6月、政府は、「障害者制度改革の推進のための基本的な方向について」を閣議決定した。

同閣議決定は、「政府は、障がい者制度改革推進会議（以下「推進会議」という）の「障害者制度改革の推進のための基本的な方向（第一次意見）」（2010〈平成22〉年6月7日）を最大限に尊重し、下記のとおり、障害者の権利に関する条約（仮称）（以下「障害者権利条約」という）の締結に必要な国内法の整備を始めとする我が国の障害者に係る制度の集中的な改革の推進を図るものとする」と述べ、障害者制度改革の基本的考え方について、「あらゆる障害者が障害のない人と等しく自らの決定・選択に基づき、社会のあらゆる分野の活動に参加・参画し、地域において自立した生活を営む主体であることを改めて確認する。また、日常生活又は社会生活において障害者が受ける制限は、社会の在り方との関係によって生ずるものとの視点に立ち、障害者やその家族等の生活実態も踏まえ、制度の谷間なく必要な支援を提供するとともに、障害を理由とする差別のない社会づくりを目指す。これにより、障害の有無にかかわらず、相互に個性の差異と多様性を尊重し、人格を認め合う共生社会の実現を図る」との基本方針を確認している。

そのうえで、基礎的な制度改革の方向性として、「（1）地域生活の実現とインクルーシブな社会の構築

――障害者があらゆる分野において社会から分け隔てられることなく、日常生活や社会生活を営めるよう留意しつつ、障害者が自ら選択する地域への移行支援や移行後の生活支援の充実、及び平等な社会参加を柱に据えた施策を展開するとともに、そのために必要な財源を確保し、財政上の措置を講ずるよう努める。また、障害者に対する虐待のない社会づくりを目指す」ことを確認し、障害者基本法の改正案を2011（平成23）年国会（常会）提出、障害を理由とする差別の禁止に関する法律の2013（平成25）年国会（常会）提出、障害者総合福祉法（仮称）を2012（平成24）年国会（常会）への法案提出、2013（平成25）年8月までの施行を目指すことを確認した。

(3) 障害児支援改革の方向性

その際、障害児支援については、「(5) 障害児支援」として以下のように規定されている。

●障害児やその保護者に対する相談や療育等の支援が、地域の身近なところで利用しやすいかたちで提供されるようにするため、現状の相談支援体制の改善に向けた具体的方策について、総合福祉部会における議論との整合性を図りつつ検討し、平成23年内にその結論を得る。

●障害児に対する支援が、一般施策を踏まえつつ、適切に講じられるようにするための具体的方策について、総合福祉部会における議論との整合性を図りつつ検討し、平成23年内にその結論を得る。

この方針に基づき、障がい者制度改革推進本部は、障がい者制度改革推進会議とその下に設置された総合福祉部会との合同作業チームを2010（平成22）年10月に編成し、検討を行ってきた。障害児支援合同作業チームで得られた結論は、それぞれ推進会議、総合福祉部会に提案され、そこで議論される。こうして、2011（平成23）年8月30日には、障害者総合福祉法の骨格とともに、児童福祉法改正の骨格も策定された。「障害者総合福祉法の骨格に関する総合福祉部会の提言」の障害児支援に関する部分のほとんどは、後述する合同作業チーム報告書と同様であり、主として児童福祉法の改正によるべきものとされている。

一方、こうした議論が行われているさなかの2010（平成22）年12月、臨時国会において、これまで二度廃案となっていた障害者自立支援法等の一部を改正する法律案が、ほぼそのまま「障がい者制度改革推進本部等における検討を踏まえて障害保健福祉施策を見直すまでの間において障害者等の地域生活を支援するための関係法律の整備に関する法律」として成立・公布された。この法律には、今後の障害児福祉にとって非常に重要な法改正が含まれている。完全施行は2012（平成24）年4月である。

このように、障害児福祉改革の道のりは平たんではなく、かなりの紆余曲折を経たものとなっている。また、障害者基本法の一部改正が2011（平成23）年7月に成立した。改正法には、後述するように、障害児に固有の条文として、新たに第17条（療育）が創設されている。以下、障害児福祉改革の具体的内容について解説、考察を進めていくこととする。

3　障害児支援の原則——障害者基本法の改正と障害児福祉

障害児支援合同作業チームでは、まず、障害者基本法改正に関する論議から開始した。議論の焦点は障害者基本法に障害児支援の基本原則を盛り込むことであり、その草稿が検討された。結果は2010（平成22）年12月の障がい者制度改革推進会議「障害者制度改革の推進に関する第二次意見」に、推進会議の認識として「(6) 障害のある子ども」と題して盛り込まれた。それは、以下のとおりである。

■推進会議の問題認識――障害者基本法に盛り込むべき事項

(子どもの権利条約と障害者の権利条約)

- 障害のある子どもは、障害のない子どもと等しく、すべての権利が保障されること。
- 障害のある子どもの施策は、一般の児童施策において取り組まれ、個人に必要な合理的配慮と必要な支援を講ずること。
- 障害のある子どもは、意見を表明するための支援を受けつつ、自己に関わる事項について意見を表明する権利があることを確認すること。
- 障害のある子どもに関わる判断や決定について、その最善の利益が考慮されなければならないが、第一次的責任と権限を有する保護者および親権者を含むすべての関係者・関係機関は、障害のある子どもが表明した意見を最大限尊重して判断や決定をなすべきであること。
- 家族に過度な負担を求めること等により、障害のある子どもが家族や地域社会から隔離されたり、不利益な取り扱いを受けずに、ひとりの子どもとして尊重されるよう、障害のある子どもとその家族に対する支援を講ずること。

この視点は、子どもの権利条約と障害者の権利条約[4]の両者の視点をもとに作成された視点であり、改正障害者基本法の具体的条文がどのような文言になろうとも、尊重されなければならない。

結果的に、8月に公布された障害者基本法の一部を改正する法律には、前述の障害児支援に必要とされる原則（障害児に関する条文）は盛り込まれなかったが、第16条（教育）において「可能な限り障害者である児童及び生徒が障害児でない児童及び生徒と共に教育を受けられるよう配慮しつつ……」という文言が盛り込まれることとなり、いわゆるインクルーシブ教育が盛り込まれた。また、新設された第17条（療育）においては、「障害者である子どもが可能な限りその身近な場所において療育その他これに関連する支援を受けられるよう」施策を講ずることとされた。第17条は、子どもに固有の条文である。

「障害者である子ども」とは、基本法の定義が障害者を定義していることによる。また、第14条（医療、介護等）、第16条（教育）において「年齢……に応じ」とされたことにより、障害児についても規定されていると解することもできるが、子どもの最善の利益の確保など、子どもに固有の原理が規定されなかったのは残念である。なお、第17条（療育）の「療育その他これに関連する支援」の規定や、第23条（相談等）の「障害者及びその家族その他の関係者に対する相談業務……が、適切に行われ又は広く利用されるようにしなければならない」との規定等は、今後、障害者総合福祉法の制定に伴う児童福祉法の改正論議にあたって、十分に考慮されなければならないであろう。

＊4　国際連合が採択した障害者の権利に関する条約第7条（障害のある児童）は以下のとおりである（政府仮約）。
1　締約国は、障害のある児童が他の児童と平等にすべての人権及び基本的自由を完全に享有することを確保するためのすべての必要な措置をとる。
2　障害のある児童に関するすべての措置をとるに当たっては、児童の最善の利益が主として考慮されるものとする。
3　締約国は、障害のある児童が、自己に影響を及ぼすすべての事項について自由に自己の意見を表明する権利並びにこの権利を実現するための障害及び年齢に適した支援を提供される権利を有することを確保する。この場合において、障害のある児童の意見は、他の児童と平等に、その児童の年齢及び成熟度に従って相応に考慮されるものとする。

第2節　2010（平成22）年障害者自立支援法等改正の概要――改革の第1ステップ

1　障がい者制度改革推進本部等における検討を踏まえて障害保健福祉施策を見直すまでの間において障害者等の地域生活を支援するための関係法律の整備に関する法律（児童福祉法改正〈2010年12月10日公布〉）

（1）改正法の概要

本法の概要は、厚生労働省によれば、図7‐1のとおりである。このうち、障害児福祉の強化については、主として児童福祉法改正によっている。以下、その概要を整理したい。

（2）改正児童福祉法の概要

①障害児施設の見直し

まず、各種障害児関係施設が、入所による支援を行う施設については「障害児入所施設」に、通所による支援を行う施設については「児童発達支援センター」にそれぞれ一元化される。これは、地域の身近なところで支援を行うことを目指すものである。発達障害や重複障害の増加など、従来の枠組みでは対応できにくくなっていることも影響している。

また、障害児入所施設を「福祉型障害児入所施設」および「医療型障害児入所施設」とし、児童発達支援

障がい者制度改革推進本部等における検討を踏まえて障害保健福祉施策を見直すまでの間において障害者等の地域生活を支援するための関係法律の整備に関する法律（平成22年12月3日成立）の概要

① 趣旨　（公布日施行）

－障がい者制度改革推進本部等における検討を踏まえて障害保健福祉施策を見直すまでの間における障害者等の地域生活支援のための法改正であることを明記

② 利用者負担の見直し　（平成24年4月1日までの政令で定める日から施行）

－利用者負担について、応能負担を原則に
－障害福祉サービスと補装具の利用者負担を合算し負担を軽減

③ 障害者の範囲の見直し　（公布日施行）

－発達障害が障害者自立支援法の対象となることを明確化

④ 相談支援の充実　（平成24年4月1日施行　※自立支援協議会については、平成24年4月1日までの政令で定める日から施行）

－相談支援体制の強化〔市町村に基幹相談支援センターを設置、「自立支援協議会」を法律上位置付け、地域移行支援・地域定着支援の個別給付化〕
－支給決定プロセスの見直し（サービス等利用計画案を勘案）、サービス等利用計画作成の対象者の大幅な拡大

⑤ 障害児支援の強化　（平成24年4月1日施行）

－児童福祉法を基本として身近な地域での支援を充実
（障害種別等で分かれている施設の一元化、通所サービスの実施主体を都道府県から市町村へ移行）
－放課後等デイサービス・保育所等訪問支援の創設
－在園期間の延長措置の見直し〔18歳以上の入所者については、障害者自立支援法で対応するよう見直し。その際、現に入所している者が退所させられることのないようにする。〕

⑥ 地域における自立した生活のための支援の充実　（平成24年4月1日までの政令で定める日から施行）

－グループホーム・ケアホーム利用の際の助成を創設
－重度の視覚障害者の移動を支援するサービスの創設（同行援護。個別給付化）

（その他）（1）「その有する能力及び適性に応じ」の削除、
（2）成年後見制度利用支援事業の必須事業への格上げ、
（3）児童デイサービスに係る利用年齢の特例、
（4）事業者の業務管理体制の整備、
（5）精神科救急医療体制の整備等、
（6）難病の者等に対する支援・障害者等に対する移動支援についての検討

（(1)(3)(6)：公布日施行　(2)(4)(5)：平成24年4月1日までの政令で定める日から施行）

図 7-1　本法による児童福祉法改正（2010年12月10日公布）の概要
（厚生労働省資料，2010）

センターを「福祉型児童発達支援センター」および「医療型児童発達支援センター」とする改正も行われる。これは、福祉型と医療型とでは、設備や職員等の基準が異なり、また、財源も異なっていることによっている。

②障害児の通所による支援の見直し

続いて、障害児の通所による支援の見直しが行われる。「障害児通所支援」として、児童発達支援、医療型児童発達支援、放課後等デイサービス、および保育所等訪問支援の制度が創設される。「児童発達支援」については、現在の知的障害児通園施設、難聴幼児通園施設、児童デイサービス通所の多くや、重症心身障害児通園事業通所が、この支援に該当すると考えられる。むろん、統合されるとはいっても、それぞれの通所サービスのサービス内容や単価などは異なることが想定される。また、「医療型児童発達支援」については、現在の肢体不自由児通園施設や重症心身障害児通園事業(5)への通所が、これに該当すると考えられる。

「放課後等デイサービス」は新設されたサービスで、就学している障害児につき、授業の終了後または休業日に児童発達支援センター等の施設に通わせ、生活能力の向上のために必要な訓練、社会との交流の促進、その他の便宜を供与するサービスである。障害児の豊かな放課後生活保障を進めるために必要とされたサービスであり、現在の児童デイサービスⅡ型や、学齢児童対象の日中一時支援事業などを充実させたものとなることが期待される。

第四の「保育所等訪問支援」も新たに法定化されたサービスで、保育所その他の児童が集団生活を営む施設等に通う障害児につき、通園施設職員等の専門家が当該施設を定期的に訪問し、当該施設における障害児

＊5　重症心身障害児通園事業が児童発達支援センターとなるに伴い、18歳以上の重症心身障害者のデイサービスが、成人障害者福祉サービスにおいてどのように取り組まれるかが課題となる。

以外の児童との集団生活への適応のための専門的な支援その他の便宜を供与する、個人給付型のサービスである。

③障害児通所支援給付費等の給付

続いて、障害児の通園施設通所サービスの実施主体は、市町村となる。これは、できる限り住民に身近な自治体が、サービスを総合的に整備していくことがよいとの判断に基づいている。市町村は、通所給付決定を受けた障害児の保護者が指定障害児通所支援事業者等から指定通所支援を受けたときは、障害児通所給付費を支給する。その額は、いわゆる定率負担から、減免の実情を踏まえた応能負担に変更される。障害児通所給付費の支給を受けようとする保護者は、市町村の通所給付決定を受けなければならないものとし、所要の手続等も定められる。なお、このシステムは保護者の障害受容が前提となるシステムであり、いわゆる「気になる」段階からの支援については、他のサービスも組み合わせることが必要である。

④障害児の入所による支援の見直し

続いて、現在の施設種別ごとの入所による支援については、障害児入所支援に再編される。ただ、その実施主体は都道府県のままである。施設種別の統合は特別支援学校と同様、利用者の利便性に資することがその目的とされている。実施主体が都道府県のままとされたのは、児童養護施設等の社会的養護の実施主体と合わせたことによる。さらに、支給期間の延長はこれまでどおり20歳までとされ、かつ、20歳を超えて、障害児入所施設から引き続き障害者自立支援法に基づく障害福祉サービスを利用する場合の配慮や経過措置についても、規定がなされる。

⑤障害児相談支援事業の創設、ケアマネジメントの強化

障害児福祉サービスの利用にあたっては、いわゆるケアマネジメントの前置が制度化(6)される。すなわち、

障害児にかかるサービスの利用計画作成のための相談支援が、「障害児相談支援事業」として制度化される。障害児相談支援は、障害児支援利用援助および継続障害児支援利用援助に分けられる。

「障害児支援利用援助」とは、障害児通所支援給付費等の申請にかかる障害児の心身の状況、その置かれている環境等を勘案し、利用するサービスの内容等を定めた障害児支援利用計画案を作成し、給付決定等が行われた後に、当該給付決定等の内容を反映した障害児支援利用計画の作成等を行うことをいう。また、「継続障害児支援利用援助」とは、策定された計画の検証を一定の期間ごとに行って、利用計画の見直しを行うことをいう。つまり、両サービスによって、ケアマネジメントが実施されることとなる。市町村が障害児相談支援給付費を支給する場合には、障害児の保護者が、指定障害児相談支援事業者からこの利用援助を受けていることが必要とされる。

⑥障害児の定義

最後に、障害児の定義について、発達障害児を精神障害児の一類型として含めることが、より明確化された。これにより、今後、発達障害児のサービス利用、特に児童発達支援サービスの利用などに大きく貢献することが期待される。サービス利用が個人給付方式のため、今後は、発達障害について誰（どこ）がどのような基準で判定するかが課題となる。

⑦施行に向けて

本法の施行は一部を除いて２０１２（平成24）年４月であり、今後、施行に向けて政省令の検討や予算要求に向けての準備が進められていくこととなる。本法施行上の課題や残された課題については後述する。

＊6　ただし、障害児入所施設支援の場合は専門機関である児童相談所の判定に基づくこととなるため、ケアプランは作成されない。したがって、障害児相談支援事業者と児童相談所との密な連携システムを制度化することが必要となる。

1　基本的考え方

○新システムの対象となる子育て支援事業は、すべての子ども・子育て家庭に良質な成育環境を保障し、子どもを大切にする社会とすることを目的。障害児やその家庭も利用することが可能とすべきではないか。

○一方で、医療の提供や発達支援などの障害児のニーズに対しては、きめ細かな対応が必要とされ、専門的なサービスを提供する観点を踏まえると、保育サービスで対応すべきものと、障害者施策で対応すべきものをどう整理するか。

　また、保育所等訪問支援のように一般施策への専門的支援も加わっている。

　いずれにせよ、一般施策と障害児の発達支援に着目した専門的な支援の連携が必要。

○また、障害者制度全般についての改革推進に係る議論の状況等を踏まえ検討することが必要ではないか。

○現在は、市町村において、審査会などを設け、各児童に対してどのようなサービスを提供すべきかを判定しているケースがあるが、こうした地方の取り組みを、新システムにどう取り込んでいくべきか。

図 7-2　子ども・子育て新システムと障害児支援（厚生労働省，2010b）

2　子ども・子育て新システムと障害児支援

　検討されている子ども・子育て新システム[7]に障害児支援をどのように位置づけるかについても、重要な課題である。特に、これからの障害者福祉、障害児福祉施策の目標を、前述したとおり、「地域生活の実現とインクルーシブな社会の構築」に置くのであれば、なおさらである。

　この点に関し、厚生労働省が、２０１０（平成22）年12月に開催された子ども・子育て新システム検討会議作業グループ第７回基本制度ワーキングチームに提出した資料は、図７-２のとおりである。中間とりまとめその他の資料も含めて要約すれば、障害児支援は新システムとは別の仕組みとするが緊密な連携が必要であり、したがって、今後、設置、策定が検討される

＊7　検討中の子ども・子育て新システムおよびこども園の給付等の概要については、第4章ならびに第6章の新システムと社会的養護の項を参照のこと。

子ども・子育て新システムに関する都道府県、市町村の子ども・子育て会議（仮称）や、そこが作成する新システム事業計画（仮称）にしっかりと位置づけられるべきであるというものである。また、創設されるこども園（仮称）給付においても可能な限り障害児の受け入れを図り、それを支援するための加算措置を設けることとするが、その在り方については今後の検討課題とする、というものである。つまり、障害児支援に関する固有の措置については、新システムとは別個の体系により実施し、児童一般システムにおいても、できる限り受け入れを図るということである。

第4章において述べた新システムに関する中間とりまとめは、第6章において述べたとおり、社会的養護や障害児福祉システムは、新システムとは別の制度とし、連携の在り方を今後検討するとしている。そのポイントについて再掲すれば、以下のとおりである。

（1）新システムの給付・事業は、社会的養護施策の要保護児童、障害児等も含め、地域の子ども・子育て家庭を対象とする。したがって、要保護児童、障害児等も含め、地域の子ども・子育てにかかる需要の見込みおよび見込量の確保策を、市町村新システム事業計画（仮称）に明記する。都道府県等は、現在実施している社会的養護、障害等のニーズに対応する専門性が高い施策を引き続き担い、市町村が行う新システムの給付・事業との連携を確保する。なお、市町村（新システムの実施主体）と都道府県等（措置制度等の実施主体）との関係については、今後さらに検討する。

（2）都道府県等が行う児童相談所を中心とした体制、措置制度等は、市町村事業と密接に連携しつつ、引き続き専門性・広域性を生かして都道府県が担うことが適当であり、現行制度を維持する。障害児に対する支援については、障害者全般についての改革推進にかかる議論の状況等を踏まえ検討することが必要。

なお、こども園（仮称）等での取り組みについては、第4章でふれたとおり、応諾義務の法定化、特別な支援が必要な子どもの利用支援、措置による利用などが実施される。

このシステムでは、新システムと障害児福祉システムとの間に切れ目ができることとなり、また、両サービスがトレードオフの関係（むろん併行通園も否定されてはいない）になるため、両サービスの縮小均衡が生ずる可能性が高いといえる。この問題は現在の子ども家庭福祉・保育制度の大きな問題点であり、最終章において言及することとしたい。

3　社会的養護改革の動向と障害児支援

(1) 社会的養護と障害児福祉の交錯

第6章において、社会的養護の下にある子どもたちに、障害を有する児童が増加傾向にあることを提示した。その一方、障害児入所施設入所児童の一定割合は、虐待を受けた子どもであったり、家庭養育環境の脆《ぜい》弱《じゃく》な子どもたちであり、特に現在の知的障害児施設入所児童には、その割合が高くなっている。

このように、社会的養護関係施設と障害児関係施設とは互いに対象児童が重複しており、今後、地域生活支援やノーマライゼーションの観点からその在り方を検討することが必要とされている。また、前述したように、今後、障害児福祉関係施設は一元化が図られることとなっており、社会的養護関係児童福祉施設との関係の在り方について、今後、統合も視野に入れて検討することが必要とされるであろう。

(2) 障害児入所システムと社会的養護

第6章で社会的養護の将来像として、家庭的養護、地域生活支援の推進、自立支援について述べた。障害児童にも社会的養護の下にあると考えられる子どもが多いことを考慮すると、今後、障害児入所システムにおいては、社会的養護システムの方向性と同様の方向を考慮することが必要と考えられる。少なくとも、現在の社会的養護体系を障害児も活用できるようにしていくことが必要とされる。具体的には、以下の施策が挙げられる。

- 養育里親、専門里親における障害児委託の推進。
- 小規模住居型児童養育事業における障害児措置の推進、障害児版同事業の創設。
- 小規模グループケアの推進（施設内ユニットケアの推進、地域小規模施設の創設）。
- 障害児の家庭的養護を支援する機関・事業の創設。
- 心理職等、他職種の導入。

さらに、その際、児童発達支援センターや障害児入所施設等が、里親やファミリーホーム等における障害児養育を巡回、訪問等により支援する仕組みの創設も必要とされる。また、たとえば、常時医学的なケアが必要とされる重症心身障害児などの場合は地域生活支援も限定される可能性があり、そのため、施設内における個別的ケアの推進も必要とされる。

4　専門職論――保育士資格の再構築等に向けて

なお、2011（平成23）年度入学生から保育士養成課程が改正され、これまで演習1単位だった「障害児保育」の履修単位が2単位となった。これは、保育現場における発達障害児童の増加、顕在化などに対応するものであり、今後の教授内容の充実が求められる。また、保育士資格の在り方については子ども・子育て新システムの導入に伴い、その資格の在り方検討が課題とされており、今後、小学生以上の放課後児童クラブ、児童館等のプレイワーカーや、社会的養護分野、障害児福祉分野のケアワーカー資格の在り方ともかかわって、大きな課題とされる。

さらに、2010（平成22）年12月の児童福祉法改正により、2012（平成24）年度から障害児サービス利用にあたってケアマネジメントが前置とされたことに伴い、相談支援専門職の資質向上が課題となってくると考えられる。子ども家庭福祉・保育分野における専門職論は、今後の大きな課題であると考えられる。

第3節　改正法施行の課題と障害児福祉の近未来――改革の第2ステップ

1　2012（平成24）年度施行改正児童福祉法の施行準備にあたって

続いて、障害児福祉の今後の課題についてまとめておきたい。まずは、2012（平成24）年度改正児童福祉法の施行による、新しい障害児福祉サービスの実施にあたっての留意事項を整理しておきたい。

(1) 障害児通所支援について

障害児通所支援については、保育所等訪問支援に関する給付が保護者の申請による個人給付と整理されることで、いわゆる「気になる段階」からの支援については課題を残すこととなる。地域子育て支援拠点に対する療育専門家の派遣なども限定されそうで、今後、たとえば、障害児等療育支援事業などの各種相談事業とセットでサービスの幅を広げていくことを検討しなければならない。なお、この趣旨からいえば、個人給付型の支援が法定化されたことを受けて一般財源の相談・支援事業を廃止・縮小する、といったことがあってはならない。

(2) 障害児通所支援給付費等の給付、障害児の入所による支援の見直し

通所サービスと入所サービスのサービス決定行政庁が、市町村と都道府県に分離されることは、統合的なサービス整備に課題を残すこととなり、今後、社会的養護と合わせ、サービス決定行政庁の一元化の検討が必要とされる。なお、通所給付が市町村に移譲されることにより、現在、障害児、特に障害児通園施設である基幹的な児童発達支援センターが提供するサービスが、当該施設設置市在住の子どもに限定されないような配慮が必要とされ、児童相談所等の調整機能の強化が必要とされる。

(3) 相談支援

相談支援に関しては、障害児相談の体系と、いわゆる児童相談の体系とを整合化させていくことが、最大

の課題となる。たとえば、市町村（要保護児童対策地域協議会）、児童相談所といった公的相談援助機関・行政機関と、障害者相談支援事業等の相談事業との関係整理も、その一つである。

特に、障害者相談支援事業（市町村、一般財源）や障害児等療育支援事業（都道府県、一般財源）と、障害児相談支援事業（市町村、個人給付）、保育所等訪問支援（市町村、個人給付）等の個人給付型の障害児関係相談援助サービスとの関係の整理が必要とされる。同時に、これらのサービスと児童相談所等の子ども家庭福祉機関における個人を対象とした相談援助サービスとの関係整理も必要とされる。

また、要保護児童対策地域協議会における個別ケース検討会議、実務者会議などと地域自立支援協議会の役割の整理、障害児福祉サービス利用におけるケアマネジメント前置とその他の子ども家庭福祉サービスの利用の在り方（たとえば、こども園〈仮称〉給付の利用等）との整理なども今後の重要課題である。時に、利用方法が異なるため、ワンストップサービスのためのシステム整備も必要とされる。この際、子ども一般施策においても、ケア（ケース）マネジメントの導入を検討すべきである。なお、保護者の利便のためにワンストップサービスの実現も必要であり、いわゆる障害児分野の相談支援専門員（名称も検討が必要）と事業者の養成も、大きな課題としてクローズアップしてくるであろう。

（4）子ども一般施策と障害児支援施策との整合性の確保

子ども一般施策における障害児支援と療育等の専門的支援との整合性の確保、たとえば、保育所あるいは新システムのこども園（仮称）給付における障害児支援と、児童発達支援センター、同事業における障害児支援との関係や、一時預かり事業の障害児への適用なども、課題として指摘しておかねばならない。

また、前述のとおり、いわゆる社会的養護サービスを障害児についても活用すること、たとえば、

２００８（平成20）年改正児童福祉法の一つひとつの事業を障害児福祉に適用することなども、検討されなければならない。専門里親に対する障害児委託の推進、児童家庭支援センターの障害児関係施設への附置、一定の基準を満たすおもちゃ図書館を地域子育て支援拠点事業として補助の道を開くこと、障害児入所施設の小規模化や、小規模住居型児童養育事業の活用、障害児入所施設における自立支援計画策定の導入など、検討すべき課題は多い。このほか、教育・労働分野との切れ目のない支援も大きな課題である。

（５）放課後等支援の場の再検討

まず、放課後等デイサービスが創設されるが、この事業は、学校に就学している障害児の「訓練、社会との交流の促進その他の便宜を供与」するとされている。そのことを軽視するつもりはないが、現在実施されている地域生活支援事業に基づく日中一時支援としての放課後等の預かりも残しておくなど、複合的なサービス体系とすることが、障害児とその家族の多様なニーズに応えられるのではないかと考えられる。放課後等デイサービスは訓練、療育の場なのか、それとも交流の場なのか、さらには、親の育児と就労支援の場なのか、レスパイトの提供なのか、しっかりとニーズごとにサービスの整理・整備する必要がある。さらには、育児と就労の両立支援として未就学児を対象とすることも、こども園（仮称）給付における障害児利用の実態によっては考えなければならないであろう。

2　新法検討、新システムにおける障害児福祉の視点

(1) 視野に入れるべき動向

続いて、2013（平成25）年8月までに施行されるべきとの決定がなされている、新法検討における障害児福祉の在り方について、視野に入れるべき動向について整理する。

まずは、改正障害者基本法における障害児支援の原理（法第17条〈療育〉等）に基づくことが必要とされる。第二に児童福祉施設最低基準の地方移譲への対応も必要であり、社会的養護と同様（第6章において詳述）、2012（平成24）年度からの法施行前に、2011（平成23）年6月には児童福祉施設最低基準のかさ上げが実施されている。しかし、社会的養護に比していまだ不十分であり、今後の強化が求められる。第三に、すでに述べたとおり、子ども・子育て新システムや社会的養護システムとの関係を整合化させることが必要である。具体的には、繰り返しになるが、以下の視点が必要とされる。

(2) 子ども・子育て新システムと障害児支援

新システムと障害児福祉の関係については、以下の視点が必要とされる。

①一般施策における障害児支援の拡充を

2012（平成24）年度から開始される個人給付型の障害児支援サービス、「保育所等訪問支援事業」の受け皿としての、総合施設（仮称）等のこども園（仮称）給付における「障害児保育給付」の創設を図る必要がある（現在の障害児保育加算は一般財源化されており、地域格差拡大が指摘されている）。

②障害児に固有の施策と新システムとの乗り入れを進め、サービスの計画的整備や切れ目のない支援の確立を

新システム財源と障害児支援財源が別々になれば、サービス間に新たなトレードオフ関係が生ずることとなり、たとえば、放課後児童クラブにおける障害児の受け入れと、放課後等デイサービスなどが縮小均衡（障害児の一般施策からの排除、両サービスとも増えないなど）になったり、サービスの切れ目をつくり出したりすることにつながる。できる限り切れ目のない支援を考慮すべきである。

③新システムにおいて創設されるサービスを、障害児とその保護者にも

一時預かりサービスは、障害児や難病児童にも提供できるようにすべきである。地域子育て支援拠点を整備するのであれば、たとえばおもちゃ図書館も対象にし、障害児支援サービスにも小規模類型を創設し、訪問型の発達支援事業の創設、重症心身障害児等に固有の一時預かりサービスなども併せて整備していくことが必要である。

④こども園（仮称）給付における障害児支援

総合施設（仮称）等のこども園（仮称）給付における障害児の入所について応諾義務化し、障害児保育にかかる保育士の加配措置を進める。また、こども園（仮称）等における障害児の支援については、「通所可能な子ども」に限定することなく、障害児の地域生活支援を進めていく観点から、必要な合理的配慮のもと可能な限り受け入れていくことが必要である。したがって、保育士等の加配や保育所等訪問支援、児童発達支援センターへの並行通園、その他の障害児支援サービスの組み合わせにより、こども園（仮称）に通所可能な子どもについては、指定こども園（仮称）で受け入れることを考えるべきである。また、そのための環境条件整備のための補助制度を設けるべきである。

⑤新システム事業計画と障害児支援

市町村が作成する新システム事業計画（仮称）のなかに、障害児の受け入れについて位置づけることとすべきである。また、子ども・子育て新システムにおいて導入が決まっている、子ども・子育て会議（仮称）（国、都道府県、場合によって市町村）に対する障害児支援関係ステークホルダーの参画を必須とすべきである。

⑥障害児の保護者の育児と就労の両立支援

障害児の保護者の育児と就労の両立支援は制限されている現状にあり、こども園（仮称）給付における受け入れを促進するとともに、療育対象の子どもの体力等にも配慮しつつ、児童発達支援センターの休日保育や延長保育の加算措置を進めることも検討する必要がある。

⑦相談支援システム

「障がい者制度改革推進本部等における検討を踏まえて障害保健福祉施策を見直すまでの間において障害者等の地域生活を支援するための関係法律の整備に関する法律」（２０１０〈平成22〉年12月10日公布）における障害児相談支援システムの変更と、整合性あるこども園（仮称）給付システムを検討することが必要である。特に、障害児のこども園（仮称）給付指定施設入所にあたってのケアプラン前置と、公的契約との関係整理、ワンストップサービス化が必要である。

（３）社会的養護改革と障害児支援――現在の社会的養護体系を障害児にも

社会的養護システムと障害児福祉の関係においては、基本的には、社会的養護においてとられている小規模ケアの推進やケアの地域化、専門化等の施策を、障害児入所システムにおいても採用することを主眼とすべきである。具体的には前述したとおりである。

（4）新システムと障害児支援システム相互乗り入れのための主要論点

障害児とその保護者の地域生活支援を進めていくためには、両システムの相互乗り入れを強化すべきであるという観点から、その方向性と具体策を述べてきた。しかしながら、それは、容易なことではない。主要な論点は、以下の三点である。

まず第一は、障害児保育のための加算措置や障害児支援関係相談事業など、現在すでに一般財源化されている事業を、再び子ども・子育て包括交付金（仮称）のようなかたちで特定財源化することに合意が得られるかという問題がある。これは、福祉問題に限らずすべての分野に共通する課題である。これが実現しなければ、たとえば、個人給付制度として設計されている保育所等訪問支援事業と、こども園（仮称）給付におけるいわゆる障害児加算（たとえば保育士の加配などに活用）は、前者は国による全国一律の基準、後者は地方自治体の裁量による基準と、制度上まったく別の制度として運用されることとなり、両者の連携は難しくなる。

第二の論点は、新システムの財源と障害児福祉の財源とをそもそも一体化しないほうがよい、あるいは、することは困難であるという議論である。これは、障害児福祉関係者にも根強い意見である。つまり、すべての子どもに使われる財源の一元化は、市町村に対する一般財源化と同様、障害児に使われる保障はなく、結果として、少数者のニーズは顧みられないことになってしまうという考えである。これを防止するためには、障害児福祉については別財源とし、必要な財源を別途確保するほうが得策ということになる。しかし、この方法のデメリットは、すでに何度も述べてきているように、子ども一般サービスと障害児固有のサービスとの間にトレードオフ関係が起こり、子ども一般施策からの障害児の排除や両サービスの縮小均衡が起こる可能性があるということである。

第三に、子ども家庭福祉行政実施体制の一元化に関する検討がある。現在のところ、政府や検討会議の論点として、現行子ども家庭福祉行政実施主体の変更は考えられていない。その場合、本書が主張している切れ目は相変わらず残ることとなる。

これらは、今後の政府による検討に委ねられている。ただ、もし両財源が別のものとなり、かつ、実施体制の二元化が継続することとなったとしても、将来的にはこの方向が目指されるべきと著者は考えている。その一里塚として、少なくとも両サービス、実施体制の連携を強化することにより、切れ目を最小限にする努力は必要である。

3　その他

最後に、新法検討において具体的に充実、検討すべき課題について整理すると、以下のとおりである。

(1) 最低基準関係

①障害児施設関係児童福祉施設最低基準改正の検討

援助・療育原理のリニューアル、居室面積、居室人員、職員、運営の原則、などを検討する必要がある。

②自立支援計画・地域移行支援計画の策定と更新などを規定していく必要がある。

これについては、すでに述べたとおり、2011（平成23）年6月に児童福祉施設最低基準や児童福祉法に基づく指定知的障害児施設等の人員、設備及び運営に関する基準等が改正されたが、実現は一部にとどまり、政府において十分な検討がなされたとはいえない。今後、社会的養護に倣《なら》ったさらなる充実が必要とされる。

(2) 相談支援関係

①サポートファイルの開発と定着について検討が必要である。

②障害児支援のための個別支援会議を、要保護児童対策地域協議会の障害児部会と位置づけ、参加者に罰則付きの守秘義務を担保することが必要である。また、障害児相談支援事業者を、要保護児童対策地域協議会のメンバーとすることも必要である。

③障害児の児童一般施策での受け入れ強化を図るとともに、相談支援におけるワンストップサービスの提供が必要である。そのため、指定障害児相談支援事業者の作成する障害児支援利用計画案に、児童一般サービスの利用に関する計画も取り入れたり、代理申請の仕組みを導入することなどの検討が必要である。

④障害児専門の指定障害児相談支援事業者ならびに障害児相談支援専門員の養成について、検討する必要がある。その際、社会福祉士や精神保健福祉士のみならず、民間資格である臨床発達心理士、臨床心理士等の活用も考慮すべきである。

⑤児童家庭支援センターの児童発達支援センター、障害児入所施設への付置ならびに単独設置を進めることが必要とされる。

⑥市町村、指定障害児相談支援事業者による相談・療育支援の一元化を強化することを、検討することが必要である。たとえば、障害児が児童相談所の障害児入所施設給付ないしは措置によって障害児入所施設に

入所した場合における、市町村、指定相談支援事業者への連絡、自立支援・地域移行支援計画の協働策定と更新、帰省時の連絡体制の強化などを検討する必要がある。

（3）療育支援、放課後生活保障関係

①保育所等訪問支援事業の訪問対象に、「家庭」を加えることが必要である。

②指定こども園（仮称）と児童発達支援センター等の並行通園の仕組みを創設する。その際、利用料の減免などを検討することが必要である。

③学齢児の放課後生活保障は、療育、遊び・文化・スポーツ活動、レスパイト等多様なニーズに配慮し、放課後等デイサービス、日中一時支援事業、レスパイトサービスなど、さまざまな事業の組み合わせにより実施することを検討する必要がある。

④放課後等デイサービスの療育型単価の拡充、送迎加算・医療連携加算などの創設を検討する必要がある。

（4）事業経営の安定化のために

①保護者負担金の未納が子どもの最善の利益を侵害する場合の対応について、市町村の関与を検討することが必要である。

②児童発達支援センター、障害児入所施設の療育単価に、月額単価方式を導入することが求められる。

③保育士の待遇、専門性の向上ならびに確保策について、新システムにおける検討と連動させる必要がある。

（5）障害児入所支援の小規模化、地域化と地域生活移行支援

①障害児入所施設における措置児童の自立支援計画の策定と見直し体制の整備について、社会的養護関係施設と整合性を持たせる。
②障害児型小規模住居型児童養育事業（ファミリーホーム）の創設を検討する。
③障害児入所施設におけるユニットケア、地域小規模施設の設置推進を図る。
④障害児入所施設（特に福祉型）に児童虐待対応職員、心理療法担当職員等を配置する。
⑤障害児里親の推進と障害児里親支援事業の創設を行う。
⑥児童養護施設等の社会的養護関係施設と障害児入所施設（地域小規模施設を含む）との統合モデル事業を創設する。
⑦障害児入所施設運営ガイドラインを作成する。
⑧入所児童に関する自立・地域移行支援計画の策定と更新を行うシステムを創設する。
⑨施設における職員配置基準の向上を図る。
⑩親権制度改正により施設長の責任が重くなることに伴い、障害児入所施設長の資格の規定化と研修の義務化を推進する。
⑪第三者評価制度を義務化することを検討する。

4　障害児合同作業チーム報告書の内容と今後の方向

2011（平成23）年6月23日開催の障がい者制度改革推進会議総合福祉部会において、部会作業チーム、合同作業チームの報告書が公表され、それらに対する厚生労働省のコメントが公表された。障害児支援合同作業チーム報告書はA4判で10枚であり、その概要は以下のとおりである。

■合同作業チーム報告書（障害児支援）【概要版】（総合福祉部会、2011年）

Ⅰ　はじめに

障害児は、障害のない子どもと等しくすべての権利が保障されなければならない。障害児にとって必要な支援と合理的配慮は、一般の児童施策（以下、児童一般施策という）において保障されなければならならず、障害ゆえの固有の支援は障害児施策として地域社会の身近な場所で保障されなければならない。また、そのために必要な財源の確保と財政上の措置を講じるべきである。

障害児支援合同作業チームは、このような基本的な視点に立ち、論点整理を行った。

Ⅱ　結論とその説明

1　障害児の基本的権利と権利擁護

障害の種類や程度にかかわりなく、一人の子どもとして平等に扱われるべきであることを確認し、最善の利益、意見表明権を明記し、オンブズパーソンを制度化すること。

2　児童一般施策における支援

（1）身近な地域での支援——児童一般施策と障害児施策が重層的に保障されるよう制度設計されること。

（2）児童一般施策と障害児施策の関係——障害児が、児童一般施策から排除されることのないように、「子ども・子育て会議」（仮称）等に障害児や家族等が参画し、障害児の視点を盛り込み、制度設計されること。

（3）早期支援——乳幼児健診を、医療・療育の保障はもとより、地域における子育て支援や保育所入所など、早期の地域支援につながるよう制度設計されること。保育所等訪問支援事業の訪問対象に「家庭」を加えること。

（4）「こども園」（仮称）での支援——「こども園」（仮称）は、障害を理由に入園が拒否されることのないよう、制度設計され、合理的配慮を保障すること。

（5）放課後児童クラブでの支援——障害児が、放課後児童クラブへの参加を希望する場合には、障害を理由に拒否せず、かつ必要な支援を講じるよう、制度設計されること。

（6）要保護児童としての障害児——要保護児童である障害児が家族生活に戻れるよう、親・家族へのカウンセリングや育児支援等を提供できるよう、制度設計されること。

3　障害児施策

（1）療育——地域社会の身近な場所において専門性の高い療育（障害児に対する発達支援・育児支援・相談支援・医療的支援等）を活用できるよう、制度設計されること。

（2）訪問系サービス——障害児が自立するための経験を保障するために、現状では活用しにくいことが多い訪問系サービスを利用しやすくすること。

（3）通所支援――身近な地域で発達支援を受けられるよう，児童発達支援センター等は，通所支援だけでなく，保育所等への訪問型支援や学齢障害児も対象にした発達支援を講じること。

（4）障害児入所施設――自立生活に向け「自立支援計画」の策定を義務づけるとともに，重度障害児の在宅生活が可能となるよう地域資源を整備すること。その際，できるだけ家庭に近い養育環境への移行となるよう検討すること。

・入所施設は，地域の社会資源の一つとして，在宅支援など多機能化すること。

・入所決定においては市町村が関与できるよう制度設計されること。

・特別支援学校の寄宿舎の本来の役割は通学を保障することにあり，自宅のある地域社会から分離されないよう運用されること。これ以外の役割については，実態を調査し，地域生活への移行に向けた方策を検討すること。

（5）保護者支援，きょうだい支援――障害児の保護者，きょうだい支援を拡充すること。

4　相談支援と「個別支援計画」等

（1）地域の身近な場所での相談支援体制――相談支援は，障害が特定されない時期から，身近な地域の通いやすい場所で提供されること。

（2）ケアマネジメント――地域での育ちを支援する方向性で，サービス利用計画の立案，支援の調整，改善を含めるものとして，制度設計されること。

（3）「個別支援計画」――障害児・家族にとって身近な地域における支援を利用しやすくするため，総合計画としての「個別支援計画」を制度化すること。

・乳幼児期の「個別支援計画」は，保護者・きょうだい等への支援を含む家族ぐるみの支援計画として策定すること。

・障害児の意見表明を踏まえた「個別支援計画」とし、個人情報の保護と障害児および保護者に対する説明と同意を義務づけること。

（4）要保護児童対策地域協議会と地域自立支援協議会の連携——障害児と家族への支援を保障するために、要保護児童対策地域協議会と地域自立支援協議会が連携するため、地域自立支援協議会の構成機関に守秘義務等の根拠となる規定を設けること。

（5）利用者負担——障害を理由に、新たな負担が生じないよう、制度設計すること。

（6）安定的なサービス提供——障害児のニーズを踏まえた多様なメニューを提供するために、給付額の設定は、月額単価を基本とすること。

5　人材育成

障害児支援の充実のために、必要な職員等を確保し、研修を行うこと。

Ⅲ　おわりに

1　他チームとの調整を図るべき内容——障害児の支給決定の在り方について

2　今後の検討課題——引き続き検討する場が必要である。

著者は合同作業チームの一員としてこの報告書作成に携わってきたが、率直に言って、実現可能性にかなり配慮した現実的な提言が盛り込まれていると感じている。それは、大きな法改正は、２０１０（平成22）年12月のいわゆるつなぎ法においてすでに達成され、かつ、その施行が２０１２（平成24）年４月からとされていることから、それらを前提としない改革は困難ではないかと考えたからである。したがって、本報告は、いわゆるつなぎ法の施行を前提として、それらをさらに改善する方向での改革を提示しているといえる。大きな改革提言は、次の2点である。

第一は、障害児の地域生活支援とインクルージョンを大きく意識している点である。第二は、子ども・子育て新システムや、社会的養護等子ども一般施策の展開に呼応させている点である。これらの2点は、子ども一般施策と障害児施策との一体化をできる限り進めるという観点から検討された。

２０１１（平成23）年8月30日には、本報告書をほぼそのまま盛り込んだ法案骨子の提言が、総合福祉部会によって取りまとめられた。その概要は以下のとおりである。

■障害種総合福祉法法案骨子（２０１１年9月、障がい者制度改革推進本部総合福祉部会の「障害児」部分を著者要約）

1　子どもの権利擁護のためのオンブズパーソンの検討
2　障害の早期発見と子育て支援事業の連携の強化
3　障害を理由に制限されない児童一般施策の推進
4　身近な場所における専門性の高い療育の提供
5　障害児通所支援における訪問支援の充実
6　障害児入所支援における自立支援計画の策定と地域移行の推進、入所決定等における市町村の関与、家庭に近い養育環境の確保
7　地域の身近な場所における相談支援体制の確保と申請等のワンストップ化

8　ケアマネジメントと個別支援計画の充実
9　要保護児童対策地域協議会と地域生活支援協議会（子ども部会）（障害者総合福祉法において法定化）の協働
10　家族ときょうだい支援の強化
11　特別支援学校寄宿舎のあり方検討

今後は、この視点を基本視点としつつ、児童福祉法ならびに障害者総合福祉法における障害児福祉施策の進展が図られるよう尽力しなければならない。

第8章　「こうのとりのゆりかご」が問いかけるもの
——公民の協働を目指して

1　はじめに

こうのとりのゆりかご（以下「ゆりかご」）とは、熊本市内の慈恵病院が、「医療機関において、匿名でこどもを受け入れるための窓口として」（こうのとりのゆりかご検証会議報告書）、２００７（平成19）年5月10日から運用を開始したシステムである。開設後、熊本市と熊本県はそれぞれ短期検証会議、中期検証会議（座長・柏女霊峰）を設置し、同年11月30日に第1回中期検証会議が開催された。同会議は10回の議論を経て、２００９（平成21）年11月26日に報告書を提出した。

２０１０（平成22）年度に熊本市が児童相談所を設置するに伴い、検証の場は熊本市が設置する熊本市要保護児童対策地域協議会専門部会に移管された。同部会は、２０１１（平成23）年3月末までの3年11カ月の間に、75名の預け入れがあったことを公表している。

2011（平成23）年1月24日には、慈恵病院の新棟建設により、ゆりかごは新棟の一角に移転した。新棟では、①預け入れを周囲から見えにくくする、②相談対応を強化する、③子どもの出自を知る権利を保障するための手掛かりが残されるような工夫を行う、の3点を基本に設置の工夫を行った。ゆりかごは現在も、慈恵病院の財源や寄付等によって運営され、熊本市は短期検証を継続するとともに、2012（平成24）年3月には中期検証報告も公表するとしている。

本章では、こうのとりのゆりかごが問いかけるものについて、その検証結果と提言を報告し、その意義に関し、民間レベルの取り組みと行政との協働の必要性について提起することとしたい。

2　検証の経緯をめぐって

2007（平成19）年5月10日から慈恵病院のこうのとりのゆりかご（以下「ゆりかご」）の運用が開始されると、医療法に基づく許可を行った熊本市と要保護児童に対する措置権限を持つ熊本県とがその検証に関する検討を開始し、8月16日、両者は、「「こうのとりのゆりかご」に係る検証について」と題する記者発表を行った。著者に、委員、それも座長としての就任打診があったのは、その少し前であったと記憶している。「ゆりかご」の設置計画がマスコミを通じて紹介されると、子ども家庭福祉を専門とする著者にとっても関心は大きかったが、まさか自分が検証会議に、それも座長として携わることになろうとは思ってもみなかった。

その時から報告書提出まで2年数カ月、報告書作成までのプロセスをどのように展開していくか、検証のスケジュールとストラテジーの検討、これが、著者に与えられた最大の使命だったと感じている。検証会議

に求められたことは以下の四点であった。(1)

(1)「ゆりかご」設置の現状分析と評価について。
(2)「ゆりかご」設置をめぐる社会的な課題・法制度上の課題について。
(3)「ゆりかご」設置に伴う施策提案・要望について。
(4) その他必要と認められること。

検証の具体的議論については委員の識見に期待するとしても、それぞれの見解を引き出すための材料として何が必要とされ、それらを挙証するエビデンスについて個人情報、プライバシーの保護を最優先にしつつどのように公表していくか、検証、提言を確実なものとするために必要とされる関連調査等の検討、中間まとめの公表等社会的論議を取り入れる方法の検討等に、検証会議事務局とともに注力することとなった。当初の委員は著者も含めて6人であったが、(2)その後2人が仲間となり、(3)最終的には8人の委員で最終報告を

＊1 「こうのとりのゆりかご」検証会議設置要綱第2条。
＊2 当初からの委員は、奥山眞紀子氏、高木絹子氏、田中昭子氏、恒成茂行氏、良永彌太郎氏、それに柏女の6人であった。なお、恒成委員は2009（平成21）年8月27日に逝去されたが、病院からの会議への参画も含め、最後まで貴重な意見をご提示いただいたことをここに感謝とともに付記しておきたいと思う。
＊3 山縣文治氏は、論点に子ども家庭福祉関係事項が多いこと、子ども家庭福祉の立場から参画している柏女が座長としての職務にエネルギーを割かざるを得ないこと、国の審議会委員としても参画していること、などの理由から、中間報告とりまとめ直前の2008（平成20）年7月1日から委員に就任した。また、弟子丸元紀氏は、この間、熊本市の短期検証の委員長として尽力しており、今後、熊本市が児童相談所設置市になることに伴い、熊本市が中心となって検証が続けられること等を勘案し、2009（平成21）年3月3日から委員として就任した。

作成した。

こうして、検証会議は、ゆりかごが設置されてから約半年後の11月30日に第１回を開催し、以降、計10回の議論を経て最終報告を提出した。途中、第４回会議後、２００８（平成20）年９月８日には、これまでの検証の成果と主な論点ならびにそれらに対する意見を「中間とりまとめ」として公表した。検証の経緯は、最終報告末尾の「審議の主な経過」のとおりである。審議経過に記載のとおり、会議そのものの開催は２年間で10回であったが、その間、膨大な調査報告や事例等を読み込んでの意見の提出など、書面による「意見聴取」等が会議と会議との間に頻回に実施された。また、座長として会議後に必ず記者会見を行い、可能な範囲で議論の経過と内容について公開してきた。

検証会議は、２００９（平成21）年11月26日の最終報告の知事への手交と、その後の記者会見でその役割を終え、その後は熊本県主催の「こうのとりのゆりかご」シンポジウム(4)で、公開討論と啓発を実施した。２０１０（平成22）年４月１日からは、児童相談所設置市となった熊本市が中心となり、熊本県の協力の下に検証が再開されている。

＊４　熊本県が主催した「こうのとりのゆりかご」シンポジウムは、２０１０（平成22）年１月31日、13時半から16時半まで、熊本市内のホテル熊本テルサで開催された。柏女による基調報告ののち、柏女がコーディネーターとなって、山縣文治氏、弟子丸元紀氏、田尻由貴子氏、黒田信子氏の各氏をパネリストとする、パネルディスカッションが行われた。

3　最終報告の構成と概要

(1) 最終報告の構成

熊本市の慈恵病院が、2007(平成19)年5月10日にゆりかごの運用を開始してから2年5カ月の間に、51人の預け入れがあった。検証会議では51事例や慈恵病院相談事例等について詳細に分析し、また、関連する制度等についての調査等も踏まえ、委員全員で真剣な討議を行ってきた。報告書はA4判で、本文が序章を含め9章からなる149頁、資料編が43頁であり、計192頁の大部のものである。そのポイントは、ゆりかごの利用状況とその背景、ゆりかごの評価、制度的提言の3点である。

最終報告では、まず序章で、検証の対象や方法等について記載し、第1章から第4章で、ゆりかごの運用実態とそれらに深く関連する事項について整理し、第5章でゆりかごが提起する諸課題について検討を行い、網羅的に28項目にわたり課題解決のための方向性を提示した。また、第6章でゆりかごを全体的に評価し、そのうえで、第7章ではこれらのうち、国や地方自治体ならびに関係者等がすぐにでも取り組む必要のある事項について提言を進めた。そして最終章にあたる第8章で、当検証会議の考え方について全体の取りまとめを行った。

(2) 検証の方法(序章)

検証の方法については、最終報告の序章に詳細に記載している。序章においては、最終報告の基本的な考え方を示すとともに、検証の役割分担、審議の経過、特に留意した事項、検証の対象期間、ゆりかご事例に対する記述の考え方、検証の方法等、検証を進めるにあたっての基本的な事項について記載した。

検証にあたっては、ゆりかご事例の分析、慈恵病院の相談事例の分析を進め、ゆりかご事例については、フォローアップ調査を移管先の管轄児童相談所に依頼した。また、ゆりかごに深く関連する制度に関する調査も進めた。具体的には、諸外国の類似制度や国内の類似事例の分析、全国の棄児調査、妊娠・出産にかかる相談窓口の設置状況に関する全国調査、妊娠・出産・養育支援にかかる取り組み状況に関する全国調査等を実施した。

4　ゆりかごとその利用者の概要（第1、2章）

(1) ゆりかごの仕組みをめぐって

第1章では、ゆりかごが設置されるまでの経緯とゆりかごの仕組み、慈恵病院、熊本県、熊本市等関係機関における対応について記載した。また、ゆりかごに関連する内外の制度と取り組みについても紹介、考察を進めた。

ゆりかごとは、医療機関において、匿名で子どもを受け入れるための窓口として設置されたものである。ゆりかごに預け入れられた子どもは、現行法では医療機関で預かることはできず、児童福祉法等既存の制度

＊5　具体的には、ゆりかごに類似した海外での取り組みに関する文献調査の結果について記載している。特に、ゆりかごがモデルとしたドイツのベビークラッペについては、ゆりかごとの比較も行った。さらに、匿名出産制度などについても文献研究を進めた。

＊6　具体的には、1986年から1992年まで、群馬県前橋市のわらの会が設置した「天使の宿」について文献により調査を行い、ゆりかごとの比較を行った。

の枠組みのなかで、その後の対応が行われることとなる。ゆりかごの特徴は、以下の4点であると考えられる。

（1）事前の相談や緊急対応とセットになっていること。
（2）実名化への努力がなされていること。特に後半、利用者とできる限り接触を図るようにし、接触が図られた場合には可能な限り相談に持ち込むことを心がけていること。
（3）最終的には匿名で子どもを預かることができること。(7)
（4）預け入れ後は、児童福祉法に基づき、要保護児童として児童相談所に通告がなされ、公的施策として対応がなされること。

したがって、ゆりかごは要保護児童に関する公的施策の窓口になっているにすぎない。このことが、慈恵病院に直接相談があった場合の対応との違い(8)を生み出すこととなり、わが国独自のシステムといわれるゆえんである。慈恵病院が事前の相談を呼び掛けているのは、このことも一因している。

＊7　慈恵病院は、2008年12月から2009年1月にかけて、ホームページから「匿名で預かる」との表現を削除し、ゆりかごの扉の表示も、「扉を開ける前に、右側壁のインターホンを鳴らして相談してください。」と変更している。しかし、預け入れ後すぐに去ってしまえば、病院は預入者と接触できず、また、その後も連絡等がなければ、最終的には、匿名となる。このような預け入れは、2009年9月末日現在で51人中12人であった。

＊8　ゆりかごに預け入れられた子どもで特別養子縁組が成立した子どもは2年間でわずか1件であるのに対して、慈恵病院に相談があった事例の場合には、2年間（2007年4月から2009年3月まで）で50件となっている（田尻由貴子「こうのとりのゆりかご」シンポジウム資料、2010年1月31日より）。

(2) ゆりかごの利用状況と利用の背景や事情をめぐって

続いて第2章においては、ゆりかごの利用状況と利用の背景や事情について明らかにし、総括するとともに、預け入れられた後の子どもの状況も記載した。

ゆりかごには、運用開始の2007(平成19)年5月10日から、検証対象期間の最終日である2009(平成21)年9月30日までの約2年5カ月の間に、51人の預け入れがあった。1カ月平均1・8人ということになる。慈恵病院がホームページから「匿名」の文字を削除した2009(平成21)年1月以降、一時的に預け入れ件数の減少が見られたが、ほぼ一貫したペースで預け入れが続けられている。

検証会議では、51事例や慈恵病院相談事例等について詳細に分析し、また、ゆりかご事例に関するフォローアップ調査を、移管先の管轄児童相談所に依頼した。こうして判明した事実については、個人が特定されないことを条件にできる限り公表することとした。「個人が特定されないこと」を条件としたのは、プライバシー保護はもちろんのこと、預け入れられた子ども本人が、成長後この報告書を読むことも想定してのことである。子ども自身の出自については、本人にとって最も大切な人から、しかるべき時期に、誠実に告げられるべきと考えたからでもあった。

慈恵病院が、実践と経験のなかで、途中からできる限り預け入れ者と接触を図り相談に持ち込むなど匿名性を薄め、また、通告を受けた児童相談所が社会調査を重ねたこともあり、結果的に全体で39人(76・5%)の親の状況が判明し、それらについて詳細な分析を進めることができた。その結果、利用層はかなり幅広く、さまざまなニーズがあることが示された。具体的には、「広域からの利用がある」「自宅での専門家の立ち会いのない出産が多い」「祖父母が預け入れに来た事例が少なくない」「親族や友人に相談した結果、預け入れに来ている事例がある」「孤立したまま、預け入れに来ている事例がある」「障がい事例が複数あった」[9]などである。

なお、ゆりかごを利用した主な理由については、慈恵病院における面接や移管先の管轄児童相談所等による預け入れ者、保護者等に対する聞き取り、フォローアップ調査の結果等から熊本県中央児童相談所が「主な理由」と判断したものであり、報告書にも記載しているとおり、実際には多様な理由が混在していることに留意する必要がある。むしろ、理由は後からつけられたものである可能性もあり、出産後の精神的混乱のなかでゆりかごを思いつき、預け入れる本当の理由は本人にも定かでないと判断するのが妥当ではないであろうか。

ゆりかごの利用状況、ならびに利用事例の背景にかかわる項目の情報の詳細については、最終報告の図表（こうのとりのゆりかご検証会議編『こうのとりのゆりかごが問いかけるもの』明石書店、二〇一〇年、〈以下、「前掲書」〉80、85頁など）をご参照いただきたい。なお、2009（平成21）年9月末日現在における預け入れられた子どもの生活の場所は、乳児院31人、里親委託12人、家庭引取7人、特別養子縁組1人であった。

5　ゆりかごが照射した子ども家庭保健福祉上の諸課題（第3～5章）

(1) ゆりかごをめぐる課題の整理

第3章においては、慈恵病院での相談事例の総括をするとともに、ゆりかご事例との比較を行った。ま

＊9　最終報告においては、熊本県の規定に従い、「障害」の表記を「障がい」としている。また、「複数」と表記したのは、個人が特定される可能性があったためである。

表8-1　ゆりかごをめぐる課題の整理

段　階	諸　課　題
1. ゆりかごに預け入れる以前の段階	(1) 妊娠・出産・養育にかかる相談体制と対応のあり方 (2) 妊娠・出産期からの支援体制 (3) 社会全体での取り組み
2. ゆりかごの運用と対応の段階	(1) 慈恵病院での対応 (2) 児童相談所および関係機関の対応 (3) 利用状況などの公表（情報の公開）
3. 預け入れられた後の子どもの援助の段階	(1) 児童相談所での保護・援助 (2) 子どもの健全な成長の確保 (3) 里親制度と養子縁組制度 (4) 家庭引き取り後の見守りと援助

（こうのとりのゆりかご検証会議，2010，p.134）

た、妊娠・出産にかかる全国の相談窓口の設置状況についても考察を行った。

続いて第4章においては、子どもの遺棄の状況について考察するとともに、養子縁組の実態について整理した。また、妊娠・出産・養育支援にかかる全国の取り組み状況調査の結果について整理した。いずれも、詳細は、最終報告をご参照いただきたい。

第1～4章を受け、第5章においては、ゆりかごにまつわる子ども家庭保健福祉その他の諸課題を整理した。検討にあたって整理した課題の構造は、表8－1のとおりである。

課題は以下の28項目に及び、小項目では65項目に及ぶ。まさに、ゆりかごはわが国の子ども家庭保健福祉の課題、特に、子どもの福祉を守る観点からの課題を鋭く照射したといえる。最終報告の最も重要な部分であり、そのそれぞれについて、一つひとつ詳細に検討していくことが必要とされる。具体的な検討課題は、以下のとおりである。

(2) ゆりかごに預け入れる以前の課題

①妊娠・出産・養育にかかる相談体制と対応の在り方に関する課題

（ア）現状の公的サービス（相談体制等）における課題
（イ）行政と民間での相談体制の充実における課題
（ウ）相談窓口の周知、情報の提供に関する課題
②妊娠・出産期からの支援体制に関する課題
（ア）妊娠・出産期からの支援に関する課題
（イ）リスクの高い（ハイリスク）家庭等への支援に関する課題
（ウ）特段の支援が必要なケースに関する課題
（エ）障がい児を出産した親の支援に関する課題
（オ）出産そのものへの支援に関する課題
（カ）妊娠期からの支援体制の広報・周知
③社会全体での取り組みに関する課題
（ア）あらゆる世代への教育の徹底に関する課題
（イ）社会の意識の改革に関する課題

（3）ゆりかごの運用面と対応に関する課題

①慈恵病院での対応における課題
（ア）施設の運用面、初期対応での課題
（イ）母子の身体的な安全の確保

（4）預け入れられた後の子どもの援助の段階

（イ）特別養子縁組に関する課題
④家庭引き取り後の見守りと援助における課題
（ア）家庭引き取りの判断における課題
（イ）引き取り後のフォローにおける課題

（5）課題の検討をめぐって

課題は以上のとおり整理されるが、具体的には、母子の安全確保上の課題、匿名で預け入れられた子どもの調査の限界、実親の就籍拒否の問題、調査に対する警察等の関与に関する課題[10]、子どものその後の養育やアイデンティティ形成に与える影響、特別養子縁組にまつわる種々の課題[11]、遺留品や記録の保存その他データベースに関する課題など、さまざまな課題が指摘された。

より根本的には、生まれてからの子どもの福祉や、子ども虐待防止を図る児童福祉法や児童虐待の防止等に関する法律と、妊娠、出産をはじめ母子の健康を目的とする母子保健法の理念や体系との間に切れ目があることが課題とされ、今後、思いがけない妊娠や出産への対応と周産期の支援体制の整備ついて、切れ目のない支援ができる法体系の在り方について検討すべきことも提言された。なお、報告書においては、それぞれの課題一つひとつの克服の方向性について、できる限りの提言を行っている。

＊10　たとえば、児童相談所の社会調査は任意調査なので限界があり、子どもの福祉を守る観点から、警察に対する親の捜索への協力を求めることができないか検討すべきであるとしている。（前掲書、169頁）

＊11　たとえば、親が判明しない事例の場合、特別養子縁組の申立てや認容には慎重にならざるを得ないことが考えられる。こうした点にかんがみ、一定期間親が判明しない場合には、子どもに恒久的な家庭環境を提供するため、特別養子縁組を積極的に進めるなどの対策を検討すべきとしている。（前掲書、184頁）

6　ゆりかごの評価（第6章）

(1) ゆりかごの評価

第6章においては、ゆりかごの特性や機能を踏まえ、運用の実態から見える事象をもとに、ゆりかごの評価をまとめた。現在のゆりかごは相談や危機対応とセットになっており、親の判明率も全体で76％、2008（平成20）年度で88％に及んでいる。また、ゆりかご開始時から慈恵病院に対する相談件数は飛躍的に増え、妊娠・出産に一人で思い悩み、身近な者や公的な相談機関に相談できない女性のニーズに応える仕組みとして、大きな意義が認められる。

最終報告におけるゆりかごの評価については、以下のとおり集約される。まず、慈恵病院が実践している相談、危機対応と一体となったゆりかごは、子どもの遺棄による死の防止、出産にまつわる緊急避難、周産期の精神的混乱に伴う一時保護の三点において、一定の機能を果たしていると評価できる。親が判明した事例で、その後引き取りに至った事例が7例あったことも、そのことを物語っている。ゆりかごが、死や危険の回避に一定の機能を果たしていると考えられるゆえんである。

また、前述したとおり、ゆりかごはそれ自体だけで存在したのではなく、特に後半、相談体制（預け入れ後の相談等の積極的アプローチを含む）や危機対応とセットになっていることにより、多くの潜在化した悩みが相談として顕在化したこと、親の判明率が高まったことなども含め、大きな意義があったといえる。つまり、相談業務と一体的に運用されるゆりかごは、「高い相談技能に支えられた対応」「医療機関であることの安全性と安心感」といった特長をもった独自のシステムとして機能しているといえる。

しかし、その一方でゆりかごは、預け入れた者が保護責任者遺棄罪に問われることなく、また入籍することもなく、結果として合法的に匿名のまま子どもを預け、出産そのものをなかったことにできる仕組みでもある。(12) このことは、「戸籍に入れたくない」という理由や、世間体を慮《おもんぱか》る事情がある場合の利用を促しかねず、また、産科で知り合った第三者が預け入れに来た事例に見られるように、今後、親が第三者に依頼して預け入れる事例なども促される可能性がある。さらに、子どもにとって匿名であり続けることは、子どもの出自を知る権利を侵害するばかりでなく、その後の養育に不確定要素をもたらすことが施設から報告されている。こうしたことを勘案すると、ゆりかごの運用次第によっては、遺棄の助長(13)や子どもの最善の利益が侵害される場合も想定される。

つまり、ゆりかごは、運用の在り方によっては、預け入れられた子どもの養育をつなぐ機能を果たす一方で、遺棄の助長や子どもの最善の利益を侵害する可能性があるという二面性を有する仕組みとして、機能しているといえるのである。

こうしたことを勘案し、最終報告は、今後、全国でいわゆるゆりかごだけが単なる子どもを預け入れるものとして設置され、相談や預け入れ後の調査、危機対応等が行われない場合は、子どもの人権上からも遺棄の助長という倫理上の観点からも、大きな問題が生ずる懸念があるとした。また、慈恵病院の実践(14)についても、今後も生命・身体の安全確保の徹底に努めることはもちろんのこと、子どもにとっての匿名性を排除す

＊12　実際、51人中保護責任者遺棄等の犯罪性が立証された例は皆無であり、「刑事上では『明らかな違法性』は認められない」という判断がこれまでのところ優先されている（前掲書、168頁）。

＊13　検証会議では、子どもの遺棄や嬰児殺、保護責任者遺棄件数等の推移についても調査、検討を行ったが、ゆりかご事例を入れた棄児数の増加は見られるものの調査方法による可能性もあり、また、嬰児殺や保護責任者遺棄件数の増加傾向は見られず、現在のゆりかごが遺棄の助長を断定すると結論づけるには至っていない。

る努力を続けながら運営する必要があり、引き続き運用状況を注意深く見守っていく必要があるとしている。

(2) ゆりかごの中心的テーマ——匿名性について

ゆりかごは、最終的には匿名でも預け入れることのできるシステムである。検証会議では、ゆりかごの特徴である匿名性に関しては、最後まで議論の中核をなしていた。ゆりかごは、妊娠や出産について周囲に相談できず思い悩む者にとっては、身近な者に対して匿名性が担保されることで相談がしやすく、その後の親子の援助にもつながることが期待できる。

その一方で、匿名で子どもを預け入れることができ、その後の対応が行われない仕組みは、子どもの出自を知る権利やアイデンティティの確保を保障し、子どもの最善の利益を図る「顔の見える相談手続き」を忌避させ、さらに、前述したように子どもを捨てる行為のハードルを低くしてしまいかねず、社会的に倫理観の低下や子どものその後の生活、ひいては人生そのものに大きな被害を与える懸念がある。したがって、子どもの人生、子どもの権利保障の観点や遺棄の助長を促す懸念があることにかんがみれば、社会的には匿名であり続けること、つまり、子どもに対して匿名であり続けることを容認することはできない。

このように、「匿名性」は、親にとっての相談しやすさという利益と、子どもにとって出自が不明となる不利益の二面性を持ち、それぞれを可能な限り保障すること、つまり「親が身近な者に知られず、かつ、子

＊14　前述のとおり、慈恵病院のゆりかごは現在、慈恵病院や児童相談所等の尽力により親の判明率が2008年度で約9割となっており、相談やその後の対応によって実名化への努力が続けられている。このことは、子どもの出自を知る権利の保障やアイデンティティの確保にとって非常に重要である。

どもの育ちや将来に必要な情報は確実に収集できる仕組み」（前掲書、２０７頁）として整備されることが必要である。すなわち、当初は匿名で保護し、その後の面接や調査等により時間をかけて預け入れ者の気持ちに寄り添いつつ信頼関係を構築し、子どもの利益のためにも、可能な限り実名化を図っていく対応が必要とされているのである。

7　提言と要望――考えうる対応策（第7章）

(1) 国に対する提言と要望

第7章では、ゆりかごから見える諸課題や、ゆりかごの評価も踏まえて議論したうえで、現時点で考えうる提言・要望事項をまとめている。提言、要望の相手先は、慈恵病院・熊本県・熊本市、国、全国の行政・関係機関、マスメディア、地域社会であり、それぞれに分けて提言・要望している。国に対しては、以下の点を取り上げて検討し、できる限り具体的な提言を行っている。

（1）全国の児童家庭相談体制の充実と周知
（2）妊娠期からの相談体制や緊急対応を含めた総合的な体制の整備
（3）里親制度の充実と特別養子縁組制度の充実
（4）若者への命を大切にする教育の徹底
（5）ゆりかご問題への国の関与

特に、特別養子縁組制度については、乳児早期からの委託の促進、あっせん事業の在り方、たとえば、一定期間保護者が現れない場合の対応など認容の要件、制度創設20年を契機に総括と評価、見直しが必要と提言している。

また、妊娠期からの総合的な体制の整備に関しても、ハイリスク家庭・特定妊婦[15]の通告制度の導入、医療機関から市町村への妊娠・出産届出制度の導入、妊娠・出産に関する経済的支援の充実、母子健康手帳制度の改正などを提言している。

(2) ゆりかご固有のニーズに対する提言

最終報告の制度的提言は、ゆりかごが提起した28の課題に対応して多岐にわたるが、ゆりかご固有のニーズに対する対策は、概括的には、思いがけない妊娠への相談対応と、生まれた子どもの緊急一時保護対策のシステム化をはじめとする総合対策であり、そうした観点からの「切れ目のない支援」の取り組みの強化が求められる。

ゆりかごの利用実態と病院の相談事例から、日本全国で、妊娠・出産に一人で思い悩み、身近な者や公的な相談機関に相談できないニーズが多く存在し、そうしたニーズは今後とも存在し続けると考えられる。こうしたニーズに対しては、前述のとおり、相談や危機対応の機能を伴うゆりかごのような、①子どもの遺棄の防止、②出産にまつわる緊急避難、③周産期の親の精神的混乱による子どもの犠牲を防止する一時保護、

＊15　特定妊婦とは、「出産後の養育について出産前において支援を行うことが特に必要と認められる妊婦」（児童福祉法第6条の2第5項）をいい、養育支援訪問事業や要保護児童対策地域協議会（同第25条の2）の支援対象とされているが、支援の契機となる発見・通告は義務化されていない。

という三点を保障する機能が全国レベルで整備されることが必要である。

具体的には、最終報告で述べられているとおり、以下の二点の検討が必要とされる。

●「匿名で相談ができ、一時的に母子を匿名のまま緊急保護し、短期の入所も可能な設備を備えた施設」が、全国に一定カ所整備され、そこを中心にネットワークが形成されることが必要である。その場合、医療機関での整備が望ましく、それを公的に支援する形が期待される。さらに、相談業務についても、現在、慈恵病院で実践されているようなノウハウを一つのモデルとして、全国の公的な相談機関でも実践することを検討していく必要がある。また、すべての周産期医療機関のソーシャルワーク機能を向上させる必要がある。

●公的相談機関の技能の向上を図り、どの地域でも実践できる技能が持てるようになるため、国において、「妊娠・出産・母子の保護に関わる連携の拠点となるナショナルセンターとしての機能を果たす組織」の創設を検討されることが必要である。

（前掲書、226-227頁）

すなわち、「周囲に知られないで妊娠・出産について相談し、場合によっては、匿名のまま母子の保護ができる、一時的に母子を匿名のまま緊急保護し、短期の入所も可能な設備を備えた施設」ともいうべきシェルターが、全国に一定カ所設置される必要があり、その場合、民間の医療機関での整備が望ましく、それを公的に支援する方式が期待されるとしている。そのうえで、国において、「妊娠・出産・母子の保護にかかわる連携の拠点となるナショナルセンターとしての機能を果たす組織」の創設を検討すべきと提言している。

なお、これらの制度創設と合わせ、最終報告は既存の制度活用にも言及している。すなわち、児童家庭支援センターの医療機関付置の促進(16)、周産期医療機関へのソーシャルワーカーの配置、周産期医療機関に対する児童福祉制度、子どもの権利に関する研修の義務づけなどである。最終報告はこれらについて、国等に対し総合的に検討を行うよう要請しているのである。

8　子ども虐待死亡事例の防止とゆりかごの可能性

著者は、2004（平成16）年10月に開始された、厚生労働省社会保障審議会児童部会児童虐待等要保護事例の検証に関する専門委員会の委員長代理、委員長として、第1次検討開始から第5次報告提出までの4年半強、437人の喪《うしな》われたいのちに出会ってきた。この日本では、ほぼ毎年、1年間に120人強の幼いいのちが子ども虐待によって奪われている。親子心中を除けば、年間50～60人で推移している。このなかには、市町村や児童相談所等の関係機関がかかわっていながら救えなかったいのちのほか、誰にも知られることなく終えたいのちも含まれている。

専門委員会は、2008（平成20）年、第1次報告から第4次報告までの子ども虐待による死亡事例の検証結果を踏まえ、子どもが虐待によって死亡に至るリスクを図8-1のとおり整理している。これによると、保護者に見られる特徴として、妊娠届が未提出、母子健康手帳が未発行、自宅分娩、妊婦

＊16　児童家庭支援センターは、児童福祉法の改正により、2009（平成21）年度から児童福祉施設に対する付置要件が削除されている。

当委員会で指摘した虐待による死亡が生じ得るリスク要因

保護者の側面

○保護者等に精神疾患がある、あるいは強い抑うつ状態である
○妊娠の届出がされていない
○母子健康手帳が未発行である
○特別の事情がないにもかかわらず中絶を希望している
○医師、助産師が立ち会わないで自宅等で出産をした
○妊婦健診が未受診である（途中から受診しなくなった場合も含む）
○妊産婦等との連絡が取れない（途中から関係が変化した場合も含む）
○乳幼児にかかる健診が未受診である（途中から受診しなくなった場合も含む）
○子どもを保護してほしい等、保護者等が自ら相談してくる
○虐待が疑われるにもかかわらず保護者等が虐待を否定
○過去に心中の未遂がある
○訪問等をしても子どもに会わせてもらえない

子どもの側面

○子どもの顔等に外傷が認められる
○子どもが保育所等に来なくなった
○保護施設への入退所を繰り返している

生活環境等の側面

○児童委員、近隣住民等から様子がおかしいと情報提供がある
○きょうだいに虐待があった
○転居を繰り返している

援助過程の側面

○単独の機関や担当者のみで対応している
○要保護児童対策地域協議会等が一度も開催されていない
○関係機関の役割、進行管理する機関が明確に決まっていない

※子どもが低年齢であった、上記に該当する場合は、特に注意して対応する必要がある。

図 8-1　専門委員会が指摘した虐待による死亡が生じうるリスク要因
（社会保障審議会児童部会児童虐待等要保護事例の検証に関する専門委員会，2008，p.17）

健診・乳幼児健診が未受診など、妊娠期から周産期に至る多くの課題が指摘されている。それは、一言でいえば望まない妊娠であり、思いがけない妊娠、出産が、子ども虐待による死亡事例に結び付いていることを示している。そしてそれは、ゆりかごに預け入れられた子どもたちや保護者の状況に近似しているといえるのである。

また、厚生労働省の専門委員会が2010（平成22）年7月末に公表した「子ども虐待による死亡事例等の検証結果等について――第6次報告」によると、2008（平成20）年4月から2009（平成21）年3月末までの1年間に、心中以外の虐待で死亡した67人中0歳児は6割（39人）であり、そのうち生後1カ月未満が26人（66・7%）であった。

さらに、日齢0日、つまり出生した日に死亡した事例も16人あり、その理由は、「家族（夫や両親）に知られたくなかった（未婚の妊娠、配偶者以外の相手との間における妊娠）」「育児をする気がなかった」「どうしてよいかわからなかった」「出産や中絶する費用、育児のためのお金がなかった」など、こうのとりのゆりかごに預け入れられた理由とほぼ同様の結果となっている。また、日齢0日の事例は日齢1日以上の事例に対して、「望まない妊娠／計画していない妊娠」「若年妊娠」「母子健康手帳の未発行」「妊婦健診未受診」などの割合が高く、この点に関してもゆりかご事例と近似するものであった。こうした傾向は、２０１１（平成23）年の第7次報告でも同様である。これらを受け、第6次報告[17]は、「虐待による生後間もない子どもの死亡を予防するためには、妊娠期からの支援を必要とする家庭の早期発見のための方策や望まない妊娠について悩む者への相談体制の充実」を提言し、また、それに加えて、「望まない妊娠や計画しない妊娠を予防するための方策」や「相談をしやすい体制づくりの整備、相談先の周知徹底」を提言している。これらはまさに、検証会議の提言と重なるものであるといえる。

このように、ゆりかごは、子ども虐待による死の防止システムの一環として位置づけられる可能性をもち、今後、ゆりかごを子ども虐待防止対策の視点からとらえていくことの大切さを示している。むろん、ゆりかごに預け入れる層と虐待死に至る層には違いもあるであろうが、前述したとおり、「児童福祉法、児童虐待の防止等に関する法律と母子保健法との理念、視点の乖離」を埋める対策、すなわち、妊娠期・周産期を中心として子どもが犠牲になることを防ぐための施策を盛り込み、切れ目のない子ども虐待防止システムを整備していくことが必要であることを、ゆりかごは提起しているといえるのである。

＊17　社会保障審議会児童部会児童虐待等要保護事例の検証に関する専門委員会「子ども虐待による死亡事例等の検証結果等について――第6次報告」二〇一〇年、13‐14頁。

9 『こうのとりのゆりかごが問いかけるもの』——熊本県検証会議報告を受けて

(1) 検証結果のまとめ

以上を簡潔にまとめると、以下のとおりである。

ゆりかごの特徴は、事前の相談や緊急対応とセットになっていること、実名化への努力がなされていること、最終的には匿名で子どもを預かることができること、預け入れ後は児童福祉法に基づく公的施策として対応がなされること、の四点である。2年5カ月の間に51人の預け入れがあり、39人(76・5%)の親の状況が判明した。その利用層はかなり幅広く、さまざまなニーズがあることが示された。なお、子どもの生活の場所(当時)は、乳児院31人、里親委託12人、家庭引取7人、特別養子縁組1人であった。

ゆりかごが提起した課題は28項目に及び、わが国の子ども家庭保健福祉の課題を鋭く照射したといえる。特に、今後、思いがけない妊娠や出産への対応など、妊娠期からの子育て支援や周産期の支援体制の整備が急務と提言された。

ゆりかごは、子どもの遺棄による死の防止、出産にまつわる緊急避難、周産期の精神的混乱に伴う一時保護の三点において、一定の機能を果たしていると評価できる。その一方で、ゆりかごは、結果として匿名のまま子どもを預け、出産そのものをなかったことにできる仕組みでもある。さらに、子どもにとって匿名であり続けることは、子どもの出自を知る権利を侵害するばかりでなく、その後の養育に不確定要素をもたらし、子どものアイデンティティ確立に影響を与える可能性がある。つまり、ゆりかごは、預け入れられた子どもの養育をつなぐ機能を果たす一方で、運用の在り方によっては、遺棄の助長や子どもの最善の利益を侵害する可能性があるという二面性を有する仕組みとして機能する。

ゆりかごの本質である「匿名性」は、親にとっての相談しやすさという利益と子どもにとって出自が不明となる不利益の二面性を持ち、それぞれを可能な限り保障すること、つまり、「親が身近な者に知られず、かつ、子どもの育ちや将来に必要な情報は確実に収集できる仕組み」として整備されることが必要である。すなわち、当初は匿名で保護し、その後の面接や調査等により時間をかけて預け入れ者の気持ちに寄り添いつつ信頼関係を構築し、子どもの利益のためにも、可能な限り実名化を図っていく対応が必要とされる。

ゆりかごに固有の施策として報告書は、「周囲に知られないで妊娠・出産について相談し、場合によっては、匿名のまま母子の保護ができる、一時的に母子を匿名のまま緊急保護し、短期の入所も可能な設備を備えた施設」ともいうべきシェルターが、全国に一定カ所設置される必要があるとしている。

(2) こうのとりのゆりかごの実践と子ども家庭福祉

ゆりかごの問題は、私たちに多くのことを問いかけた。ゆりかごが必要となってきた社会的な背景には、子育てを含め人々が孤立化している状況がある。さらに、貧困や社会的排除、ジェンダーの問題なども指摘でき、まさに、この社会の負の側面の縮図が展開されているといってよい。もともとわが国は、個人の自立より集団の秩序維持を優先する国民性を有していた。これに対し、戦後、特に個人の自立や尊厳を第一に考える価値観が広がり、いわゆるソーシャルキャピタル（社会関係資本）の弱体化と相まって、人々の孤立化が進んでいくこととなった。つまり、古いしがらみ、つながりから解放された反面、新しい連帯が創れず孤立化が進んでいるのである。ゆりかごは、こうした社会が生み出したものともいえる。個の自立を前提として、その人たちが緩やかにつながる新しい連帯のかたちが求められているのであろう。ＳＯＳを出すことのできる、そして、それを受け止めることのできる社会が必要とされている。

2010（平成22）年は、「家族、故郷、そして会社・職場とのつながりが急速に切れている社会」、すなわち無縁社会をNHKが特集し、大きな反響を呼んだ。12年連続で3万人を超えた自殺、統計史上最高を更新し続ける子ども虐待、身元不明や遺族が引き取りを拒否する無縁死も、暗数を勘案すると6万人以上になるといわれる。高齢者虐待やそれによる死者も増え続けている。まさに、つながりの喪失である。

このつながりの喪失がもたらす問題を支援していくためには、文字どおり、支援機関同士もつながり、協働していくことが必要とされる。こうのとりのゆりかごは、「児童福祉法、児童虐待の防止等に関する法律と母子保健法との理念、視点の乖離」を埋める対策、すなわち、妊娠期・周産期を中心として子どもが犠牲になることを防ぐための取り組みとして、民間レベルによって開始された。実は、妊娠・葛藤相談や養育できない子どもの一時保護などは、従来から公的機関で対応されていた。しかしながら、こうのとりのゆりかごの実践は、こうした公的機関だけでは対応できないニーズがあることを実証したといえるのである。民間の先駆的な取り組みを公的に支援する公的施策と制度外の民間の取り組みが、相互補完的に機能することが求められているのである。

全国社会福祉協議会が昨年12月に策定した『全社協　福祉ビジョン2011』は、「現在の福祉課題・生活課題の多くは、つながりの喪失と社会的孤立といったことと関わりが深く……」と認識し、制度内の福祉サービスの改革とともに、制度外の福祉サービス・活動の開発・展開を主張している。私たちは古いしがらみ、つながりから解放された反面、新しい連帯が創れず孤立している。個の自立を前提として人々が緩やかにつながる新しい連帯のかたち、それをいかにして創り上げるかが問われる。インクルーシブ（包摂的）な社会の確立が求められているのである。

第9章　今後の子ども家庭福祉の展望——ソーシャル・インクルージョンを目指して

第1節　平成期の子ども家庭福祉改革の理念——ソーシャル・インクルージョン

1　平成期の子ども家庭福祉・保育改革を考える視点

これまで、主として1・57ショック以降の子ども家庭福祉・保育改革の動向について整理し、近未来を想定しつつ改革の方向性を提示してきた。本書のまとめに相当する最終章では、これら平成期の動向を包括的に整理し、子ども家庭福祉・保育の今後の方向について、改革に必要とされる理念を明らかにし、それを具現化する基礎構造の改革という視点から論述することとしたい。

子ども家庭福祉を再構築していく際には、マクロレベル、メゾレベル、ミクロレベルの三つのレベルを総

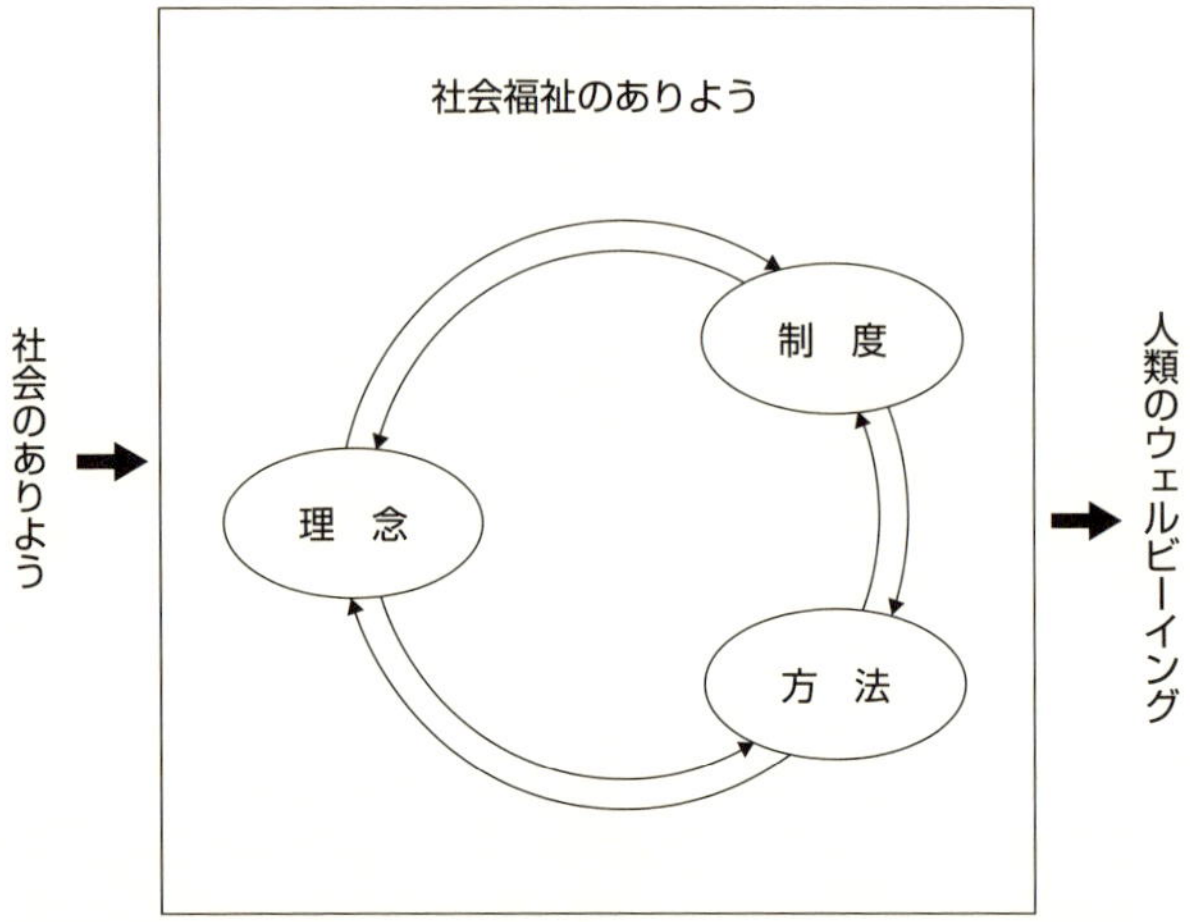

図 9-1　社会福祉における理念、制度、方法の円環的前進
（柏女，2011c，p.5）

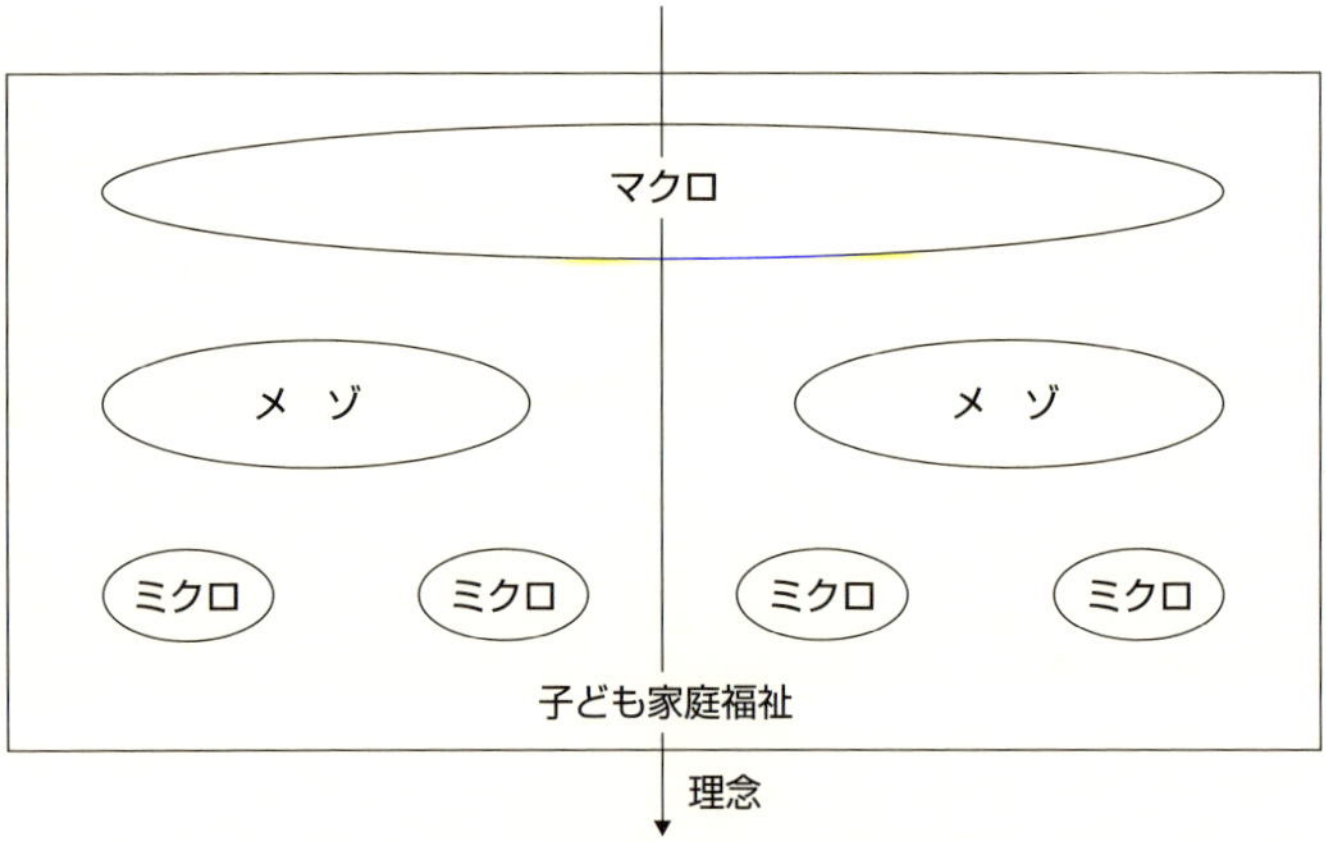

図 9-2　マクロ、メゾ、ミクロを貫く理念

合的に進めていくことが必要とされる。制度は事業者の経営・運営や援助方法に各種の影響を与えるからであり、また、限られた財源のなかで利用者の最善の利益を図る援助が実現できる制度を志向すべきことも自明のことである。この三者が円環的構造をもって進展していく（図９－１）ためには、それらを貫く明確な理念という串が必要とされる。その串が、マクロ、メゾ、ミクロをまっすぐにつなぐのである。その構造は、図９－２のように整理できる。

本書では、平成期の子ども家庭福祉・保育改革に関し、いわゆるマクロレベルの改革に主として着目し、改革において最も重視されるべき理念として、ソーシャル・インクルージョン（社会的包摂）に着目した。平成期の制度改革を通覧し、現在進められている主要な改革分野を見据えると、それぞれが個々ばらばらに進められる結果、大きな課題を生み出す懸念を抱かざるを得ない。

最終章では、その問題を解く理念としてソーシャル・インクルージョンを取り上げ、その理念を具現化するための制度改革、切れ目・漏れのない支援を実現するための方策として、基礎構造の一元化、特に財源と実施体制の一元化ならびに公民の協働を念頭に置きつつ、著者のこれまでの研究に基づいて課題提起を行うこととしたい。

2　平成の制度改革を導いてきた理念

（1）子どもの権利保障

わが国の子ども家庭福祉の理念を明文化したものとして、代表的なものに、児童福祉法第1条や児童憲章がある。ここに示される子ども家庭福祉の基本的理念は、成人や社会は子どもを守り育む義務を有するというものである。こうした考え方は、子どもの最善の利益を保障しようとする成人の義務を強調したものであり、国際連合が1959（昭和34）年に採択した児童の権利に関する宣言など、昔から国際的に共通して見られる基本的な理念である。

ところで、1989（平成元）年11月に国際連合が採択した児童の権利に関する条約は、こうした子ども家庭福祉の基本的考え方を受け継ぎつつも、子ども主体的に自分の人生を精一杯生きようとしている主体的な存在であるという、権利行使の主体としての子ども観を鮮明に打ち出した点において、画期的なものとなっている。すなわち、子どもの意見表明、思想・良心の自由など、成人と同様の権利を保障しようとし、成人の義務から派生する受動態の権利のみならず、子どもの能動的権利をも保障しようとするものである。なお、すでに述べてきたとおり、障害者の権利に関する条約第7条においては、障害のある子どもが意見を表明するために支援を受けることも、権利として保障されなければならないと規定されている点は、子どもの権利条約をより発展させたものとして評価できる。

ここに見るとおり、今後の子ども家庭福祉の理念は、子どもを受身的存在として保護するだけでなく、子どもの意見を聴き、そして、それを尊重しつつ、また、子どもの生存、発達および自立に関する固有の権利を積極的に保障することにあるといえる。

(2) 子育て支援

次いで児童福祉法第2条は、子育て支援の意義を次のように表現している。すなわち、「国及び地方公共団体は、児童の保護者とともに、児童を心身ともに健やかに育成する責任を負う」という条文である。

これは子育て支援の理念といえる。子育て支援とは、子どもが生まれ、育ち、生活する基盤である親および家庭、地域における子育ての機能に対し、家庭以外の私的、公的、社会的機能が支援的に関わることをいう。子育ての孤立化、閉塞化が叫ばれる現在、こうした活動は、今後ますます重要になってくるといえる。

著者はこれまで、現在の私的養育とそれが困難な場合の補完・代替養育の二元体制を解消し、いわゆる子育ては親と社会の二者で担うことを原則とする、社会的養育（これを仮に「共同養育」と呼ぶ）を基本に据えることを提言している[1]。いわゆるソーシャルキャピタルが十分に機能していた時代は、近隣、地域、親族の互助による養育が共同養育の機能を担ってきたといえる。しかし、現在ではそれが困難になっており、社会的な仕組みを導入することを通して、新たな共同養育を成立させることが必要とされているのである。

（3）社会福祉の動向と新たな子ども家庭福祉の理念

これらの基本理念に加え、今後子ども家庭福祉の理念に求められてくる視点について、近年の社会福祉、子ども家庭福祉改革の動向から整理すると、以下のことがいえる。

現在、社会福祉、子ども家庭福祉は改革の途上にある。それは、戦後に構築された国家責任を中心とする行政主導の社会福祉、子ども家庭福祉の改革を意味する。良かれ悪しかれ主たる改革には、①社会福祉基礎構造改革、②権利擁護（いわゆる児童虐待防止法、高齢者虐待防止法の制定など）、③当事者の権利性の重視、④ホームレスの自立の支援等に関する特別措置法や発達障害者支援法など、制度の谷間にある人々に対

＊1　柏女霊峰ほか「子ども家庭福祉行政機関の機構改革と運営に関する研究（2－保育・子育て支援、児童健全育成分野を中心に」『日本子ども家庭総合研究所紀要』第44集、二〇〇八年、37－64頁。
尾木まりほか「一時預かりのあり方に関する調査研究」『厚生労働科学研究費補助金政策科学総合研究事業（政策科学推進研究事業）報告書』二〇〇七年、など。

する支援法の制定等、が挙げられる。前述したように、人々の孤立化と競争の激化が生み出す格差や、社会的排除の問題に対し、ソーシャル・インクルージョンの視点からの対策も求められている。

社会福祉基礎構造改革をはじめとする各種の制度改革は、社会福祉の普遍化をもたらすこととなった。さらに、社会福祉基礎構造改革は、サービスの主導権を利用者に委ねることによって、福祉実践に内在する価値を顕在化し強化することとなった。それは、必然的に、社会福祉のミッション（使命）への注目を導き出すこととなる。これまで、措置制度の下で潜在化していた施設長や援助者の福祉観、人間観などが浮かび上がってくることとなったのである。

その結果、社会福祉基礎構造改革は、サービスの担い手である社会福祉法人や社会福祉施設の社会的使命の重要性を、引き起こすこととなる。つまり、サービスの先駆性、公益性、継続性・安定性の確保と、民間としての自律性、さらには、制度の谷間の福祉問題に果敢に取り組む姿勢や、福祉社会づくりに対する寄与が、求められてくることとなったのである。

こうした一方で、社会福祉法人、社会福祉施設の経営にも厳しい目が向けられるようになってきている。つまり、福祉経営の確立である。法令遵守がいわれ、福祉ＱＣ活動や苦情解決、リスクマネジメント、個人情報保護、第三者評価の受審と結果の公表などが、次々と求められてくることとなった。

さらに、私たちの社会が目指す男女共同参画社会の実現や、仕事と生活との調和（ワーク・ライフ・バランス）の実現に向けての子ども家庭福祉の役割も、強調されるようになってきている。なお、後述する子ども・子育て新システムの基本制度案要綱においては、新システムの制度化により、以下のような社会を実現するとしている。

●すべての子どもへの良質な成育環境を保障し、子どもを大切にする社会
●出産・子育て・就労の希望がかなう社会
●仕事と家庭の両立支援で、充実した生活ができる社会
●新しい雇用の創出と、女性の就業促進で活力ある社会

(4) 子ども家庭福祉・保育に必要とされる理念の整理

こうして見てくると、これからの子ども家庭福祉・保育に必要とされる主な理念としてのキーワードは、以下のとおりである。

(1) 子どもの最善の利益の保障、権利擁護
(2) 子どもの能動的権利保障
(3) 子育て支援
(4) 利用者主権
(5) 制度外福祉への挑戦
(6) 社会連帯
(7) ソーシャル・インクルージョン(社会的包摂)、地域生活支援
(8) ノーマライゼーション
(9) 男女共同参画
(10) ワーク・ライフ・バランス

(11) 福祉の普遍化

これからの子ども家庭福祉は、従来からの「子どもの最善の利益を保障する公的責任の強調」を最も大切にしつつも、(2)~(11)までの理念を視野に入れ、より広いニーズに包括的に対応していく姿勢が求められているのである。

子ども・子育て新システムは福祉・保育の普遍化を目指し、社会的養護や障害児福祉改革は家庭的養護、地域生活支援を目指すことによって、社会的養護の下にある子どもたちや障害児童とその家族にあたりまえの生活を保障しようとする。すなわちノーマライゼーションを志向しているといえる。さらに、児童健全育成も豊かな放課後生活の保障を目指すことによって、これまた、子どもの育ちを地域で支える視点を強調している。こうのとりのゆりかごに代表される制度外の取り組みとそれを支援する公民の協働は、なにより、ソーシャル・インクルージョンの理念を具現化する重要な要素となる。

また、著者はここまで、平成期の子ども家庭福祉の改革を通覧し、それぞれの制度改革が個々ばらばらに進展し、結果として制度間の不整合が起きつつあることに警告を発してきた。そのことが、施策の切れ目を生み出し、また、社会連帯を阻害していく一因となりうるからである。こうしたことを勘案すると、これからの子ども家庭福祉・保育改革を進める最も重要な理念は、まさにソーシャル・インクルージョンであるといえる。

3　ソーシャル・インクルージョン（社会的包摂）(2)

ソーシャル・インクルージョン（社会的包摂）とは、もともと1980年代にイギリスやフランスで起きた移民労働者や少数民族への排斥運動が発端となっている。住民票がない、貧困、障害など、複数の問題を抱え社会的に排除される人がいる状況に対して、社会の構成員として包み支え合う多様な社会を目指そうと、90年代から政策運動が広がった。

わが国では2000（平成12）年、厚生労働省に設置された「社会的な援護を要する人々に対する社会福祉のあり方に関する検討会」において、「包み支え合う（ソーシャル・インクルージョン）ための社会福祉を模索する必要がある」と、新しい社会福祉の考え方が示された。従来は、戦後の混乱した社会を背景に社会福祉が構築されてきたが、現代ではストレスなどを含めた「心身の障害・不安」、外国籍などの「社会的排除や摩擦」、虐待などの「社会的孤立や孤独」などの問題が重複・複合化しており、これらの問題が社会的孤立や排除のなかで表面化しないため、複眼的な取り組みの必要性を指摘している。そのうえで、地域社会のつながりの強化などが求められたのである。

2010（平成22）1月に閣議決定された「子ども・子育てビジョン」では、「一人ひとりの子どもの置かれた状況の多様性を社会的に尊重し（インクルージョン）」とうたっている。ひとり親家庭の子どもや障害のある子ども、社会的養護を必要とする子ども、定住外国人の子どもなど、特に支援が必要な子どもを含

＊2　この部分は、著者に対するインタビューをもとに、『遊育』の直江記者が取りまとめた文章をもとに構成したものである。初出は、柏女霊峰「（談）ソーシャル・インクルージョン」『遊育』第19巻第2号、二〇一〇年、26頁。

めて、インクルージョンの概念で、「子どもの貧困や格差の拡大を防ぐ」と提起している。

その後、貧困、虐待、孤独死など、社会福祉のひずみが増大しており、前述したとおり、全国社会福祉協議会が２０１０（平成22）年12月にまとめた「全社協・福祉ビジョン２０１１」では、「さまざまな福祉課題・生活課題の多くは、家庭機能の低下、地域社会の機能のぜい弱化と深く関わっている」と指摘し、「とくに子どもの貧困、虐待などについては、世代間を連鎖するという深刻な問題も指摘されている」と説いている。さらに、そのような社会における生活問題の解決にあたっては、「現在の福祉課題・生活課題の多くは、つながりの喪失と社会的孤立といったことと関わりが深く……」と認識し、制度内の福祉サービスの改革とともに、制度外の福祉サービス・活動の開発・展開を主張している。

現在検討が進む子ども・子育て新システムでは、所管や制度を再編成した包括的・一元的な制度を構築し、すべての子どもと子育て家庭に必要なサービスを提供することを基本制度案要綱に示すなど、ソーシャル・インクルージョンの理念に沿うようにみえる。しかしながら、「すべての子ども」には、施設で過ごす子、障害を持つ子、貧困家庭の子なども含まれており、こども園（仮称）構想等の子ども・子育て新システムについても、これらの子どもたちを別枠ではなく、一体的なシステムとして議論することが必要である。ソーシャル・インクルージョンの真価が問われているといえる。

4　これからの子ども家庭福祉の座標軸

複合化する子ども家庭福祉問題の解決を志向する理念は、やはり複合的に考えなければならない。インクルージョンの理念がその代表的なものである。これからの子ども家庭福祉の理念に深く関わる座標軸は、以下の四つであると考えられる。一つは、「子どもの最善の利益」の保障であり、二つは、それを保障するための「公的責任」である。三つは、人と人とのゆるやかなつながりを目指す「社会連帯」である。そして最後に、「子どもの能動的権利の保障」、すなわち、子どもの権利に影響を与える事柄の決定への参加の保障が挙げられる。この、いわゆる公助と共助の視点に、市場に基づくサービス供給体制の多元化をどのように組み込んでいくかが検討課題となる。つまり、公助、共助、自助の最適ミックスを考えることが最も必要とされる。

子ども家庭福祉において、子どもの最善の利益を図る公的責任は必須である。そのことは、近年の子ども虐待問題の深刻さを見れば明らかである。しかし、その一方で、前述したとおり複合化する子ども家庭福祉問題に対して公的責任のみが重視されることは、人と人とのつながり、社会連帯の希薄化をますます助長することとなり、公的責任の範囲は限りなく拡大していくこととなる。また、公的責任の下に置かれている子どもの存在を、社会全体の問題として考える素地を奪ってしまうことにもつながる。さらには、制度と制度の隙間に落ち込んでしまう子どもや子育て家庭が生まれることとなる。

これからの子ども家庭福祉の理念は、「子どもの権利保障」と「子育て支援」を根幹に据えながら、「子どもの最善の利益を図る公的責任」の視点と、「社会福祉における利用者主権、サービスの普遍性」確保の視点、「社会連帯による次世代育成支援」すなわち、つながりの再構築、ソーシャル・インクルージョンの視点、の三つを整合化させることといってよい。

子ども・子育て新システムは、わが国の子ども家庭福祉・保育の大きな幕開けをもたらす。新システムは、子ども家庭福祉がこれまで大切にしてきた「子どもの最善の利益を保障する公的責任」、すなわち公助に加えて、社会連帯、共助の視点や自助を組み込むこととなる。公助を大切にしつつも、共助、自助をいかに組み込むことができるのか、それが試金石となるのである。

第2節　理念を子ども家庭福祉のシステムに生かすために必要とされる基礎条件

1　子ども家庭福祉・保育の理念を仕組みに落とし込む——新たな仕組みの構築に向けて

ソーシャル・インクルージョンを保障し、制度間の切れ目のない支援を進め、子ども家庭福祉の新しい時代を迎えるためには、現在の子ども家庭福祉・保育の基礎構造を変えていくことが必要とされる。

現在の子ども家庭福祉基礎構造の特徴は、①サービスの財源と実施主体が制度ごとにバラバラであること、②社会的養護は都道府県、保育・子育て支援は市町村と、実施主体が不整合であること、③財源不足のためにいずれのサービスも小粒であること、である。これを克服すること、すなわち、①子育て財源の統合を図り、②実施主体について市町村を中心に一元化し、③すべての子どもを対象とする包括的なシステムを創設し、④財源の子ども家庭福祉への安定的配分を図ることが必要とされている。

現行の子ども家庭福祉サービス供給体制の特徴は、大きく7点ある。まず、第一が、都道府県と市町村の二元行政になっていることである。第二は、今なお施設中心であること、そして第三は、職権保護中心であること、第四は、施策が保健・福祉・医療部局と教育委員会、公安委員会、労働委員会等とに分断されていることである。そして、第五に、税中心の体系であること、第六に、事業主に対する補助や負担が中心であることである。さらに、欧米のシステムと比較すると、第七に限定的司法関与を挙げることができる。

これに対して成人に対するサービス供給体制は、特に高齢者で考えると、第一に、市町村中心であり、第

表9-1　子ども家庭福祉の今後の方向（柏女ら，2006）

現行		将来
(1) 都道府県中心	⇒	市町村中心（都道府県との適切な役割分担）
(2) 職権保護中心	⇒	契約と職権保護のバランス
(3) 施設中心	⇒	施設と在宅サービスのバランス
(4) 事業主補助中心	⇒	個人給付と事業主補助のバランス
(5) 税中心	⇒	税を中心としつつ社会保険を加味
(6) 保健福祉と教育の分断	⇒	保健福祉と教育の統合・連携
(7) 限定的司法関与	⇒	積極的司法関与

二に、在宅福祉と施設福祉とが同じ割合で広がっていること、第三に、利用者と事業者が直接向き合う関係になっていること、第四に、教育委員会といった分断システムがないこと、第五に社会保険と税のバランスが確保された体系となっていること、そして第六に、個人給付が中心であると整理することができる。障害者に対するサービス供給体制も、社会保険と税という財源の相違はあるものの、後者に近い仕組みとなっている。つまり現状は、人間の一生を保障する仕組みが、子どもと成人とで分断されているといえるのである。さらに、子どもの政策間でも、都道府県と市町村、税と社会保険、首長部局と教育委員会部局というように、行政実施体制と財源において分断が生じやすくなっている。これを、できる限り一元化していくことが、分断の回避、切れ目のない支援をもたらすことにつながると考えられる。

子ども家庭福祉サービス供給体制は、今後、①市町村中心（都道府県との適切な役割分担）、[3]②契約と職権保護のバランス、③施設と在宅サービスのバランス、④個人給付と事業主補助のバランス、⑤税を中心としつつ社会保険を加味、⑥保健福祉と教育の統合・連携、⑦積極的司法関与、の方向を念頭に再構築に向けて検討を開始することが必要と思われる。これらは、第2章の表2－1に示したとおりだが、表9－1として再掲する。

＊3　むろん、保護者と事業主との契約によっては対応困難な子ども虐待等の事例も多くあり、司法決定や職権保護システムも併存させるのは当然のことである。

1990（平成2）年の1・57ショックを契機として開始されたいわゆる少子化対策は、年金・医療・介護充実のための手段として出発した経緯をもつ。そして、現在もなお、次世代育成支援対策はその流れを引きずっている。

これからの次世代育成支援対策を含む子ども家庭福祉は、「年金・医療・介護」と「少子化対策」に二分化されるのではなく、「年金・医療・育児・介護」の四つ葉のクローバーによって再構築されなければならない。それこそが、人間の一生を通じた福祉・安寧を保障することになるのである。(4) なお、二元行政解消のための方策については、第3節において提言したい。

2　つながりの再構築――共助の視点と社会的親の整備

これからの子ども家庭福祉の方向性を考える基本的視点は、なんといっても「子どもの最善の利益」（the Best Interest of the Child）の保障である。では、子どもの最善の利益とは何か。それは、たとえば、やむを得ぬ事情で子どもを家庭から切り離すことはあっても、できる限り地域から切り離すことは避けることである。子どもが実の親から切り離されたとしても、それ以外の成人たち、すなわち地域に存する社会的親(5)（信頼できる教師や保育者、近隣の人々など）によって見守られ、仲間とともに成長していく権利が保障さ

＊4　著者はこの視点を「人間福祉」と呼び、社会福祉制度再構築の基本視点として重要視している。人間福祉とは、人間の一生を包括的にとらえ、それぞれのライフステージの固有性（たとえば児童と高齢者など）に配慮しつつも、できる限り普遍的な視点に立つ福祉システムとして整備していくことが、人間の一生を通じた一貫した福祉サービスを保障することにつながるとの仮説に基づく視点である。また、四つ葉のクローバーの考え方については、柏女霊峰『子ども家庭福祉サービス供給体制』中央法規、二〇〇八年を参照。

＊5　第6章の脚注（＊6）参照。

れなければならない。それは、公的責任を図る国家責任を強調するのみでは決して達成されない。また、広域行政庁である都道府県の役割強化だけでは達成できない課題であり、地域に最も密着した基礎的自治体である市町村が、地域に根ざした体制を創り上げていくことが必要とされる。また、社会的養護を必要とする子どもの生活を、公助の視点のみならず、共助の視点から保障しようとする視点がなければならず、そのための体制づくりが求められるのである。

ちなみに、２００８（平成20）年改正児童福祉法において、小規模住居型児童養育事業の制度化が図られた。こうした小規模形態の社会的養護は、子どもの生活の質の向上に資するのみならず、地域に身近な市町村を単位として整備することを可能とし、結果として地域住民に社会的養護に関する深い理解をもたらすことができ、社会的養護を地域に拓《ひら》かれたものとすることができる。そして、そのことは、子どもの周りに多くの社会的親を用意することにつながる。子ども家庭福祉の在り方検討は、このように、子どもの視点と共助の視点からなされなければならない。

3　子ども家庭福祉財源の安定的確保

国立社会保障・人口問題研究所によると、２００８（平成20）年度、社会保障給付費に占める高齢者関係給付費が全給付費に占める割合は69・５％であるのに対して、児童・家族関係給付費が全体に占める割合は、わずか３・７％であった。この数値は欧州諸国に比較して低く、米国と同程度の水準であるという。社会保障給付は年金、医療、介護等の各制度により構成されており、これらの制度が世代間扶養の機能を有していることを考慮すると、世代間の公平や若者の理解促進、人生前半の社会保障の充実という観点からも、今後は児童・家族関係給付を拡充することが必要とされている。

また、子育て支援、子ども家庭福祉サービスの財源構成は、各サービスの内容によって、国庫負担金・補助金等、地方交付税、年金特別会計（事業主負担）、社会保険、診療報酬、民間資金、私的負担など多様であり、それぞれの整合性も図られていないため、サービス全体を見通して拡充していくことが困難となっている。今後は、これらの財源を統合ないしは整理することにより、効率的な活用を図る必要があると考えられる。また、利用者に対する直接補助（たとえば、障害児施設給付制度等）、事業主に対する補助、全額公費負担など、サービスの特性に合わせた財源の充当方法についても検討しなければならないであろう。

第3節　子ども家庭福祉の基礎構造の一元化を目指して

ソーシャル・インクルージョンを実現するための仕組みとして最も効率的なシステムとは、実施体制の一元化を図ることである。実施体制の一元化には、サービス決定主体の一元化と財源の一元化とがある。これらをできる限り進めていくことが、切れ目を生まない仕組みを創造することにつながっていくのである。以下、この2点について、平成期の改革を踏まえつつ考察することとしたい。

1　子ども家庭福祉実施体制の一元化について

（1）子ども家庭福祉サービス供給体制の地方間分権の到達点

サービス供給体制について、市町村を中心として再構築する方向は時とともに支持されつつあるものの、その歩みは段階を踏みながらであり、遅々としている。そして、現段階における到達点としては、障害児福祉サービス供給体制に関しては市町村を中心に再構築する方向が検討され、また、その他の要保護児童福祉についても、現段階では、児童相談における市町村の役割強化や要保護児童対策地域協議会等の協議会型援助の定着を図りつつ、その基盤整備が進められている段階といえる。2010（平成22）年12月公布された改正児童福祉法において、障害児通園施設入所決定権限の市町村移譲が盛り込まれており、2012（平成24）年4月から施行されることとなっている。

分権化を進めるためには、市町村実施による「地域性・利便性・一体性」の確保と、都道府県実施のメリットと考えられている「効率性・専門性」との分立、整合性の確保が課題とされる。

(2) サービス利用の在り方に関する到達点

制度創設以降、行政による職権保護に基づくサービス供給が論議されることはほとんどなかったが、1990年代半ばから保育所利用制度の在り方検討を出発点として、論議が始まることとなる。公的介護保険制度や障害者支援費制度の導入ともあいまって、成人の社会福祉サービスの利用が、いわゆる職権保護に基づく措置制度から利用者と供給者との契約に基づく制度に大きく転換されているなかにあって、子ども家庭福祉サービスの利用制度については、親権との関係や職権保護の必要性から、保育所や助産施設、母子生活支援施設が行政との契約システムであることを含め、いわゆる行政によるサービス供給を図る制度が堅持されている。

しかしながら、2006（平成18）年10月からの認定こども園制度の導入や障害児施設給付制度の導入など、子ども家庭福祉サービス利用の在り方をサービス利用者と供給者とが直接に向き合う関係を基本に再構築する流れは、広がりつつあるのが現状であるといえる。現在は、子ども・子育て新システムの検討において、保育サービス利用の在り方について、介護保険を模した制度の検討が行われている。この場合には、契約を補完する福祉的システムが必要とされる。

(3) 行政実施体制の二元化がもたらす課題

行政実施主体の二元化は、責任の所在を不明確にし、サービスの効率的な整備を阻むこととなる。たとえば子ども虐待についていえば、在宅サービスは市町村の責務であり、家庭分離後、すなわち、一時保護後は都道府県の責務となる。これでは、本来密接な関係にある在宅サービスと施設サービスの総合的・計画的整備が図られず、それればかりか、次項で述べる財源のトレードオフ関係のために、両サービスの縮小均衡すら起こりかねないこととなる。

また、両サービス間に切れ目が生ずることとなり、有効な連携が図りにくくなることも指摘される。たとえば、施設入所中の子どもが夏季帰省する際、本来は、たとえば小学校元担任が子どもの帰省を知って声をかけ、かつての級友とともにミニ同窓会を開催するなどは子どもの最善の利益にかなう実践といえるが、実際には、小学校担任にそのことが知らされることはめったにない。また、家庭復帰の場合も、そのようになることが決まる段階で初めて、市町村はその事実を知ることとなりがちである。さらに、乳幼児を受託した里親は、ファミリー・サポート・センター事業や地域子育て支援拠点事業等の在宅サービスを有効に活用しつつ子育てをしていくことが望まれるが、実際には、市町村担当者は、市町村内の里親の実情についてはほとんど知らない。

このような齟齬《そご》や連携不足は、まさに、社会的養護サービスと子育て支援サービスの実施主体の相違が助長しているといえるのである。こうした事態を改善していくためには、市町村が実施主体となって、それを都道府県が支援していくシステムをとることが効果的であると考えられる。そのうえで、財政負担の一元化も図ることが必要とされる。むろん、都道府県や児童相談所の役割は重要であり、市町村からの援助依頼や送致に対応するとともに、市町村からの委託を受けて専門技術的支援や強制介入の必要な事例に対する支援を行うなどの役割は、残すことが必要とされる。

さらに、サービス決定主体の複雑化は、利用者の混乱をも招くこととなる。たとえば、現在、障害幼児が、幼稚園（契約入園）、保育所（市町村保育担当）、児童デイサービス（市町村障害福祉担当）、障害児関係通園施設（児童相談所）、特別支援学校幼稚部（都道府県教育委員会）のいずれのサービスを利用するかによって、すべてサービス決定主体（括弧内がサービス決定主体）が異なっている。また、後述するが、財源も異なっている。これらは利用者にとって著しくわかりにくく、利便性を阻害することとなっている。こうした事態も改善されなければならない。

2　子ども家庭福祉財源の一元化について

現行の子ども家庭福祉サービス供給体制の課題として、前述したとおり、子どもの生活を一貫して保障する体制になっていないということが挙げられる。そのなかで最も大きな課題は、サービスによって財源やサービス決定主体が不統一となっており、そのことが、子ども家庭福祉サービスの総合的発展を阻害しているという点である。さらに、それが援助における連携体制にまで影響しているという点である。

たとえば、前述した子育て支援サービスと社会的養護サービスを考えてみる。子育て支援サービスの整備は、児童福祉法によれば市町村の責任である。また、財源も、その多くは次世代育成支援ソフト交付金によることとなり、その場合は、原則として都道府県は負担しない。

しかしながら、市町村が整備する子育て支援サービスでは持ちこたえられず、都道府県の児童相談所が一時保護すれば、今度は都道府県が全額負担して、市町村は原則として費用負担を行わない。子どもが施設入所中は、それが当該市町村の子どもであったとしても、市町村は費用負担を行わない。そして、子どもが家庭復帰すれば、また、都道府県は費用負担を行わず市町村が負担することとなる。このような財源と実施主体の分断は、社会的養護下に入る可能性のある子どもの福祉に、以下の課題を生み出すこととなる。

財源に関していえば、子育て支援の整備と社会的養護の整備は、いわゆるトレードオフの関係にある。つまり、利用者である子どもや親は、原則として両方のサービスを同時に利用することができず、また、それぞれのサービス整備にかかる費用負担の主体は異なっている。この結果、財政的に厳しい状況にある自治体においては、都道府県、市町村のいずれも互いの責任範囲となっているサービスの拡充を求め、整備に対するインセンティヴ（意欲刺激）が働かない結果となってしまう。

また、子どもが施設入所中は、市町村をはじめとする地域の関係機関は、当該児童に対する関心が薄くなってしまいがちである。前述したとおり、一部の子どもは夏季や年末年始に帰省しているが、市町村はそのことを知らない。さらに、家庭復帰する段階になって初めてそのことを知ることとなり、そのための体制整備も遅れるという結果をもたらしている。

むろん、現場は財政負担の論理で動いているわけではないが、こうした財政負担のトレードオフ関係が連携のありように影響していることは想像に難くない。このような事態を解消し、子どもの成長を総合的に支援していくためには、市町村を中心とし、都道府県や国が重層的に支援していく子ども家庭福祉サービス供給体制を整備していく以外にはない。すなわち、子育て支援サービスにも都道府県が責任を持ち、また、社会的養護にも市町村が責任を持つ体制の整備である。

また、育児休業中の所得保障は雇用保険から行われ、その財源は、事業主の拠出金と、従業員の社会保険料負担（一部国庫負担あり）からなっている。ところが、乳児保育は税で運営されているため、育児休業取得率が上がれば事業主拠出が増え、乳児保育利用者が増えれば税支出が増えることとなる。この制度間のトレードオフ関係が、ワーク・ライフ・バランスの進展を阻む要因のひとつとなっていることは想像に難くない。財界、政府が、それぞれ一方の財布をあてにしている限り、バランスある展開はできていかない。

3　平成の大改革を考える——子ども家庭福祉基礎構造の一元化、公民協働を目指して

(1) 基礎構造の一元化を目指して

こうした事態を改善するためには、まず、これまでの漸進的改革を改め、子ども家庭福祉基礎構造の一元化を検討する改革を実施すべきである。

社会的養護、障害児福祉についても市町村をサービス決定の実施主体とし、決定を行うにあたって児童相談所の意見を聴取することとすること、困難事例においては、市町村から児童相談所に再委託ないし送致、援助依頼を行うことなどを検討することが必要である。そのうえで、市町村が児童相談所の支援により個別の援助指針の策定等を行い、費用負担も行う。なお、児童相談所の市設置も検討すべきである。このように、基礎構造を一元化したうえで、各領域のシステムをその上に乗せていく必要がある。

1993（平成5）年7月、厚生省（現・厚生労働省）が設置した「たくましい子供・明るい家庭・活力

とやさしさに満ちた地域社会をめざす21プラン研究会」（略称：子どもの未来21プラン研究会）が、子ども家庭福祉行政実施体制の市町村への一元化を提言してすでに20年近くがたった。そろそろ真剣に議論すべきときである。

また、各種子ども家庭福祉財源も統合し、たとえば、子ども・子育て新システムにおいて検討されている子ども・子育て一括交付金制度（仮称）などとして市町村に配分することを検討すべきである。前述の例でいえば、在宅サービスを利用する場合も社会的養護サービスを利用する場合も、自らの行政管内に居住する子ども・子育て家庭を支援するという観点から市町村が責任主体として財政負担も行い、それを都道府県、国が重層的に支援する方式を考えるべきである。

次に、税、社会保険、事業主負担などの財源も統合し、たとえば、育児休業を取得した場合も、乳児保育を利用した場合も、同じ財源から負担するという仕組みを構築すべきである。そうすることによって、サービスの計画的進展と総合調整ができると考えられる。

さらに、各論においては、障害児福祉については、障害児に固有の施策と子ども一般施策との乗り入れを進め、サービスの計画的整備や切れ目のない支援の確立を図る必要がある。このため、障害児福祉の実施主体、財源と、狭義の子ども家庭福祉の実施主体、財源の統合をできる限り進め、障害児童の一般施策からの排除や両サービス(6)の縮小均衡を防止する仕組みの確立が必要とされる。また、教育、就労、保健医療・福祉の分断を最小限にし、切れ目のない支援を進めることも必要である。

＊6　障害児童に固有のサービスと、児童一般施策における障害児童に対する合理的配慮の両サービスを同時に進めていくこと。たとえば、放課後児童クラブにおける障害児童受け入れ促進のための加算措置や巡回支援の制度化と、障害児を対象とする放課後等デイサービスの整備など。

社会的養護に関しても、こども園（仮称）給付を含む保育・子育て支援サービスに虐待防止等の福祉的視点を担保すると同時に、家庭的養護の促進、社会的養護の小規模化、地域化を進め、保育・子育て支援施策との一体化を進めることが必要である。社会的養護の下にある子どもも地域の子どもである。さらに、障害児入所システムにおいても、同様の家庭的養護、社会的養護の小規模化、地域化が必要とされる。里親、ファミリーホーム、地域小規模児童養護施設と保育・地域子育て支援サービスの相互利用が、進められていかねばならない。

障害児福祉や社会的養護を排除した新システム、１００人のうちの99人でつくるシステムではなく、１００人すべての子どもを包含するインクルーシブな新システムづくりが必要とされているのである。それが、社会的排除を生まない、ソーシャル・インクルージョン（社会的包摂）の理念に根ざしたシステムといえるであろう。

（2）制度内福祉（制度的福祉）と制度外福祉（臨床的福祉）との協働を目指して

制度的福祉の原理は「同一与件同一サービス」であり、この原理は、網野[7]によれば、「同一のあるいは共通の環境問題や状況が生じたとき、同一のあるいは共通の福祉サービスが提供されるのが原則である」とされる。この原理について河合[8]の概念を援用すれば、父性原理（「切る」原理）であるといえる。したがって、制度的福祉は必ず切れ目を持つといってよい。

これに対し、臨床的福祉の原理は「個別与件個別サービス[9]」であり、この原理は、網野によれば、「個々

＊7　網野武博「福祉心理臨床とは何か」網野武博ほか編『福祉心理臨床』星和書店、一九九二年、2－12頁。
＊8　河合隼雄『子どもと学校』岩波書店、一九九二年、19－23頁。

の人々の個性、特徴を重視して、以下にふさわしい助言やガイダンス、あるいは治療、保護が必要かを考え、それを進めることに努める」ものであり、『この世にたったひとりしか存在しないその人に対して、社会福祉援助の基本原理ともいうべき受容や共感、共有を図ることに心を砕くことが原則となる』と述べている。社会福この原理は、同じく河合の概念を援用すれば、母性原理（「包む」原理）に基づくものであるということができるであろう。

この両者は、社会福祉の具体的実践活動にあっては、当然のことながら相互に影響しあい、相補いながら進展し、統合化されていくことで効果を発揮するといえる。制度的福祉は法の適正な執行をミッションとする行政職、公務員としての支援者が得意であり、臨床的福祉は、法に縛られず自由自在に利用者に寄り添うことのできる民間支援者が得意としている。この両者の協働が切る原理と包む原理を相補し、ソーシャル・イクスクルージョン（社会的排除）を防止することにつながる。

また、もともとわが国は、個人の自立より集団の秩序維持を優先する国民性を有していた。いわゆる包む原理の優位な母性原理社会であった。これに対し、戦後、特に個人の自立や尊厳を第一に考える価値観が広がり、いわゆるソーシャルキャピタル（社会関係資本）の弱体化と相まって、人々の孤立化が進んでいくこととなった。切る原理を持つ父性社会の到来である。子ども家庭福祉の新たな課題は、その多くはこの「つながりの喪失」、社会的孤立の進展に由来している。わが国はこの相克のなかで、新しい社会の在り方を見

＊9　父性原理、母性原理とは、ユングの分析心理学をもとに河合隼雄が提示した、人間の行動パターンに関する概念。父性原理は「切断する」ことをその行動原理とし、個人の確立を促進し、人間関係においては契約に基づく関係を指向する。これに対して母性原理は、「包含する」ことをその行動原理とし、場への所属を促す方向に向かい、人間関係においては一体感（共生感）に基づく関係を指向する。そして、わが国は、欧米諸国に比して母性原理の優位な社会であることを指摘している。

つけることができず呻吟している。そして、そのことが子ども家庭福祉にも大きな影響を与えている。

そのことは、前述したとおり、全国社会福祉協議会が２０１０（平成22）年12月に策定した、『全社協福祉ビジョン２０１１』の認識と共通である。私たちは、古いしがらみ、つながりから解放された反面、新しい連帯が創れず孤立化に悩んでいる。個の自立を前提として、その人たちが緩やかにつながる新しい連帯のかたちが求められているのである。子ども家庭福祉も、社会的排除のないソーシャル・インクルージョン（社会的包摂）の視点に立ち、官民協働の福祉の姿を目指していくことが必要とされる。「子どもを生まない、育てない社会」から「子育ち・子育て、いのちを育むことが正当に評価される社会」へ、「孤立と分断」から「連帯と共生」の社会への移行が必要とされているのである。平成期の子ども家庭福祉改革は、社会変革の意識を持って進めなければならないといえる。

おわりに

本書においては、子ども家庭福祉の制度、マクロレベルの改革に焦点を当てて論じてきた。制度は、そこで演じられる劇の土台となる舞台にすぎない。支援者である俳優は、与えられた舞台の上で、子どもやその保護者たちとともに、あるいは、子どもや保護者を主役とするべく、子ども家庭福祉の具体的演目を演じていくのである。

しかし、舞台装置は、その上で演じられる演目や俳優の力量などに大きな影響を与える。現在は、保育・子育て支援、社会的養護、障害児福祉、児童健全育成など、すべてが異なる舞台で演じられている。保育・子育て支援の舞台には多くの観客が関心を持つし、自ら舞台の上にあがっていくことも多い。しかし、人里離れた地にある小さな社会的養護の舞台には関心を持つ人も少なく、よそ事との気持ちも強い。保育の舞台と社会的養護の舞台、障害児福祉の舞台はそれぞれ形も異なり、また距離も離れている。相互に利用できるほど緊密な関係にはなく、それぞれがそれぞれの演目に没頭している。

切れ目のない支援、ソーシャル・インクルージョンとは、この子ども家庭福祉のばらばらな舞台を統合し、または、できる限り近づけていくことを意味する。幼稚園、保育所の舞台の統合も同様である。しかしながら、子ども家庭福祉・保育の各分野は、これまで長年、別々の舞台でそれぞれの演目を演じ続け、舞台を演目に合うように少しずつ作り替えてきた。そのプロセスも尊重しなければならない。

そして、それぞれの文化やミッションも大切にしつつ、すべての演目が演じられるような舞台づくりを進めなければならないのである。それが一部無理である場合には、渡り廊下を作って、できる限りスムーズな移動ができるようにする工夫も必要とされる。そうしない限り、舞台から落ちてしまう演者が出たり、舞台に登れない人々が出てしまうことにつながるのである。

さらに、子ども家庭福祉・保育分野の演目は、観客が木戸銭を払ってくれなければ成立しない舞台である。どのような立派な演目が行われていたとしても、観客が木戸銭を払って入場してくれなければやってはいけないのである。そのためには、演目を社会に拓《ひら》いていくことが必要とされる。観客の前で、観客に見守られながら腕を競い、これなら木戸銭を払う価値があると認めてもらうことが必要とされる。独り善がりや自分たちはこんなに苦労しているのだから……といった思いあがりは許されない。

ソーシャル・インクルージョンとは、そのような協調と協働を経て初めて実現できる理念といわねばならないし、それこそが、平成期の子ども家庭福祉・保育改革の姿といえるのではないであろうか。

あとがき

本書の執筆を思い立ったのは、3月11日の東北地方太平洋沖地震の直後であった。ゼミ生、卒業生の安否確認等に追われつつ、地震によって引き起こされた東日本大震災の被害の実情がわかってくるにつれて、このままでいいのかとの思いが募ってきた。全世代型社会保障への転換を目指す社会保障・税一体改革とほぼ同時並行で進められ、最終段階に入りつつあった子ども・子育て新システム、社会的養護、総合福祉部会障害児支援合同チーム等、子ども家庭福祉分野の会議も相次いで中止、延期となっていた。

自分にできることは何か、そう考えた結果が本書の執筆であった。自分が現在関わりつつ走りながら考えているこの大きな改革の経緯について取りまとめ、子ども家庭福祉・保育関係者に子ども家庭福祉・保育の黎明について考える素材を提供する良い機会ではないかと考えたのである。執筆はすんなりとはいかなかった。わが家の震災被害への対応、震災被害、特に子どもたちの支援に対するいくつかの後方支援業務に加え、プライベート上のいくつかのアクシデントも重なって執筆は滞った。特に、第4～7章に関しては現在進行形の改革論議に参画しつつの執筆であり、草稿を終えた後から新たな検討に基づいてリライトすることもしばしばであった。誠信書房に持ち込んだ企画が通ったことが、出版に対する覚悟を決めさせたといってよい。誠信書房には心より感謝したい。

本書は、著者にとって11冊目の単著である。ほぼ1年半に1冊のペースで子ども家庭福祉・保育関係の単著を、時代とともに走りながら発刊してきた。キーワードは、「子ども家庭福祉サービス供給体制のあり方研究」である。その中間まとめともいうべき著作が、２００８（平成20）年の『子ども家庭福祉サービス供給体制——切れ目のない支援をめざして』（中央法規刊）であった。本書は、そこから一歩を歩み出す著作となる。

中間まとめとなる著書で、著者は、「理念、制度、方法の円環的前進」こそが子ども家庭福祉・保育の総合的展開を保障し、親子のウエルビーイングをもたらすことにつながるとの視点を明らかにしてきた。また、「切れ目のない支援」が必要と論じてきた。そして、その視点は、本書においても貫かれている。主題が制度改革であるため方法分野の視点が弱くなっていることは否定できないが、第4章第5節で保育観について試論を展開し、また、第6章において言及しているように、社会的養護制度改革に沿う養育観、養育スキルを集積する施設種別ごとの運営指針の作成を提言している。施設形態の小規模化は、小規模化が子どもや社会に何を保障しようとしているかをしっかりと固め、それに対応する養育観や養育スキルの確認、専門職の養成などが同時に検討されなければ成立しないという視点が、そのような提言につながっているのである。

子ども家庭福祉・保育は、ようやく戦後第2回目の黎明期を迎えた。このステップが子ども家庭福祉・保育をどの方向に導くこととなるのか、今しばらくは、時代とともに走り続けることとなるのであろうか。「世相を論じる」のではなく、「世相に参画していく」実務家であり続けることを願って……。

２０１１（平成23）年８月

柏女　霊峰

文　献

序　章

（初出は、柏女霊峰「子ども家庭福祉の新時代」『月刊福祉』第94巻第5号、全国社会福祉協議会、二〇一一年）

柏女霊峰『こころの道標』ミネルヴァ企画、二〇〇五a年
柏女霊峰編『市町村発子ども家庭福祉――その制度と実践』ミネルヴァ書房、二〇〇五b年
柏女霊峰『子ども家庭福祉サービス供給体制――切れ目のない支援をめざして』中央法規、二〇〇八年
柏女霊峰「こうのとりのゆりかご」が問いかけるもの」『子どもの虐待とネグレクト』第12巻第2号　日本子ども虐待防止学会、二〇一〇年
柏女霊峰『子ども家庭福祉論（第2版）』誠信書房、二〇一一年
厚生労働省社会保障審議会児童部会児童虐待等要保護事例の検証に関する専門委員会『第1次報告から第4次報告までの子ども虐待による死亡事例等の検証結果総括報告』、二〇〇八年
厚生労働省社会保障審議会児童部会児童虐待等要保護事例の検証に関する専門委員会『子ども虐待による死亡事例等の検証結果等について』第1－7次報告
こうのとりのゆりかご検証会議編『「こうのとりのゆりかご」が問いかけるもの――いのちのあり方と子どもの権利』明石書店、二〇一〇年
全国社会福祉協議会『全社協　福祉ビジョン2011――ともに生きる豊かな福祉社会をめざして』、二〇一〇年

第1章

（初出は、柏女霊峰「第5章　戦後の子ども家庭福祉通史」『子ども家庭福祉論』誠信書房、二〇〇九年）

柏女霊峰『児童福祉改革と実施体制』ミネルヴァ書房、一九九七年
柏女霊峰「子ども家庭福祉サービス供給体制の現状とその限界」柏女霊峰編著『市町村発子ども家庭福祉』ミネルヴァ書房、二〇〇五年
柏女霊峰「児童福祉法制の展開」網野武博・柏女霊峰・新保幸男『児童福祉文献ライブラリー　シリーズⅠ　児童福祉基本法制Ⅰ・Ⅱ　解説・解題』日本図書センター、二〇〇六年
柏女霊峰「戦後子ども家庭福祉制度の変遷」高橋重宏監修、児童福祉法制定60周年記念全国子ども家庭福祉会議実行委員会編『日本の子ども家庭福祉』明石書店、二〇〇七年
柏女霊峰『子ども家庭福祉サービス供給体制――切れ目のない支援をめざして』中央法規、二〇〇八年
柏女霊峰『子ども家庭福祉論（第2版）』誠信書房、二〇一一年
厚生省児童家庭局監修、福田垂穂・柏女霊峰『社会福祉学習双書　児童福祉論』全国社会福祉協議会中央福祉学院、一九九六年

第2章

（初出は、佐藤まゆみ・柏女霊峰「近年の児童福祉に関する法改正」小木曽宏・宮本秀樹・鈴木崇之編『よくわかる養護内容・自立支援』ミネルヴァ書房、二〇〇七年）

柏女霊峰編『市町村発子ども家庭福祉――その制度と実践』ミネルヴァ書房、二〇〇五年
柏女霊峰『子ども家庭福祉サービス供給体制――切れ目のない支援をめざして』中央法規、二〇〇八年
柏女霊峰『子ども家庭福祉論（第2版）』誠信書房、二〇一一年
柏女霊峰ほか「子ども家庭福祉サービス供給体制のあり方に関する総合的研究」『平成17年度厚生労働科学研究（子ども家庭総合研究事業）報告書』、二〇〇六年
厚生省児童家庭局編『児童福祉五十年の歩み』一九九六年
佐藤まゆみ・柏女霊峰「近年の児童福祉に関する法改正」小木曽宏・宮本秀樹・鈴木崇之編『よくわかる養護内容・自立支援』ミネ

ルヴァ書房、二〇〇七年

第3章

（初出は、佐藤まゆみ・柏女霊峰「近年の児童福祉に関する施策」小木曽宏・宮本秀樹・鈴木崇之編『よくわかる養護内容・自立支援』ミネルヴァ書房、二〇〇七年。および、柏女霊峰「還暦・児童福祉法は泣いている？」『月刊福祉』第92巻第6号、二〇〇九年）

柏女霊峰『子ども家庭福祉サービス供給体制――切れ目のない支援をめざして』中央法規、二〇〇八a年
柏女霊峰「子どもの権利を保障するための視点――子ども家庭福祉の再構築期を迎えて――」『月刊福祉』第91巻第1号、全国社会福祉協議会、二〇〇八b年
柏女霊峰「還暦・児童福祉法は泣いている？」『月刊福祉』第92巻第6号、全国社会福祉協議会、二〇〇九年
柏女霊峰『子ども家庭福祉論（第2版）』誠信書房、二〇一一年
厚生労働省『平成22年版　厚生労働白書』日経印刷、二〇一〇年
厚生労働省社会保障審議会児童部会「児童虐待への対応など要保護児童及び要支援家庭に対する支援のあり方に関する当面の見直しの方向性について」二〇〇三年
厚生労働省第5回社会保障審議会少子化対策特別部会提出資料、二〇〇八年三月二十一日
内閣府少子化社会対策会議「子ども・子育て新システム基本制度案要綱」二〇一〇年六月二十九日

第4章

（初出は、柏女霊峰「これからの保育システムはどうあるべきか」『月刊福祉』第92巻第13号、全国社会福祉協議会、二〇〇九年。および、柏女霊峰「子ども家庭福祉・保育幕府の維新」『ようほほっとらいん』第15号、第一法規、二〇一〇年、など）

柏女霊峰『子ども家庭福祉サービス供給体制――切れ目のない支援をめざして』中央法規、二〇〇八a年

柏女霊峰「保育サービスの今後の展開（上）――制度改革がめざす理念検討を」『月刊福祉』第91巻第8号、全国社会福祉協議会、二〇〇八b年
柏女霊峰「保育サービスの今後の展開（下）――保育実践がめざす理念とは」『月刊福祉』第91巻第9号、全国社会福祉協議会、二〇〇八c年
柏女霊峰「今、保育所は――現状と課題」『月刊福祉』第91巻第13号、全国社会福祉協議会、二〇〇八d年
柏女霊峰「第9章　保育制度と多様な保育ニーズへの対応」改訂・保育士養成講座編集委員会編『第7巻　保育原理』全国社会福祉協議会、二〇〇九年
柏女霊峰『子ども家庭福祉論（第2版）』誠信書房、二〇一一年
厚生労働省「障害児に対する支援について」第7回子ども・子育て新システム検討会議グループ基本制度ワーキングチーム説明資料、二〇一〇年十二月十五日
内閣府少子化社会対策会議「子ども・子育て新システムの基本制度案要綱」、二〇一〇年六月二十九日
内閣府「子ども・子育て新システムに関するこれまでの検討の概要」子ども・子育て新システム検討会議作業グループ第11回基本制度ワーキングチーム内閣府提出説明資料、二〇一一年五月十八日
山縣文治『現代保育論』ミネルヴァ書房、二〇〇二年

第5章

尾木まり・斉藤進・柏女霊峰ほか「小学高学年の生活実態及び意識と将来への期待についての調査研究――21世紀出生児縦断調査における保護者・児童本人調査票の導入に資するための研究」財団法人厚生統計協会調査研究委託事業報告書、二〇一一年
柏女霊峰『子ども家庭福祉論（第2版）』誠信書房、二〇一一年
厚生労働省雇用均等児童家庭局長通知雇児発第1019001号「放課後児童クラブガイドラインについて」、二〇〇七年
児童健全育成推進財団『放課後児童クラブ――基礎研修テキスト』児童健全育成推進財団、二〇〇七年
鈴木一光ほか『これからの児童健全育成施設のあり方等についての調査研究』平成19年度児童関連サービス調査研究等事業報告書、こども未来財団、二〇〇七年

鈴木一光ほか『これからの児童館のあり方についての調査研究』平成20年度児童関連サービス調査研究等事業報告書、こども未来財団、二〇〇八年
武田信子ほか「プレイワーカーの育成に関する研究」平成22年度こども未来財団、二〇一一年
中央教育審議会『21世紀を展望した我が国の教育の在り方について――中央教育審議会　第一次答申』一九九六年
放課後児童クラブにおけるガイドラインに関する研究会（株・みずほ情報総研設置）『放課後児童クラブにおけるガイドラインに関する調査研究』、平成18年度児童関連サービス調査研究等事業報告書、二〇〇七年

第6章

（初出は、柏女霊峰「平成20年改正児童福祉法案にみる社会的養護改革への道のり」『そだちと臨床』第5号、明石書店、二〇〇八年。および、柏女霊峰「新しい里親制度の可能性」『世界の児童と母性』第69号、資生堂社会福祉事業財団、二〇一〇年、など）

網野武博『児童福祉学』中央法規、二〇〇二年
柏女霊峰『子ども家庭福祉サービス供給体制――切れ目のない支援をめざして』中央法規、二〇〇八a年
柏女霊峰「市町村における子ども家庭福祉サービス供給体制の課題と今後の方向」「里親と子ども」編集委員会編『里親と子ども』Ｖｏｌ3、明石書店、二〇〇八b年
柏女霊峰「社会的養護改革への道のり」教育と医学の会『教育と医学』２００８年7月号、慶應義塾大学出版会、二〇〇八c年
柏女霊峰「平成20年改正児童福祉法案にみる社会的養護改革への道のり」『そだちと臨床』第5号、明石書店、二〇〇八d年
柏女霊峰「子どもたちにあたりまえの生活を」日本ファミリーホーム協議会監修『社会的養護とファミリーホーム』編集委員会編『社会的養護とファミリーホーム』創刊号、福村出版、二〇一〇a年
柏女霊峰「新しい里親制度の可能性」『世界の児童と母性』69号、資生堂社会福祉事業財団、二〇一〇b年
柏女霊峰「子ども・子育て新システムと障害児童福祉、社会的養護――子ども家庭福祉サービス供給体制検討の視点から」子ども・子育て新システム検討会作業グループ基本制度ワーキングチーム第7回会合提出資料、二〇一〇c年
柏女霊峰『子ども家庭福祉論（第2版）』誠信書房、二〇一一年

柏女霊峰監修・里親ファミリーホーム全国連絡会編『これからの児童養護』生活書院、二〇〇七a年
柏女霊峰ほか「子ども家庭福祉行政機関の機構改革と運営に関する研究（1）」『日本子ども家庭総合研究所紀要』第43集、二〇〇七b年
厚生省児童局編『養護施設運営要領』日本少年教護協会、一九五四年
厚生労働省第10回社会保障審議会児童部会社会的養護専門委員会資料、二〇一〇a年十二月七日
厚生労働省「社会的養護等について」第7回子ども・子育て新システム検討会議作業グループ基本制度ワーキングチーム説明資料、二〇一〇b年十二月十五日
厚生労働省今後目指すべき児童の社会的養護に関する構想検討会『中間とりまとめ』、二〇〇七年
厚生労働省社会保障審議会児童部会『児童虐待への対応など要保護児童及び要支援家庭に対する支援のあり方に関する当面の見直しの方向性について』、二〇〇三年
厚生労働省社会保障審議会児童部会社会的養護専門委員会「社会的養護体制の充実を図るための方策について」、二〇〇七年
庄司順一編『里親養育を知るための基礎知識（第2版）』明石書店、二〇〇九年
全国里親会「社会的養護を地域に拓くには」『里親だより』第80号、全国里親会、二〇〇九年
全国里親会『新しい里親制度ハンドブック』、二〇一〇年
全国児童養護施設協議会『この子を受け止めて育むために』、二〇〇八年
内閣府少子化社会対策会議「子ども・子育て新システムの基本制度案要綱」、二〇一〇年六月二十九日
宮島清「Ⅲ　課題及び今後の展望」子ども活き活き里親養育活性化プロジェクトあっとほーむ『里親支援機関設立学習会「里親支援ソーシャルワーク実践セミナー」報告書』、二〇一〇年

第7章

（初出は、柏女霊峰「障害児支援の見直しとこれからの検討課題」『月刊福祉』第92巻第10号、全国社会福祉協議会、二〇〇九年、ほか）

柏女霊峰『子ども家庭福祉サービス供給体制――切れ目のない支援をめざして』中央法規、二〇〇八年

柏女霊峰「障害者自立支援法・児童福祉法改正と障害児福祉」『そだちと臨床』第7号、明石書店、二〇〇九年
柏女霊峰「子どもたちにあたりまえの生活を」日本ファミリーホーム協議会監修『社会的養護とファミリーホーム』編集委員会編『社会的養護とファミリーホーム』創刊号、福村出版、二〇一〇年
柏女霊峰『子ども家庭福祉論（第2版）』誠信書房、二〇一一年
厚生労働省「社会的養護等について」第7回子ども・子育て新システム検討会議作業グループ基本制度ワーキングチーム説明資料、二〇一〇a年十二月十五日
厚生労働省「障害児に対する支援について」第7回子ども・子育て新システム検討会議作業グループ基本制度ワーキングチーム説明資料、二〇一〇b年十二月十五日
障害のある子どもの放課後保障全国連絡会『障害のある子どもの放課後活動制度化に向けて』、二〇一〇年
障害のある人と援助者でつくる日本グループホーム学会『障害のある子どもにこそ地域のふつうの住まいが必要です』、二〇〇八年
障害のある人と援助者でつくる日本グループホーム学会『障害のある子どもたちが里親家庭で育つために』、二〇一〇a年
障害のある人と援助者でつくる日本グループホーム学会『障がいのある子どもの子育て』、二〇一〇b年

第8章

（初出は、柏女霊峰「『こうのとりのゆりかご』が問いかけるもの――熊本県「こうのとりのゆりかご」検証会議最終報告の概要と考察」『子どもの虐待とネグレクト』第12巻第2号、日本子ども虐待防止学会、二〇一〇年）

柏女霊峰『子ども家庭福祉論（第2版）』誠信書房、二〇一一年
厚生労働省社会保障審議会児童部会児童虐待等要保護事例の検証に関する専門委員会『第1報告から第4次報告までの子ども虐待による死亡事例等の検証結果総括報告の概要』、二〇〇八年
厚生労働省社会保障審議会児童部会児童虐待等要保護事例の検証に関する専門委員会『子ども虐待による死亡事例等の検証結果等について――第6次報告』二〇一〇年
こうのとりのゆりかご検証会議編『こうのとりのゆりかご検証会議・最終報告「こうのとりのゆりかご」が問いかけるもの――いのちのあり方と子どもの権利』明石書店、二〇一〇年

全国社会福祉協議会『全社協　福祉ビジョン2011』二〇一〇年
田尻由貴子『「こうのとりのゆりかご」シンポジウム資料』、二〇一〇年

第9章

（初出は、柏女霊峰「第9章　子ども家庭福祉の新展開——計画とその進展」柏女霊峰『子ども家庭福祉論（第2版）』誠信書房、二〇一一年、などをもとに再構成）

網野武博『児童福祉学』中央法規、二〇〇二年
柏女霊峰『現代児童福祉論』誠信書房、一九九五年
柏女霊峰編『市町村発子ども家庭福祉——その制度と実践』ミネルヴァ書房、二〇〇五年
柏女霊峰『現代児童福祉論（第8版）』誠信書房、二〇〇七年
柏女霊峰『子ども家庭福祉サービス供給体制——切れ目のない支援をめざして』中央法規、二〇〇八a年
柏女霊峰「児童福祉の意義と理念」柏女霊峰・伊藤嘉余子編『児童福祉』樹村房、二〇〇八b年
柏女霊峰「現代社会と児童家庭福祉」柏女霊峰・澁谷昌史編『児童家庭福祉』全国社会福祉協議会、二〇一一a年
柏女霊峰「第7章　児童家庭福祉の未来」『社会福祉学習双書』編集委員会編『児童家庭福祉論』全国社会福祉協議会、二〇一一b年
柏女霊峰『子ども家庭福祉論（第2版）』誠信書房、二〇一一c年
柏女霊峰ほか「子ども家庭福祉サービス供給体制のあり方に関する総合的研究」『平成17年度厚生労働科学研究（子ども家庭総合研究事業）報告書』、二〇〇六年

著者紹介

柏女 霊峰（かしわめ　れいほう）

1952 年　福岡県生まれ

1976 年　東京大学教育学部教育心理学科卒業

1976 ～ 86 年　千葉県児童相談所心理判定員

1986 ～ 94 年　厚生省児童家庭局企画課（'91 年 4 月より児童福祉専門官）

1994 年　淑徳大学社会学部助教授

現　在　淑徳大学総合福祉学部教授・同大学院教授，臨床心理士，日本子ども家庭総合研究所子ども家庭政策研究担当部長，東京都児童福祉審議会専門部会長

社会保障審議会専門委員・社会的養護専門委員会委員長，障がい者制度改革推進会議総合福祉部会委員，子ども・子育て新システム検討会議作業グループ幼保一体化 WT 委員，「こうのとりのゆりかご」検証会議座長などを歴任

主要著書

単著　「現代児童福祉論」誠信書房　1995,「児童福祉改革と実施体制」ミネルヴァ書房　1997,「児童福祉の近来来」ミネルヴァ書房　1999,「養護と保育の視点から考える子ども家庭福祉のゆくえ」中央法規　2001,「子育て支援と保育者の役割」フレーベル館　2003,「こころの道標」ミネルヴァ企画　2005,「次世代育成支援と保育」全国社会福祉協議会　2005,「子ども家庭福祉・保育のあたらしい世界」生活書院　2006,「子ども家庭福祉サービス供給体制」中央法規　2008,「子ども家庭福祉論」誠信書房　2009

編著・監修　「別冊発達 23　改正児童福祉法のすべて」ミネルヴァ書房　1998,「児童虐待とソーシャルワーク実践」ミネルヴァ書房　2001,「全国保育士会倫理綱領ガイドブック」全国社会福祉協議会　2004,「市町村発子ども家庭福祉」ミネルヴァ書房　2005,「これからの児童養護」生活書院　2007,「医療現場の保育士と障がい児者の生活支援」生活書院　2010

共編著・共著　「新しい子ども家庭福祉」ミネルヴァ書房　1998,「社会福祉用語辞典」ミネルヴァ書房　2000,「保育用語辞典」ミネルヴァ書房　2000,「新時代の保育サービス」フレーベル館　2000,「児童福祉論」中央法規　2001,「子ども虐待――教師のための手引き」時事通信社　2001,「子ども虐待へのとりくみ」ミネルヴァ書房　2001,「ソーシャルワーク実習」有斐閣　2002,「家族援助論」ミネルヴァ書房　2002,「児童虐待――防止のためのポイント」年友企画　2005,「これからの保育者にもとめられること」ひかりのくに社　2006,「幼稚園・保育所の経営課題とその解決」第一法規　2007,「保育者の保護者支援」フレーベル館　2008,「保護者支援スキルアップ講座」ひかりのくに　2010,「こうのとりのゆりかごが問いかけるもの」明石書店　2010,「社会的養護とファミリーホーム」福村書店　2010,「保育相談支援」ミネルヴァ書房　2011 など

子《こ》ども家庭福祉《かていふくし》・保育《ほいく》の幕開《まくあ》け
——緊急提言《きんきゅうていげん》 平成期《へいせいき》の改革《かいかく》はどうあるべきか

2011年10月5日　第1刷発行
2012年8月30日　第2刷発行

著　者　柏　女　霊　峰
発行者　柴　田　敏　樹
印刷者　田　中　雅　博

発行所　株式会社　誠　信　書　房
〒112-0012　東京都文京区大塚3-20-6
電話　03（3946）5666
http://www.seishinshobo.co.jp/

創栄図書印刷　協栄製本　　落丁・乱丁本はお取り替えいたします
検印省略　　無断で本書の一部または全部の複写・複製を禁じます

ISBN978-4-414-60149-7 C3036

子ども家庭福祉論〔第2版〕

ISBN978-4-414-60147-3

柏女霊峰著

子ども家庭福祉をトータルに理解できるテキスト。児童福祉法や関連法の成立から現代に至る変遷，改正後の展望など，制度全般をわかりやすく解説。社会福祉士・保育士取得を目指す学生，行政関係者，子育て支援関係の方々の参考となるよう，内容を刷新した。

目　次

第1章　子ども家庭福祉を考える視点
第2章　子どもの社会的特性と必要とされる配慮
第3章　子どもと子育て家庭の現状
第4章　子どもの育ち，子育てのニーズ
第5章　戦後の子ども家庭福祉通史
第6章　子ども家庭福祉の基本理念
第7章　子ども家庭福祉の法体系
第8章　子ども家庭福祉の実施体制
第9章　子ども家庭福祉の新展開
第10章　子育ち・子育ての経済的支援サービス
第11章　母子保健サービス
第12章　子育て支援サービス
第13章　保育サービス
第14章　子ども育成サービス
第15章　障害児童福祉サービス
第16章　社会的養護サービス
第17章　非行，情緒障害児童福祉サービス
第18章　ひとり親家庭福祉と配偶者からの暴力防止のためのサービス
第19章　子ども家庭福祉と援助活動

A5判並製　定価（本体2300円＋税）

社会保障論概説〔第2版〕

ISBN978-4-414-60148-0

一圓光彌編著

格差が広がる社会情勢のなか，リスクを未然に防ぐ社会保障の必要性は，ますます重要視されている。本書は社会保障の成り立ち・変遷・今後の展望を示し，社会保障とは何かをわかりやすく示す。今版は，特に制度改革の著しい労働保険，年金制度，医療保障，介護保険を大幅に見直した。

目　次

第1章　現代社会と社会保障
社会保障の概念と規模 / 社会保障の役割と意義 / 他
第2章　社会保障制度の体系と各制度の概要
社会保障制度の体系 / 各制度の概要
第3章　労働保険
雇用保険（失業保険）/ 他
第4章　年金制度
公的年金制度の仕組み / 日本の年金制度の現状
第5章　医療保障制度
医療保障の仕組み / 日本の医療保険制度の課題
第6章　介護保険制度
介護保険ができるまで / 介護保険の概要 / 他
第7章　民間保険
社会保障と民間保険 / 他
第8章　社会保障の実施体制と専門職
医療保険と年金保険の管理運営 / 他

A5判並製　定価（本体2300円＋税）

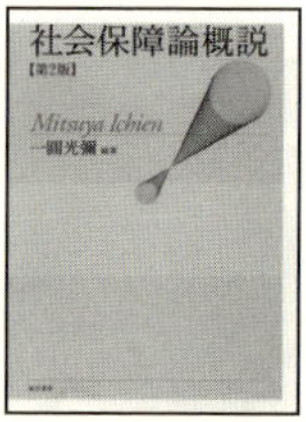